财务与会计类应用型创新系列规划教材

New
Accounting Course

新编会计学教程

主　编　端木青　王丽杰

ZHEJIANG UNIVERSITY PRESS
浙江大学出版社

图书在版编目(CIP)数据

新编会计学教程 / 端木青,王丽杰主编. — 杭州：
浙江大学出版社,2019.8
ISBN 978-7-308-19451-8

Ⅰ.①新… Ⅱ.①端… ②王… Ⅲ.①会计学 — 教材
Ⅳ.①F230

中国版本图书馆 CIP 数据核字(2019)第 170820 号

新编会计学教程

端木青　王丽杰 主　编
张丽红　孟小荣 副主编

策划编辑	朱　玲	
责任编辑	董凌芳	
责任校对	高士吟　汪　潇	
封面设计	春天书装	
出版发行	浙江大学出版社	
	(杭州市天目山路 148 号　邮政编码 310007)	
	(网址:http://www.zjupress.com)	
排　　版	杭州朝曦图文设计有限公司	
印　　刷	浙江省邮电印刷股份有限公司	
开　　本	787mm×1092mm　1/16	
印　　张	14.75	
字　　数	359 千	
版 印 次	2019 年 8 月第 1 版　2019 年 8 月第 1 次印刷	
书　　号	ISBN 978-7-308-19451-8	
定　　价	45.00 元	

前　言

　　《会计学教程》(第三版)已经出版7年了。教材出版7年以来获得了各方面的好评,近几年,企业会计准则一直在做比较大的修订,税法的改革也日新月异,导致教材已严重滞后于会计准则和税法的变化,故在这种新形势下,我们紧密把握时代的脉搏,根据最新会计准则和税法的变化,重新编写了会计学教程。

　　《新编会计学教程》具有以下四个特点。

　　(1)应用性。应用性教育的宗旨是就业教育,我们根据应用型本科学生的特点,遵循认知发展规律,科学地将教学内容进行重组,从全局和资金运动视角将企业的"业、财、税"合一,合理设定教学目标和教学内容。本书力求体现会计理论和会计实践的新发展,在会计基本理论方面,充分关注国际、国内会计概念框架研究的新内容,并将其吸收到会计的基本理论之中,使学生既掌握会计的基本理论,又了解会计研究的前沿问题;在会计实践方面,以最新《企业会计准则——应用指南》为依据,以制造业企业的经济活动过程为基础,由浅入深地介绍借贷记账法的应用,配以丰富的例题、习题和案例,便于案例教学和启发式教学,从而使学生既掌握会计处理的基本方法,又了解企业中实际的经济业务。

　　(2)新颖性。书中的每一个知识点都尽量根据会计准则和税法的最新变化,力求将最新的知识呈现给读者,求新求巧,达到"前瞻同步,学以致用"的目的。

　　(3)实用性。本书每章开头均给出学习目标,导出本章所要讲述的主要内容,使学生对本章知识体系有一个大概的认识,对本章的知识有一个总体的把握,以便学习具体内容时思路更加清晰。另外,针对入门课程的特点,每章正文前设有一个开篇案例,使得本书通俗易懂,更加具有吸引力。

　　(4)实践性。本书在讲述企业会计业务处理理论的基础上,加入了大量的实操案例,特别值得一提,本书的最后一章提供了最新企业会计实务操作的整套资料,方便学生进行实操训练,突出专业操作技能的训练,有利于学生对理论知识的理解和对专业操作技能的把握。

　　本书由浙江工业大学之江学院端木青、王丽杰副教授担任主编,其负责拟定编写大纲,初稿出来后,对全书进行了修改,最后定稿。浙江工业大学之江学院的张丽红老师、绍兴智诚财务咨询有限公司的孟小荣总经理担任副主编。各章编写分工如下：第一章、第七章由端木青编写；第二章、第三章由王丽杰编写；第四章、第六章由张丽红编写；第五章由孟小荣编写；第八章由端木青、孟小荣、盛彬彬编写。

在本书出版过程中，浙江大学出版社、绍兴智诚财务咨询有限公司给予了大力支持，在此表示衷心的感谢。

端木青

2019 年 3 月于杭州

目　录
Contents

第一章

初识会计

+・+

■■■ **学习目标**

- ☐ 掌握会计的产生与发展以及会计的定义
- ☐ 掌握会计的职能与目标
- ☐ 掌握会计核算的基本前提与基础
- ☐ 掌握会计信息质量要求
- ☐ 了解会计核算的环节和方法

■■■ **案例导读**

什么是会计？会计是一本书，是企业领导的参考书；会计是一支笔，能写出各种文章；会计是计算器，能把企业资产、负债、所有者权益算得清清楚楚，谁以权谋私，谁为民谋利益，会计都能准确地算出。会计究竟是什么？可以将其定义为：会计是以货币为计量单位，采用专门的程序和方法，对社会再生产过程中能够用货币表现的经济活动进行核算和监督，通过提供会计信息促使实现最优经济效益的一种管理活动。

第一节　会计概述

一、会计的产生与发展

(一)会计的产生

物质资料的生产是人类社会生存和发展的基础。人类要生存就需要消耗。吃、穿、用、住、行都必须消耗物质资料，而要取得这些物质资料，就要生产。人们在生产活动中，总是希望用最少的劳动耗费取得最大的劳动成果，提高经济效益。为达到此目的，人们在社会生产中，除了不断地采用新技术、新工艺，还必须加强经营管理，对劳动耗费和劳动成果进行记录和计算、分析和比较，借以评价业绩，促使人们的生产活动按照预期的目标进行。正是因为在社会生产中，人们很早就注意到提高经济效益的重要性，所以客观上需要有一种以经济数据的记录、计算、分析、控制、审核为中心的经济管理工作。会计正是在这种需要的基础上产生的,并发展成为一种对生产经营活动进行核算与监督,以价值管理为主要特征的经济管理活动。

会计,最初表现为人类对经济活动的记录与计量行为,并作为生产职能的附带部分,即由生产者在生产之余附带地将收入、支出等事项加以记录,从而为计算劳动成果的分配服务。在我国原始社会末期就有"结绳记事""刻契记事"等最简单的原始经济记录与计量活动,这种原始的记录与计量活动中孕育着会计思想、会计行为的萌芽。在国外曾出现过在陶土、石头或木块上画符号记事的原始记录、计量行为。

到了原始社会中后期,社会生产力发展到一定水平,出现了剩余产品,出现了社会分工和私有制。为了满足日益扩大、复杂的生产规模的需要,会计逐渐从生产职能中分离出来,成为特殊的、专门的独立职能,成为由专职人员从事的一项经济管理活动。

(二)会计的发展

会计作为一门学科,随着人类历史的发展而发展,经历了古代会计、近代会计、现代会计不同的发展阶段。

1. 古代会计

古代会计阶段是从会计产生到1494年复式簿记应用这段时间,这一阶段是与社会发展阶段相对应的。在此期间会计发展十分缓慢,是会计发展史上最漫长的时期。古代会计以官厅会计为主,即会计主要服务于奴隶主和封建王朝的赋税征收、财政支出及财产的保管。统治阶级为了加强对经济活动的监督和控制,十分重视官厅会计。

中国有关会计事项记载的文字,最早出现于商朝的甲骨文;而"会计"的命名、会计官职的出现均起源于西周。比如,《周礼·天官》篇中指出"会计,以参互考日成,以月要考月成,以岁会考岁成","参互"相当于"旬报","月要"相当于"月报","岁会"相当于"年报"。"会计"一词主要是收支的记录与计量的意思。清代学者焦循所著的《孟子正义》一书中,将西周时代的会计解释为:"零星算之为计,总合算之为会。""会计"一词从西周开始一直沿用至今。西周是奴隶社会,以农业经济为主,土地归王朝所有。王朝需要对土地和人口进行计量、计算,作为赋税征收的依据,同时还要记录国家的收支。为此,西周王朝设立了专门管理钱粮赋税的官员,总管王朝财权的官员称"大宰",掌管王朝计政的官员称"司会"。

随着封建社会生产力的不断发展,会计技术、方法也有了进步。秦汉时期广泛采用了以"入""出"为记账符号、以"入-出=余"(或"收-付=余")为基本结算公式的简明会计记录法,用比较固定的会计记录格式,取代了文字叙述式的、烦琐的会计记录格式。自西汉开始,人们将会计记录与统计记录区分开来,把记录会计事项的简册称为"簿""簿书"或"计簿",而把记录统计事项的简册称为"籍"。自此,我国的会计账簿便有了较明确的名称。

唐宋两代创建和运用了"四柱结算法",作为记账算账的结算方法。四柱为"旧管""新收""开除""实在",其含义分别相当于现代会计中的"期初结存""本期收入""本期支出""期末结存"。四柱之间的关系可用会计等式表示为"旧管+新收-开除=实在"。

明末清初,随着手工业、商业的发展和资本主义经济关系的萌芽,我国商界在四柱结算法的基础上,创立了可以计算盈亏的"龙门账"。该种记账方法把全部账目划分为"进(全部收入)""缴(全部支出)""存(全部资产)""该(全部负债)"四大类。"龙门账"的问世,是我国特色复式记账法的起源,同时也标志着我国的部门会计——商业会计的产生。

在国外,官厅会计在古埃及、古巴比伦诞生,经过古希腊、古罗马的变革,到中世纪已基本定型。古代官厅会计与官厅财政关系密切,主要有两个方面的作用:一是协调经济利益分配,即通过记录、计量和监督财政收支,在财政分配中确保统治者的利益;二是协调资产保管责任的关系,即通过记录、计量钱币出入和财产保管信息,确保财产物资的安全。

2. 近代会计

近代会计是从 15 世纪产生于意大利的复式记账开始,到 20 世纪 30 年代末出现的第一份代表美国"公认会计原则"(GAAP)的研究公报为止这一时期的会计理论与实务。

在西方,10 世纪前后一般采用单式簿记记账,但从 12 世纪到 15 世纪,地中海沿岸的某些城市的商业、手工业和银钱兑换业得到迅速发展,迫切需要从簿记中获得有关经济往来和经营成果的重要信息,于是,簿记方法出现了重大的突破。1494 年,意大利数学家卢卡·帕乔利的著作《算术、几何及比例概要》问世,该著作全面系统地介绍了威尼斯的复式记账方法,并从理论上给予了阐述。该书推动了复式簿记理论在全球的广泛传播,影响了许多国家会计的发展。因此,该书的出版被誉为会计发展史上重要的里程碑,同时这也标志着近代会计的开端。

19 世纪英国工业革命快速发展,第一次产业革命完成,工厂制度确立,股份制公司不断出现。股份制公司这种新的经济组织形式要求所有权与经营权分离,对会计公正性的要求随之日益增强,社会上出现了以查账为职业的特许会计师或注册会计师。1854 年,世界上第一个会计师协会——英国的爱丁堡会计师公会成立,标志着会计开始成为一种社会专门职业和通用的商业语言,这被称为近代会计发展史上的第二个里程碑。

20 世纪初以后,特别是第二次世界大战以后,世界经济的重心转移到美国,科学技术的迅速发展及其在生产中的广泛应用,极大地推动了经济的发展。然而在经济刺激投资扩大的同时,也出现了严重的投机行为和虚假财务报表,"泡沫性"的繁荣在一些缺乏职业道德的会计人员的推波助澜下,导致了 1929—1933 年的经济大危机。危机过后,人们痛定思痛,认为不规范的会计实务是经济危机爆发的重要原因,于是着手研究会计准则。1939 年,美国发表了第一份代表"公认会计原则"的"会计研究公报"(ARB)。由此,会计进入了一个规范化阶段,会计理论日臻完整。

3. 现代会计

两次世界大战,削弱了英国乃至欧洲的经济实力,远离主战场的美国取代了英国,成为世界的经济中心及会计发展最快的地区。20 世纪 50 年代至今,随着美国经济、科技的发展,会计发展极为迅速,科技成果大量应用于生产和竞争中,需要广泛集中资本,企业组织规模日益扩大,生产力和管理科学水平不断提高。现代会计形成了以服务企业外部信息使用者为主要目的的"财务会计"和以服务于企业内部管理为主要目的的"管理会计"两大门类,这被认为是会计发展史上的第三个里程碑。现代会计的应用与职能范围越来越广,同时现代电子技术与会计融为一体,使会计核算的手段现代化,现代会计的数据处理部分或全部实现了计算机操作。会计电算化是电子计算技术、信息技术和现代会计技术结合的产物,它极大地提高了会计数据处理的及时性和正确性,也使现代会计在提高信息质量方面发挥了巨大的作用,从而使会计具有核算和管理的现代含义。

另外,现代会计产生了许多新的领域,如物价变动会计、人力资源会计、社会责任会计、法务会计等。

总之,经济越发展就越需要有用的会计信息,同时,会计的发展也能进一步推动经济的发展。在目前智能时代中,财务会计领域正在经历一场大变革。

二、会计的定义

会计是一门新兴的管理学科。随着社会的发展,会计的职能和内容都在扩展。什么是会计(accounting)？至今,国内外对会计的定义尚无一致的意见。在我国会计理论研究中"会计信息系统论"和"会计管理活动论"是影响较广的两种观点。

(一)会计信息系统论

"会计信息系统论"是舶来品。1978 年美国财务会计准则委员会(FASB)阐述的会计定义是:会计是计量、处理和传送有关经济单位财务信息的信息系统,依据它所提供的信息,报表使用者可做出合理的经济决策。该定义指出会计是一个信息系统。后来,该定义在 20 世纪 80 年代被我国著名会计学家余绪缨教授引入我国,后经葛家澍教授等人的论文被阐发。会计信息系统论认为,会计是一项信息系统,它是连接企业和经济决策制定者之间的一个纽带。首先,会计记录和计量了企业经营活动的数据;其次,将数据储存起来,并加工处理成会计信息;最后,通过报表形式将会计信息传送给经济决策制定者。

(二)会计管理活动论

"会计管理活动论"形成于 20 世纪 80 年代,由杨纪琬和阎达五两位教授提出,他们认为,无论从理论上看,还是从实践上看,会计都不仅仅是管理经济的工具,它本身就具有管理职能,是人们从事管理的一种活动。此后,两位教授著书立说,形成了比较系统的"会计管理活动论"。"会计管理活动论"认为,"会计管理"是"会计"这一概念内涵的深化,反映了会计工作的本质属性,是"会计"概念的发展。在非商品经济条件下,会计是直接对财产物资进行管理的;在商品经济条件下,由于存在商品生产和商品交换,经济活动中的财产物资都是以价值形式表现的,会计就是通过价值形式对财产物资进行管理的。

"会计信息系统论"和"会计管理活动论"都有其自身的合理性,二者并存是全方位认识会计的必然结果,它们都以会计实践作为认识的基础,客观上不存在其中一种观点必然否定另一种观点。它们的差异主要是观点上的,即对会计的解释不同,并从不同角度促进了会计为经济服务作用的发挥。

综上所述,会计是以货币为主要计量单位,核算和监督企业、政府和非营利组织等单位经济活动的一种经济管理工作,同时,它又是一个以提供财务信息为主的经济信息系统。

第二节 会计的职能、目标与会计信息

一、会计的职能

会计的职能是指会计作为经济管理工作所具有的功能或能够发挥的作用。会计作为经济管理活动,是通过会计的职能实现的。会计的职能有多种,但是,从会计的本质来讲,核算和监督是会计的两项基本职能。所谓基本职能,是指只要进行会计工作,就应该发挥的功能。

(一)会计的核算职能

会计的核算职能,也称会计的反映职能,是会计最基本的职能。会计核算的过程,就是把大量经济活动的数据转换为会计信息的过程,它是全部会计工作的基础。具体来说,会计的核算职能是指会计以货币为主要计量单位,通过确认、计量、记录和报告等会计核算方法,从价值量上反映各单位已经发生或完成的经济活动,为经济管理提供完整、连续和系统的会计信息。

会计的核算职能具有如下特点。

第一,会计核算主要是从价值量上反映各单位的经济活动情况。从数量方面反映经济活动,可以采用三种量度:实物量度、劳动量度和货币量度。在市场经济条件下,由于经济活动的复杂性,要综合反映经济活动的过程和结果,并对经济活动进行有效的管理,就必须广泛地利用货币量度,从价值量上综合反映各单位的经济活动情况。此外,根据需要,会计有时也将实物量度和劳动量度作为辅助量度。

第二,会计核算具有完整性、连续性和系统性。会计核算的完整性,是指对所有能够用货币计量的经济活动都要进行确认、计量、记录、报告,不能有任何遗漏;会计核算的连续性,是指会计的确认、计量、记录、报告要连续进行,不能有任何中断;会计核算的系统性,是指要采用科学的核算方法对会计信息进行加工处理,保证所提供的会计数据资料能够成为一个有序的整体,从而可以揭示客观经济活动的规律性。

第三,会计核算是对各单位经济活动的全过程进行反映。会计核算职能不仅仅是对经济活动进行事后反映,为了在经营管理上加强计划性和预见性,会计利用其信息反馈功能,还要对经济活动进行事前核算和事中核算。事前核算是对尚未发生的经济业务所进行的核算,其主要形式是预测、参与计划和决策。而事中核算则是在经济业务发生过程中所进行的核算,其主要形式是对计划进行不断的修订、完善。随着社会经济活动规模的不断扩大,生产经营复杂程度日益加深,经营管理客观上需要加强预见性,会计职能从事后反映向事中核算及事前核算发展,从某种意义上说这将成为会计职能拓展的主要方向。

(二)会计的监督职能

会计的监督职能,也称会计的控制职能,是指会计通过专门的方法,利用会计核算所提供的信息,对各单位的经济活动进行控制,使其按照规定的要求运行,以达到预期目标。

会计的监督职能具有如下特点。

第一,会计监督主要通过价值指标来进行。会计核算主要是通过货币计量,提供一系列综合反映各单位经济活动过程及其结果的价值指标,会计监督就是依据这些价值指标进行的。为了便于监督,通常需要事先制定一些可供检查、分析的价值指标标准,用来监督和控制有关的经济活动。通过价值指标对各单位的经济活动进行监督,不仅可以全面、有效地控制经济活动,而且可以经常、及时地对经济活动进行指导和调节。

第二,会计监督贯穿于经济活动的全过程,包括事前监督、事中监督和事后监督。事前监督是指在经济活动开始前进行的监督,即依据国家制定的有关法规和制度以及经济活动的一般规律,对未来经济活动的合法性、合理性和可行性进行审查。事中监督是指对正在发生的经济活动过程进行的监督,即在日常会计工作中,对所取得的核算资料进行审查,从中发现偏离预期目标的不利因素,促使有关部门采取措施,调整经济活动,使其按照预定的目标和规定的要求进行。事后监督是指对已发生的经济活动进行的监督,即依据事先制定的目标、标准和要求,通过分析已形成的会计信息,对已发生的经济活动的合法性、合理性和效益进行考核和评价。

第三,会计监督具有合法性和合理性。会计主体要以国家的法律规范为准绳,以会计信息资料为主要依据,对各项经济活动的合理性、合法性进行评价,从而规范企业的会计行为并据以实施影响或限制。会计监督是会计工作有效开展的保障。首先,会计人员在履行监督职能时,应判断经济活动是否合法、合理,是否符合国家法律、法规和内部制度等;其次,在监督过程中,会计人员还应对徇私舞弊、贪污、盗窃等违法行为进行审查和揭发,以保护财产安全。因此,会计监督是督促各单位遵纪守法,保证会计信息合法、合理、真实的重要手段。

会计的核算职能和监督职能是相辅相成、不可分割的。会计核算是会计监督的基础,没有会计核算就无法进行会计监督;会计监督是会计核算的发展,没有会计监督,就很难达到预期目标,会计核算也会失去存在的意义。然而,从两者在会计职能中的地位来看,虽然它们都是基本职能,但会计核算是最基本的,处于主导地位,而会计监督则存在于会计核算的过程之中。

二、会计的目标

会计的目标也称会计的目的,是要求会计工作完成的任务或达到的标准,它是会计实践活动的出发点和归属,也是会计研究的逻辑起点。关于会计的目标,目前有两大观点:"受托责任观"和"决策有用观"。

受托责任观认为,会计的目标就是以适当的方式反映企业管理层受托责任的履行情况。在企业的所有权和经营权相分离的情况下,企业管理层受委托人之托经营管理企业及其各项资产,负有受托责任,即企业管理层所经营管理的企业各项资产基本上均为所有者投入的资本,或者向债权人借入资金形成的,企业管理层有责任妥善保管并合理、有效地运营这些资产。企业的所有者、债权人等,要及时或经常地了解企业管理层保管、使用资产的情况,以便评价企业管理层受托责任的履行情况和业绩,并决定是否需要调整投资或信贷政策,是否需要加强企业内部控制和其他制度建设,是否需要更换管理层,等等。随着"委托—受托"关系研究的深入,受托责任学派对受托责任进行了扩展,将对资源或资产的受托责任扩展到整个社会,即受托者不但要对资源或资产的所有者履行受托责任,还要对整个社会履行受托责任,比如就业、环保、公益等方面的责任。

决策有用观认为,会计的目标就是向会计信息使用者提供对其决策有用的信息,它更强调会计信息的相关性,即要求信息具有预测价值、反馈价值和及时性,更关注与企业未来现金流量有关的信息。因此,向会计信息使用者提供对其决策有用的信息是会计工作的基本目标。如果企业提供的财务会计报告信息对会计信息使用者的决策没有价值,财务会计报告就失去了编制的意义。

我国《企业会计准则——基本准则》规定,企业应当编制财务会计报告,财务会计报告的目标是向账务会计报告使用者提供与企业财务状况、经营业绩和现金流量等有关的会计信息,反映企业管理层受托责任的履行情况,有助于财务会计报告使用者做出经济决策。

三、会计信息

会计信息是会计所提供的各种资料的总称。

(一)对会计信息的需求

对会计信息的需求来自企业内部和外部两个方面。

1. 企业内部管理对会计信息的需求

企业要实现其经营目标,必须对经营过程中所遇到的重大问题进行正确的决策,而决策的正确与否,关系到企业的生存和发展。正确的会计决策通常建立在客观、有用的会计信息基础上,会计信息在企业决策中起着极其重要的作用。为此,企业会计应采用一定的程序和方法,将企业发生的交易或事项转化为有用的会计信息,以便为企业管理提供依据。

2. 外部对会计信息的需求

企业在生产经营过程中必然与外部发生各种各样的经济关系,进行信息交流,因而凡是与企业存在这种经济关系的利害关系人都可能对企业的会计信息产生需求。对于企业来说,决策者和管理人员需要掌握成本管理资料和销售收入情况,以便了解公司的盈亏状况,并且根据这些会计信息以及其他业务统计信息,决定生产规模及发展途径。

按照会计信息与货币计量是否有关,会计信息可分为财务信息和非财务信息;会按照内容不同,会计信息可分为反映财务状况的会计信息、反映经营成果的会计信息和反映现金流量的会计信息。

(二)会计信息使用者

会计的基本目标是满足企业内部和外部使用者对会计信息的需求。因此,要理解会计目标,还需要了解以下两个问题:谁是会计信息的使用者? 他们需要什么样的信息? 当然,不同的会计信息使用者所需要的会计信息的重点也是有所不同的。会计信息使用者是指利用会计信息进行决策的主体,这些主体的范围相当广,包括政府部门、投资者、债权人、供应商及客户以及企业内部管理当局、职工等。

1. 政府部门

目前在我国社会主义市场中,国有经济在国民经济中占有相当大的比重,国家对宏观经济的调控力度较大,因此,政府宏观调控部门是主要的会计信息使用者,包括财政部门、税务机关、审计机关、中国人民银行、证券监管部门、保险监管部门等。这些政府部门使用会计信息主要有两个目的:一是借以了解会计主体的经营状况和财务收支情况,评价会计主体的经营业绩;同时,检查会计主体的经营活动是否符合国家制定的各项方针政策。二是利用会计信息掌握会计主体各项经济指标的完成情况,从而掌握国民经济和社会发展的基本状况,从中发现现行政策存在的问题,调整和完善各项宏观经济政策,进一步发挥宏观调控的职能。

2. 企业的投资者

在经营权与所有权相分离的情况下,企业的投资者需要利用会计信息进行有关的投资决策。股东们需要根据企业的经营成果和利润分配情况,做出是否对企业追加投资的决策或者其他决策。

3. 企业的债权人

以借款形式将资金投入企业的投资者,称为债权人。债权人需要利用会计信息进行是否借款给企业的决策,如银行可以根据企业的财务状况、经营成果,判断企业的偿债能力,以便做出是否继续贷款或收回贷款的决策。

4. 供应商及客户

企业上下游的原材料供应商和客户是供应链中与企业关系密切的主体,他们需要根据企业的会计信息判断其是否能够持续经营,并据此决定自身是否扩大生产或者调整生产经营方向。

5. 企业内部管理当局

根据现代企业委托代理理论,企业内部管理当局是指企业的主要经营者,他们受投资者的委托,执行各种经营计划,组织各种经营活动,管理企业的各种事务。为了实现企业目标,为所有者创造更多的价值,他们需要了解企业全方位的信息,如:企业的资源及其配置情况;企业的资金来源及其比例;企业的盈利状况、负债及偿债能力;等等。这些抽象的问题需要通过会计信息来直观地呈现给管理者,为他们进行正确的筹资决策、投资决策和分配决策提供依据。

6. 职工

职工作为企业的重要人力资源,其作用在知识经济时代愈加凸显。能否吸引人才、留住人才、激发人的创造潜能关系到企业的成败兴衰,其影响因素主要有:企业对职工的态度,企业的工资水平、福利待遇,等等。若企业重视人才,提供较好的工资和福利待遇,那么就对人才具有强大的吸引力;反之,则难以留住人才。因此,职工通过企业的相关会计信息,了解自己关注的内容,以评判值不值得为其工作。从这个意义上说,职工是仅次于投资者和债权人的财务会计信息使用者。

第三节 会计核算的基本前提与基础

一、会计核算的基本前提

会计核算的基本前提也称会计假设。会计假设是企业组织会计核算的前提,是对会计核算所处时间、空间环境做出的合理设定。会计核算对象的确定、会计政策的选择、会计数据的搜集都要以这一系列基本假设为依据。会计基本前提包括会计主体、持续经营、会计分期和货币计量。

(一)会计主体

会计主体,是指会计人员所核算和监督的特定单位,是会计核算和监督的空间范围。

会计主体既可以是一个企业,也可以是若干企业组织起来的集团公司,甚至还可以是一个企业的分部。会计主体既可以是法人,如股份有限公司或有限责任公司,也可以是不具备法人资格的实体,如独资企业或合伙企业。

会计主体不同于法律主体,一般而言,法律主体必然是一个会计主体,但是会计主体不一定是法律主体。会计主体必须能够控制经济资源并进行独立核算。

会计主体确定了会计核算所处的立场。会计核算必须站在本企业角度观察所发生的经济业务,不能与其他会计主体相混淆。例如,企业股东的经济交易属于企业股东主体的经济事项,不应纳入企业会计核算的范围;但是企业股东投入企业的资本或企业向股东发放的股利,则属于企业会计主体的经济事项,应纳入企业的会计核算范围。

(二)持续经营

持续经营,是指在可预见的未来,企业将按当前的规模和状态继续经营下去,不会停业,也不会大规模削减业务。

持续经营意味着会计主体将按照既定用途使用资产,按照既定的合约条件清偿债务,会计人员就可以在此基础上选择会计原则和方法。否则,资产的评估、费用在受益期的分配、负债按期偿还以及所有者权益和经营成果将无法被确认。企业在持续经营假设下,就可以假定固定资产会在持续经营过程中发挥作用,可以根据历史成本进行记录,并按历史成本分摊到各会计期间。

(三)会计分期

会计分期,是指将一个企业持续经营的生产经营活动划分为一个个连续的、长短相同的期间。它是会计确认、计量和报告的时间范围。

会计分期的目的在于通过会计期间的划分,将持续经营的生产经营活动划分成连续、长短相等的期间,据以计算盈亏,按期编制财务报告,从而及时向财务报告使用者提供有关企业财务状况、经营成果和现金流量的信息。

在会计分期假设下,企业应划分会计期间,分期结算账目和编制财务报告。在会计分期假设下,企业应将报告期间分为年度和中期。年度,是指报告期间为一年,即会计年度,按年度编制的财务会计报告称为年报。中期,是指短于一个完整的会计年度的报告期间,包括月度、季度、半年度,此会计期间的财务报告称为中期财务报告。

在我国会计年度自公历每年的 1 月 1 日起至 12 月 31 日止。将会计年度规定为公历年度,也是为了与我国的预算、财政、税务等要求保持一致。

(四)货币计量

货币计量,是指会计主体在会计确认、计量、报告时以货币作为主要计量尺度,反映会计主体的生产经营活动。

企业的生产经营活动具体表现为商品的购销、原材料和劳务的耗费等活动。由于物化劳动很难以时间量度,会计核算客观上需要一种统一的计量单位作为计量尺度。货币作为商品的一般等价物,能用来计量所有的资产、负债和所有者权益以及收入、费用和利润,全面、完整地反映企业的经营成果和财务状况。因此,会计核算主要将货币作为计量手段,其他计量单位,如劳动工时、实物数量等在实务中也使用,但不占主要地位。

我国要求企业对所有经济业务均以同一种货币作为计量尺度。若企业用两种以上货币计量,应选择其中一种作为基准,称为记账本位币。我国《企业会计准则》规定会计核算以人民币作为记账本位币。业务收支以外币为主的,也可以选用某种外币作为记账本位币,但编制的报表必须折算为人民币反映。

在货币计量假设下,应注意两个问题:一是假定货币币值稳定。货币本身也有价值,它是借助于价格来反映的,但在市场经济条件下,价格不稳定,导致币值也会发生变化。因此,必须假定货币币值稳定,不会发生较大波动。当然,如果发生严重的通货膨胀,币值稳定这一假设就会显得极不合理,这时会计核算应反映通货膨胀的影响,所谓的"通货膨胀会计"由此产生。二是不排斥非货币量化信息。一些会计主体经济活动所需要的有些经济资源不能准确或全面地用货币计量。例如,职工薪酬、福利支出和管理费用是可以计量的,但是,企业的品牌价值、人力资源价值就无法用货币计量。所以,现行的会计信息系统无法对部分资源做出全面、准确的计量,这就需要非货币量化信息予以补充。

二、会计核算的基础

会计主体的资源流动会引起相应的现金流动,但由于存在会计分期,现金实际的收付期间和资源流动发生的期间往往不一致。这样,在进行会计确认、计量和报告时,就出现两种会计核算的基础:权责发生制和收付实现制。

(一)权责发生制

权责发生制是指收入与费用的确定不以款项的实际收入与付出为标准,而以收入与费用是否实际发生为标准。即凡是当期已经实现的收入和已经发生或应当负担的费用,无论款项是否收付,都应当作为当期的收入和费用。反之,凡是不属于当期的收入和费用,即使款项已在当期收付,无论款项是否收付,也不应当作为当期的收入和费用。如本期实现销售的商品,货款尚未收到,但该交易事项发生在本期,应当将其确认为本期的收入。又如计提本期银行借款利息,虽然本期没有实际交付,但本期生产经营活动是收益期,应当承担借款利息的责任,将其确认为当期的费用。

我国《企业会计准则》规定,企业应当以权责发生制为基础进行会计确认、计量和报告。这样处理可以正确反映各个会计期间所实现的收入和为实现收入所承担的费用,将各期的收入与之相关的费用、成本相配比,正确计算各期的财务成果,以利于提供完整、准确的会计信息。

(二)收付实现制

收付实现制是指收入与费用按照现金是否收到或付出确定其归属期,即凡是实际收到的款项,不论其是否属于当期的收入,也应作为本期收入处理;凡是本期实际支付的款项,不论其是否应由本期负担,亦应作为本期费用处理。如预收货款、收到现金就作为本期收入处理;预付下一会计期间的保险费,支付了现金,就作为本期费用处理。这种处理方式没有销售实现的收入与成本费用相配比的概念。我国《企业会计准则》规定,不允许任何类型的企业采用收付实现制。我国的行政单位会计采用收付实现制,事业单位会计除经营业务可采用权责发生制外,其余大部分业务采用收付实现制。

【例 1-1】某企业 12 月份销售商品取得价款 100 万元,为实现此项收入发生 60 万元的费用。假设此项收入符合收入确认的条件,但款项于次年 1 月 10 日收回。那么,该项收入应作为本年的收入确认,还是作为次年的收入确认? 费用如何确认?

解析:采用权责发生制,商品销售收入的实现应归属于 12 月份,同时确认 60 万元的费用,如果不考虑其他因素的影响,12 月份实现利润 40 万元,因为销售商品的经济活动是在 12 月份完成的,应作为 12 月份的经营成果。

采用收付实现制,商品销售收入的实现应归属于次年 1 月份,而为实现 100 万元收入发生的 60 万元费用则归属于发生月份,即 12 月份。如果不考虑其他因素的影响,12 月亏损 60 万元,次年 1 月份实现利润 100 万元。

第四节　会计信息质量要求

会计信息质量要求是对企业财务报告所提供会计信息质量的基本要求,是使财务报告所提供的会计信息对投资者等信息使用者决策有用应具备的基本特征。会计信息质量的高低,直接关系到会计信息的真实与否。财务会计信息为外部关系人服务,应当满足反映管理层受托责任的履行情况和有助于会计信息使用者做出经济决策的需要。因此,企业要按照有关规定组织会计核算,提供符合质量要求的会计信息。

我国《企业会计准则——基本准则》第二章规定了会计信息质量要求,主要包括可靠性、相关性、明晰性、可比性、实质重于形式、重要性、谨慎性和及时性。

(一)可靠性

《企业会计准则》规定,企业应当以实际发生的交易或者事项为依据进行会计确认、计量和报告,如实反映符合确认和计量要求的各项会计要素及其他相关信息,保证会计信息真实可靠、内容完整。可靠性是对会计核算工作和会计信息质量最基本的要求。符合可靠性要求才能为国家宏观经济管理、企业内部微观管理和投资者决策提供内容真实、数字准确、资料可靠的会计信息;才能使会计工作不受提供信息个人偏见或判断的影响,以客观事实为依据,经得起检验。

(二)相关性

《企业会计准则》规定,企业提供的会计信息应当与财务会计报告使用者的经济决策相关,有助于财务报告使用者对企业过去、现在或未来的情况做出评价或者预测。相关性原则要求会计信息既符合宏观管理需要,又满足企业内部加强经营管理的需要,充分发挥会计核算工作的作用,提高会计信息的质量和使用价值,与有关各方保持高度相关关系,要求企业在收集、加工处理和传递会计信息过程中,充分考虑会计信息使用者对会计信息需求的不同特点,以满足他们的要求。

(三)明晰性

《企业会计准则》规定,企业提供的会计信息应当清晰明了,便于财务会计报告使用者理解和使用。这样有利于有关各方理解会计报告,利用会计信息,对企业会计工作审查,准确完整地理解会计信息所说明的问题。会计信息的记录要书写清楚、语言通俗易懂、简明扼要,使会计信息为各方使用者所理解和接受,提高其使用价值。

(四)可比性

《企业会计准则》规定,企业提供的会计信息应当具有可比性。这是要求同一企业不同时期发生的相同或者相似的交易或事项所反映的会计信息相互可比。采用的会计政策不得随意变更,确需变更,应在财务报告附注中说明,保持会计信息口径一致;同时要求不同企业提供相同或相似交易或事项的会计信息也应具有可比性,以扩大会计信息的使用范围,便于比较分析,总结经验,发现问题,加强经营管理,提高效益。

(五)实质重于形式

此处所讲的实质是指经济实质,形式是指法律形式。《企业会计准则》规定,应当按照交易或者事项的经济实质进行会计确认、计量和报告。不应仅以交易或者事项的法律形式为依据。这就要求会计处理时应当优先考虑会计事项的经济实质,因为法律在制定过程中存在主观性和实施时间上的滞后性。而且在会计实践中,交易或事项的法律形式并不能完全真实地反映其经济实质。因此在处理会计事项时必须考虑实质重于形式,避免会计信息使用者在决策时出现错误。

企业发生的交易或事项在多数情况下,其经济实质和法律形式是一致的。但在有些情况下,会出现不一致。例如,企业按照销售合同销售商品但又以固定价格签订了售后回购协议,虽然从法律形式上来说企业实现了收入,但如果企业没有将商品所有权上的主要风险和报酬转移给购货方,没有满足收入确认的条件,即使签订了商品销售合同或者已将商品交付给购货方,也不应当确认销售收入。再如,企业融资租入的固定资产,虽然从法律上来说其所有权仍属于出租人,但由于租赁期占其使用寿命的大部分,且租赁期满承租企业有优先购买该资产的选择权,最主要的是,租赁期间其经济利益归承租企业所有,所以,按照实质重于形式的原则,融资租入固定资产应视为承租企业自有固定资产核算,列入承租企业的资产负债表。

(六)重要性

《企业会计准则》规定,企业提供的会计信息应当反映与企业财务状况、经营成果和现金流量等有关的所有重要交易或者事项。这要求对于企业所发生的经济业务或会计事项,应当区别重要程度,采用不同的处理方法,对重要的会计事项应当充分披露,而对于相对次要的事项,在不影响客观性的前提下,可简化手续,以简便方法和程序进行会计处理。

重要性的判断依赖于职业判断能力、会计事项所处的经济环境和实际情况、会计事项的性质和金额大小。例如,企业发生的某些支出,金额较小的,从支出受益期来看,可能需要在若干会计期间进行分摊,但根据重要性原则,可以一次性计入当期损益,如一次性购入笔、纸篓等办公用品等。另外,同一会计事项发生在不同企业间,其重要性的判断也有所不同。

(七)谨慎性

《企业会计准则》规定,企业对交易或事项进行会计确认、计量和报告时,应当保持应有的谨慎,不应高估资产或者收益,也不应低估负债或者费用。这要求企业在会计处理时,对含有不确定因素的事项,应保持谨慎小心的态度,充分估计可能发生的损失和风险,并计量确认其可能发生的损失,而可能发生的收益,则不予确认和计量。

在市场经济环境下,企业的生产经营活动面临着许多风险和不确定性,如应收款项的可收回性、固定资产的使用寿命、无形资产的使用寿命、售出存货可能发生的退货或者返修等。会计信息质量的谨慎性要求,需要企业在面临不确定性因素的情况下做出判断时保持应有的谨慎,充分估计各种风险和损失,既不高估资产或者收益,也不低估负债或者费用。例如,对于企业发生的或有事项,通常不能确认为或有资产,只有当相关经济利益基本确定能流入企业时,才作为资产予以确认;相反,相关经济利益很可能流出企业,该义务构成企业现时义务并且该义务的金额能够可靠计量时,应当及时地将其确认为预计负债。这就体现了会计信息质量的谨慎性要求。

谨慎性要求的应用也不允许企业设置秘密准备。企业故意低估资产或者收益,或故意高估负债或者费用,将不符合会计信息的可靠性和相关性要求,损害会计信息质量,扭曲企业实际的财务状况和经营成果,从而对使用者的决策产生误导,这是《企业会计准则》所不允许的。

(八)及时性

《企业会计准则》规定,企业对于已经发生的交易或事项,应当及时进行会计确认、计量、记录和报告,不得提前或延后。及时性原则要求会计核算工作讲究时效,及时进行会计处理,及时向会计信息使用者提供会计信息;同时要求企业不得随意提前或推迟进行会计确认计量,这会导致会计信息失真。

在上述会计信息质量要求中,真实性、相关性、明晰性和可比性是会计信息质量的基本要求;而实质重于形式、重要性、谨慎性和及时性是相对次要的会计信息质量要求。这些质量要求相辅相成,形成完整的会计信息质量要求体系。

第五节　会计核算的环节与方法

一、会计核算的环节

会计核算是一个连续、系统和完整的过程.包括确认、计量、记录和报告四个环节。

(一)会计确认

会计确认是指按照规定的标准和方法,把某项经济活动作为几个具体的会计要素,进行正式记录和报告的过程。具体地说,会计确认是将某一项目作为资产、负债、收入、费用等中的一项正式地记录或列入某一会计报表的过程。对于一项资产或负债,确认时不仅要记录该项目的取得或发生,还要记录其后发生的变动,包括从会计报表中予以消除的变动。会计确认包括确认标准和确认时间。

(二)会计计量

会计计量是指按照一定标准和程序对进入会计系统的经济活动"量化"的过程,即在会计核算过程中,以什么尺度为标准对经济活动进行计量。计量包括计量单位和计量属性。会计计量的"量化"是一种货币量化的过程,对应予记录的经济事项的计量有两种:一是实物计量;二是货币计量。会计主要是以货币为尺度来进行计量,以便于综合分析和比较。

(三)会计记录

会计记录是指各项经济业务经过确认、计量后,按一定方法在账簿中予以登记的过程。它是会计核算中的一个重要环节,通过记录可以把有关数据进行分类、汇总及加工,形成会计信息。会计记录包括序时记录和分类记录、手工记录和电子计算机记录等。

(四)会计报告

会计报告是指以会计账簿记录为主要依据,采用表格和文字的形式,将会计数据传送给信息使用者的手段。会计报告不是把记录在账簿中的数据重新罗列一编,而是对账簿数据的再加工,即再确认过程,哪些数据应进入会计报告以及如何进入会计报告要在这一环节完成。会计报告主要传递会计主体财务状况、经营成果和现金流量的信息,因此又被称为财务会计报告。

二、会计核算的方法

会计核算方法,是指会计对企事业、机关单位已经发生的经济活动进行连续、系统和全面的反映和监督所采用的方法。会计核算方法是用来反映和监督会计对象的,会计对象的多样性和复杂性决定了对其进行反映和监督的会计核算方法不能采用单一的形式,而应采用一定的方法体系。会计核算方法由设置会计科目与账户、复式记账、填制和审核凭证、登记会计账簿、成本核算、财产清查和编制财务报表等具体方法构成,这七种方法构成了一个完整的、科学的方法体系。

(一)设置会计科目与账户

会计科目是对会计对象的具体内容进行分类核算的项目。会计对象包含的内容纷繁复杂,设置会计科目和账户,就是根据会计对象的特点及对信息的特定要求,将会计对象的内容按照一定标准进行分类,形成分类核算的项目,然后根据各项目在账簿中开设相应账户,分类、连续地记录各项经济业务,从而取得所需要的各种会计指标。

(二)复式记账

复式记账是一种将经济业务记录在账户中的方法。它要求对每一项经济业务,都要以相等的金额同时在两个或两个以上相关账户中进行记录。采用复式记账法记录各项经济业务,可以通过账户之间的对应关系,全面反映每项经济业务的来龙去脉。同时,复式记账还使每项经济业务所涉及的两个或两个以上账户之间产生一种平衡关系,利用这种平衡关系,可以检查有关会计记录的正确性。

(三)填制和审核会计凭证

会计凭证是记录经济业务的发生或完成情况、明确经济责任的书面证明,也是登记会计账簿的依据。会计凭证分为原始凭证和记账凭证。对于已经发生的任何经济业务,都必须取得或填制会计凭证,并经过会计部门和其他有关部门的审核。只有经过审核并被认为正确无误的会计凭证,才能作为登记会计账簿的依据。所以,填制和审核会计凭证,是保证会计资料真实和可靠的有效手段。

(四)登记会计账簿

会计账簿是由具有一定格式的账页组成的簿籍。登记会计账簿是以经过审核无误的会计凭证为依据,全面、系统、连续地记录一个单位经济业务发生完成情况的一种专门方法。通过登记账簿,将分散的会计资料分门别类地记录,加工整理成系统完整的会计数据,并定期进行结账对账,为会计信息使用者提供有用的会计分析资料。所以,登记会计账簿是会计核算的主要方法。

(五)成本核算

成本核算是按照一定的成本对象,对生产经营过程中发生的成本费用进行归集和分配,计算成本对象的总成本和单位成本的一种专门方法。在生产经营过程中要耗用各种不同的原材料、人工,要正确地进行成本计算,了解成本费用水平,考核成本计划执行情况,促进增产节约,降低成本,提高企业经济效益。例如,企业购置或自建的固定资产、外购的材料、生产的产品等都是成本计算对象。通过成本计算,合理确定固定资产取得成本、材料采购成本、产品生产成本和销售成本等,可以考核经济活动过程中物化劳动和活劳动的耗费程度,为正确反映经营成果和财务状况提供数据资料。

(六)财产清查

财产清查是对企业各项财产物资采用科学的方法进行盘点、核对,对往来账款进行查询、清算,保证账实相符,确定财产物资和货币资金实有数额的方法。通过财产清查,了解企业财产物资使用、保管中的薄弱环节、问题,堵塞漏洞,防止财产物资被盗、浪费、超储积压,对往来账款清理、核对,保护国家、企业财产安全完整、不受侵蚀。在清查中如发现财产物资和货币资金的实有数额与账面结存数额不一致,应查明账实不符的原因,通过一定的审批手续进行处理,并调整会计账簿记录,以保持账实相符。因此,财产清查是确保会计信息正确和真实的一种手段。

(七)编制财务报表

编制财务报表是根据会计账簿记录的数据资料,采用一定的表格形式,总括、综合地反映各单位在一定时期内经济活动过程和结果的一种方法。编制财务报表是对日常核算工作的总结,是在账簿记录的基础上对会计核算资料的进一步加工、整理。财务报表提供的会计信息是进行会计分析、会计监督和各种经济决策的重要依据。

上述各种会计核算方法相互联系、密切配合,构成一个完整的方法体系,在会计核算中必须正确地运用这些会计核算方法。当经济业务发生后,首先填制或取得原始凭证,经会计人员审核整理后,按照设置的会计科目,运用复式记账法,编制记账凭证,并据以登记账簿,同时还要对财产物资进行成本计算;对于账簿记录的结果,要通过财产清查加以核实;最后,在保证账实相符的基础上,根据账簿资料编制财务报表。最基本的会计核算程序主要包括三个依次继起的环节:填制和审核凭证、登记会计账簿和编制财务报表。在会计核算过程中,填制和审核会计凭证是开始环节,登记会计账簿是中间环节,编制财务报表是终结环节。各种会计核算方法之间的关系如图 1-1 所示。

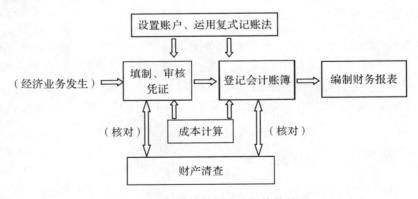

图 1-1　会计核算方法之间的关系

■■■ 思考题

1.什么是会计?会计具有哪些基本特征?

2.会计有哪些基本职能?请说明它们之间的关系?

3.关于会计的目标有哪几种观点?请简要说明。

4.什么是会计的基本假设？各种基本假设对会计核算有什么影响？

5.请说明权责发生制和收付实现制在确认收入与费用方面的区别？

6.会计核算有哪些专门方法？为什么说它们构成一个完整的方法体系？

■■■ **实务题**

某公司 6 月份发生以下经济业务，请运用本章知识判断下列业务处理是否正确，不正确的请说明理由。

(1)6 月 1 日,公司收到某外资企业货款 10 万欧元,会计人员直接将其记到欧元账户中(该公司业务以人民币为主)。

(2)6 月 7 日,交纳第三季度的报刊费 300 元,用现金支付,会计人员将其全部记为本月费用。

(3)6 月 15 日,公司融资租入一台设备,会计人员认为这不属于企业资产,所以未将其入账。

(4)6 月 25 日,公司预计有一笔"应收账款"由于对方发生财务危机可能收不回来,但会计人员没有计提相关"坏账准备"。

(5)在季末结转费用时,发现本季费用发生较少,于是会计人员多列了一些根本没有发生的费用。

参考答案

■■■ **自测题**

本章自测

第二章

会计要素和会计账户

■■■ **学习目标**

- ☐ 掌握会计对象的概念、内容和制造业资金运动的具体循环过程
- ☐ 掌握会计要素的定义、特征、确认条件和分类
- ☐ 掌握会计等式的内涵,熟悉企业各项经济业务的类型
- ☐ 掌握企业发生的各项经济业务对会计等式的影响
- ☐ 掌握会计科目的概念、分类和级次
- ☐ 熟悉会计科目表中常用的会计科目
- ☐ 掌握会计账户的概念和基本结构
- ☐ 熟悉会计科目与会计账户的联系和区别

■■■ **案例导读**

　　虞欢的三个姐姐合伙开了一家男士品牌服装店,具体出资情况如下:每人出资30万元,其中大姐投入店面三间,作价30万元;二姐投入现金20万元,存款10万元;三姐投入柜式空调2台,价值2万元,一辆面包车,计5万元,存款23万元。此外,她们还向银行申请了3年期贷款20万元,10月期借款5万元。由于虞欢在大学里学习了会计基础课程,三个姐姐希望虞欢能利用所学知识为服装店做一套账,承担记账的责任。

　　虞欢于是根据所学的会计知识迅速列了一张清单,开设账簿,并编制了一张简单的资产负债表,如表2-1所示。可是他发现表中资产的合计数与负债和所有者权益的合计数不相等,不知道为什么。

表 2-1　资产负债表

单位:元

资产	金额	负债和所有者权益	金额
库存现金	200 000	短期借款	50 000
银行存款	330 000	长期借款	200 000
门店	300 000	实收资本	900 000
空调	20 000		
面包车	50 000		
合计	900 000	合计	1 150 000

请问虞欢开设的账簿和编制的资产负债表错在哪里？应如何改正？

任何一个单位要想从事经营活动，必须拥有一定的物质基础，这些物质基础即各项财产物资，是进行生产经营的前提。当各项财产物资被用货币计量价值时，即为资金。资金是社会再生产过程中各项财产物资的货币表现以及货币本身。社会再生产过程中的资金运动，就是会计所要反映和监督的内容，即会计对象。

第一节　会计对象

会计对象是指会计核算和监督的内容。会计需要以货币作为主要计量单位，对特定主体的经济活动进行核算与监督。也就是说，凡是特定主体能够以货币表现的经济活动，都是会计核算和监督的内容，即会计对象。从宏观上来说，会计对象是社会再生产过程中的资金运动；从微观上来说，会计对象是一个单位能够用货币表现的经济活动。

资金运动包括各特定主体的资金投入、资金运用和资金退出等过程，具体到企业、事业、行政单位又有较大差异。即便同样是企业，不同行业企业的资金运动也有各自的特点，尤以制造业最具代表性。下面以制造业企业为例，说明企业会计的具体对象。

制造业企业是从事产品生产和销售的营利性经济组织。为了从事产品的生产与销售活动，企业必须拥有一定数量的资金，用于建造厂房、购买机器设备、购买材料、支付职工工资、支付经营管理中其他必要的开支等，生产出的产品销售后，收回的货款还要补偿生产中的垫付资金、偿还有关债务、上交有关税金等。由此可见，制造业的资金运动包括资金投入、资金循环与周转（包括供应过程、生产过程、销售过程三个阶段）以及资金退出三个环节，参见图 2-1。

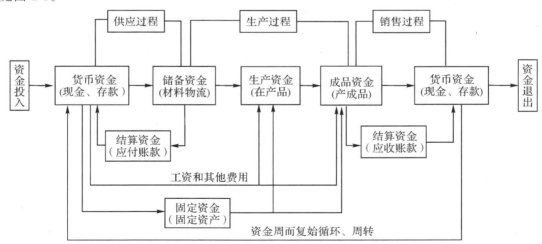

图 2-1　制造业企业资金运动示意

资金投入包括企业投资者投入的资金和向债权人借入的资金两部分，前者属于企业所有者的权益，后者属于企业债权人的权益即负债。投入企业的资金一部分构成流动资产，另一部分构成非流动资产。

资金循环与周转分为供应过程、生产过程和销售过程三个阶段。在供应过程中,企业要购买各种原材料,会发生材料费、运杂费、装卸费、税费等材料的各项采购成本,与供应单位发生相应的货款结算关系。在生产过程中,由于产品的生产会发生各种生产费用,包括材料的消耗费用、固定资产损耗的折旧费用、生产工人劳动耗费的人工费用、为生产产品而发生的各项间接费用等,企业与员工之间会发生相应的工资报酬等结算关系,企业与有关单位之间会发生劳务结算关系,等等。在销售过程中,为了将生产的产品销售出去,企业会发生有关的销售费用以及收回货款、交纳税费等经济活动,与购货单位发生货款结算关系、与税务机关发生税务结算关系、与其他有关单位发生劳务结算关系等。

资金退出包括偿还各项债务、上交各项税费、向所有者分配利润等。企业获得的销售收入在扣除各项费用后要按国家规定进行相应的分配,其中一部分以税金的形式上交给国家,一部分以红利的形式分配给投资者,这部分资金便离开企业,退出企业的资金循环与周转。剩余部分留在企业内部,形成留存收益。

由此可见,资金运动的三个环节是相互支撑、相互制约的统一体。没有资金的投入,就不会有资金的循环与周转;没有资金的循环与周转,就不会有债务的偿还、税金的上交和利润的分配等;没有资金的退出,就不会有新一轮的资金投入,也就不会有企业进一步的发展。

上述资金运动既有一定时期内的显著运动状态(表现为收入、费用、利润等),同时也具有某一时点上的相对静止状态(表现为资产总额与负债、所有者权益总额的恒等关系)。仍以制造业企业为例:为了维持正常的生产经营活动,企业必须拥有一定数量的经济资源(即资产),它们分布在企业生产经营过程中的不同阶段(供应、生产、销售等阶段)和不同方面(表现为厂房、机器设备、原材料、在产品、库存商品及货币资金等),我们称之为资金占用。这些经济资源的取得需要通过一定的渠道,包括投资者投入和向债权人借入等,我们称之为资金来源。从任何一个时点上看,资金运动一直处于相对静止的状态,即企业的资金在任何一个时点上都表现为资金占用和资金来源两个方面,而这两个方面既相互联系,又相互制约。

第二节　会计要素

会计要素是指会计对象是由哪些部分构成的,是根据交易或者事项的经济特征确定的会计对象的基本分类,也是会计核算对象的具体化。通过会计要素对会计对象进一步分类,为会计核算提供了基础,也为财务报表的构建提供了基本架构。会计要素的界定和合理划分,既有利于清晰地反映产权关系和其他经济关系,又可以使财务会计系统更加科学严密,为投资者等财务报告使用者提供更加有用的信息。

一、会计要素的确认

会计要素的确认是指将符合会计要素定义及其确认条件的项目,放入资产负债表或利润表中的过程。符合会计要素定义及其确认条件的项目,应当在资产负债表或利润表中予以反映。根据《企业会计准则》的规定,企业会计要素按照其性质分为六大类,即资产、负债、所有者权益、收入、费用和利润。其中,资产、负债和所有者权益是反映企业财务状况的会计要素,也是资产负债表的基本要素,反映企业资金运动的静态情况;收入、费用和利润是反映企业经营成果的会计要素,也是利润表的基本要素,反映企业资金运动的动态情况。

(一)资产

1.资产的定义

资产是指企业过去的交易或者事项所形成的、由企业拥有或者控制的、预期会给企业带来经济利益的资源。

根据资产的定义,资产具有以下几个方面的特征。

(1)资产是企业过去的交易或事项形成的

也就是说,资产是过去已经发生的交易或事项所产生的结果,资产必须是现实的资产,而不能是预期的资产。过去的交易或者事项包括购买、生产、建造行为或其他交易或者事项。只有过去的交易或者事项才能形成企业的资产,预期在未来发生的交易或者事项不能形成企业的资产。

【例 2-1】企业 11 月份与某公司签订了一批生产用机器设备的购买合同,约定好该批设备年底交货并付款,由于实际购买行为尚未发生,不符合资产的定义,因此,不能在 11 月份将该批设备确认为企业的资产。

(2)资产是由企业拥有或者控制的资源

资产作为一项资源,应当由企业拥有或者控制。拥有或者控制,是指企业享有某项资源的所有权,或者虽然不享有某项资源的所有权,但该资源能被企业所控制,企业可以按照自己的意愿使用或者处置该项资产。

企业享有资产的所有权,通常表明企业能够排他性地从该资产中获取经济利益。因此,判断一项资源是否可以作为企业的资产,通常看其所有权是否属于该企业,但这不是确认资产的绝对标准。有些情况下,资产虽然不为企业所拥有,即企业并不享有其所有权,但企业控制了这些资产,同样表明企业能够从该资产中获取经济利益,符合会计上对资产的定义,可以将其确认为企业的资产。而如果企业既不拥有也不能控制资产所能带来的经济利益,则不能将其作为企业的资产予以确认。

【例 2-2】企业月初与某房产商签订了一份为期 5 年的租赁合同,以经营租赁方式租入其所属的一幢商品房作为职工的集体宿舍。此外,还与某租赁公司签订了一份为期 10 年的租赁合同,以融资租赁方式租入一台生产用数控机床。两份租赁合同均约定签订合同之日即为租赁期开始日。

商品房是企业通过经营租赁方式取得的,企业对其既没有所有权也没有控制权,只需按期支付房租即可,因此,商品房不应该被确认为企业的资产。数控机床是企业通过融资租赁方式取得的,企业虽然对其没有所有权,但要承担与所有权相关的风险,享有获得相关报酬的权利,即拥有实际控制其使用及其带来的经济利益的权利。也就是说,该机床如何使用以及日常的维护保养均由该企业决定并执行,其使用过程中由于损耗而发生的折旧费用也相应地由企业承担。因此,数控机床应该被确认为企业的资产。

(3)资产预期会给企业带来经济利益

资产预期会给企业带来经济利益,是指资产直接或间接导致现金和现金等价物流入企业的潜力。这种潜力可以通过企业的日常经营活动获得,也可以通过企业的非日常经营活动获得。带来经济利益的形式可以是现金,可以是现金等价物,也可以是能够转化为现金或现金等价物以及减少现金或现金等价物流出的形式。按照这一特征,如果某一项目预期不能给企业带来经济利益,那么就不能将其确认为企业的资产。前期已经被确认为资产的项目,如果不能再为企业带来经济利益,也不能再被确认为企业的资产。例如,企业通过收回应收账款、出售库存商品等可以直接获得经济利益,也可以通过对外投资获取股利或参与分配利润间接获得经济利益。

【例 2-3】 企业的生产车间新购入一台先进的数控机床,投入使用后每天都在满负荷运转,给企业带来了巨大的收益;自然而然地,车间原有的机床一直处于停工状态,没有再投入使用。

原有的机床由于长期闲置不用,不能给企业带来经济利益,因此不应该被确认为企业的固定资产,不应该作为资产反映在资产负债表中。新的数控机床一直在使用,能够给企业带来经济利益,因此应被确认为企业的固定资产,反映在资产负债表中。

2.资产的确认条件

根据《企业会计准则》的规定,将一项资源确认为资产,除了需要符合资产的定义之外,还应同时满足以下两个条件。

(1)与该资源有关的经济利益很可能流入企业

很可能,是指发生的可能性大于 50%。从资产的定义可以看到,能否带来经济利益是资产的一个本质特征。但在现实生活中,由于经济环境的复杂多变,与资源有关的经济利益能否流入企业、能够流入多少实际上带有一定的不确定性。因此,资产的确认还应当与经济利益流入企业的不确定性程度结合起来判断。如果编制财务报表时所取得的证据表明,与资源有关的经济利益很可能流入企业,那么就应当将其作为资产予以确认;反之,则不能被确认为资产。

(2)该资源的成本或者价值能够可靠地计量

可计量性是所有会计要素确认的重要前提,资产的确认也是如此。通过不同渠道取得的资产,只有当其成本或者价值能够可靠地计量时,才可以被确认为企业的资产。在实务中,企业取得的资产通常都会发生一定的实际成本,当这些成本能够可靠地计量时,资产就符合了确认的可计量条件。但有些情况下,企业取得的资产没有发生实际成本或者发生的实际成本很小,此时如果其公允价值能够可靠地计量,也被认为符合了资产确认的可计量条件。

3.资产的分类

资产按其流动性不同,分为流动资产和非流动资产。

流动资产是指通常在一年内或者在超过一年的一个营业周期内变现或耗用的资产,主要包括库存现金、银行存款、应收及预付款项、其他应收款、交易性金融资产、存货等。

非流动资产是指不能在一年内或者超过一年的一个营业周期内变现或耗用的资产,主要包括长期股权投资、固定资产、债权投资、其他债权投资、无形资产、投资性房地产等。

(二)负债

1.负债的定义

负债是指企业过去的交易或者事项形成的、预期会导致经济利益流出企业的现时义务。

根据负债的定义,负债具有以下几个方面的特征。

(1)负债是企业过去的交易或者事项形成的

同资产一样,导致负债形成的交易或者事项也必须是已经发生的。例如,购置货物或使用劳务会产生应付账款,接受银行贷款会产生偿还贷款的义务,等等。只有已经发生的交易或事项,会计上才有可能将其确认为负债。企业正在筹划的未来交易或事项,如企业的业务计划、将在未来发生的承诺、签订的合同等,不能被确认为企业的负债。

【例2-4】企业向银行借款 2 000 万元,借款合同已经签订,款已到账;此外,还决定一个月后发行面值为 5 000 万元、3 年期、年利率为 7% 的公司债券。银行借款属于已经发生的交易或者事项所形成的债务,应被确认为企业的负债;而发行债券尚未开始,不属于过去的交易或者事项,不应被确认为企业的负债。

(2)负债是企业承担的现时义务

现时义务是指企业在现行条件下已承担的义务,而不是将要承担的义务。未来发生的交易或者事项形成的义务,不属于现时义务,不应被确认为负债。这里的义务可以是法定义务,也可以是推定义务。其中法定义务是指具有约束力的合同或者法律法规规定的义务,在法律意义上通常需要强制执行。例如企业按照税法规定应当交纳的各项税款、企业购买原材料形成的应付账款等,均属于企业承担的法定义务,需要依法予以偿还。推定义务是指根据企业多年来的习惯做法、公开的承诺或者公开宣布的政策而导致企业将承担的责任,这些责任使有关各方形成了企业将履行义务解脱责任的合理预期。例如某企业多年来制定了一项销售政策,对售出的商品提供在一定期限内的售后保修服务,预期将为售出商品提供的保修服务就属于推定义务,应当将其确认为一项负债。

【例2-5】企业与开户银行达成协议,两个月后由银行提供给企业 5 000 万元的借款用于企业研发新技术和开发新产品。由于该笔借款在两个月后才会正式生效,对企业而言,该事项尚未发生,不属于现在需要承担的义务,因此,不能将其确认为企业的负债。

(3)负债的清偿预期会导致经济利益流出企业

负债通常是在未来某一时日通过交付资产(包括库存现金和其他资产)或提供劳务来清偿的。例如,企业赊购一批材料,材料已验收入库,但尚未付款,该笔业务所形成的应付账款应被确认为企业的负债,需要企业在未来某一时日通过交付库存现金或银行存款等来清偿。企业偿还负债的方式多种多样,可以用库存现金或实物资产方式偿还;可以用提供劳务方式偿还;可以通过部分转移资产、部分提供劳务的方式偿还;也可以将负债转为资本;等等。不管用何种方式来偿还负债,最终一般都会导致企业经济利益的流出。

【例2-6】企业偿还前欠某公司的货款 500 000 元,用银行存款支付。此项业务的发生,导致企业的银行存款减少 500 000 元,其用途在于偿还前欠的货款,即企业的负债,因此,负债的偿还会导致经济利益流出企业。

2.负债的确认条件

根据《企业会计准则》的规定,将一项现时义务确认为负债,除了应符合负债的定义,还需要同时满足以下两个条件:

(1)与该义务有关的经济利益很可能流出企业

在实务中,履行义务所需流出的经济利益带有一定的不确定性,尤其是与推定义务相关的经济利益通常需要依赖估计。因此,同资产一样,负债的确认也要与经济利益流出的不确定性程度结合起来。如果有确凿证据表明,与现时义务有关的经济利益很可能流出企业,应当将其确认为企业的负债;反之,即便企业承担了现时义务,但是导致企业经济利益流出的可能性很小,则不能将其确认为企业的负债。

(2)未来流出的经济利益的金额能够可靠地计量

同资产相同,对于各种原因形成的债务,也只有在其实际偿还的金额能够可靠地计量时,才可以被确认为企业的负债。法定义务导致的经济利益流出,其金额通常可以根据合同或法律规定确定。经济利益流出的金额通常发生在未来期间,有时未来期间较长,有关金额的计量还需考虑货币时间价值等因素的影响;推定义务导致的经济利益流出,其金额一般根据履行义务所需支出的最佳估计数确定,并综合考虑货币时间价值、风险等其他因素的影响。

3.负债的分类

负债按其偿还期限的长短可分为流动负债和长期负债。

流动负债是指通常在一年内或者在超过一年的一个营业周期内偿还的债务,主要包括短期借款、应付及预收款项、应交税费、应付职工薪酬、其他应付款等。

长期负债是指偿还期在一年或者超过一年的一个营业周期以上的债务,主要包括长期借款、应付债券和长期应付款等。

(三)所有者权益

1.所有者权益的定义

所有者权益也称为净资产,是指企业的资产扣除负债后由所有者享有的剩余权益。公司的所有者权益又称为股东权益,即公司股东在公司中所享有的剩余权益。所有者权益是所有者对企业资产的剩余索取权,是企业的全部资产中扣除债权人权益后应当由企业所有者所享有的部分。它既反映了所有者投入资本的保值增值情况,又体现了保护债权人权益的理念。

根据所有者权益的定义,所有者权益具有以下几个方面的特征。

(1)除非发生减资、清算或分派现金股利,企业不需要偿还所有者权益

由于所有者对企业投资,形成了企业资产的主要来源,进而拥有企业的所有权。因此,正常经营情况下,企业不需要偿还所有者权益。

(2)企业清算时,只有在清偿所有的负债后,才能将所有者权益返还给所有者

由所有者权益的定义可知,它是指企业所有者对企业的净资产享有所有权,而净资产等于全部资产扣除全部负债。所以,只有在偿还所有的负债后,才能将剩余的资产返还给所有者。

(3)所有者凭借所有者权益能够参与企业利润的分配

由于企业生产经营的资金主要来源于所有者的出资,所有者对企业拥有所有权。因此,当企业获利时,就应当向所有者分配利润。

2.所有者权益的确认条件

所有者权益体现的是所有者在企业中的剩余权益,因此,所有者权益的确认主要依赖于其他会计要素,尤其是资产和负债的确认,所有者权益金额的确定也主要取决于资产和负债

的计量。例如,企业接受投资者投入的资产,在该资产符合企业资产确认条件时,相应地符合所有者权益的确认条件;在该资产的价值能够可靠计量时,所有者权益的金额也可以确定。

3.所有者权益的分类

所有者权益按其形成的来源包括所有者投入的资本、直接计入所有者权益的利得和损失、留存收益等,通常分为实收资本(或者股本)、资本公积、盈余公积和未分配利润等项目。

所有者投入的资本是指所有者投入企业的所有资本,它既包括构成企业注册资本或者股本部分的金额,也包括投入资本超过注册资本或者股本部分的金额,即资本(或股本)溢价,根据《企业会计准则》,这部分投入资本被计入资本公积中,并在资产负债表中的资本公积项目下反映。

直接计入所有者权益的利得和损失是指不应计入当期损益、会导致所有者权益发生增减变动的、与所有者投入资本或者向所有者分配利润无关的利得和损失。其中,利得是指企业非日常活动所形成的、会导致所有者权益增加的、与所有者投入资本无关的经济利益的流入。损失是指企业非日常活动所发生的、会导致所有者权益减少的、与向所有者分配利润无关的经济利益的流出。例如固定资产报废毁损产生的净损益,其中净收益计入营业外收入,净损失计入营业外支出。

留存收益是指企业历年实现的净利润留存于企业的部分,主要包括累计计提的盈余公积和未分配利润。

(四)收入

1.收入的定义

收入是指企业在日常活动中形成的、会导致所有者权益增加的、与所有者投入资本无关的经济利益的总流入。

根据收入的定义,收入具有以下几个方面的特征。

(1)收入是企业在日常活动中形成的

日常活动是指企业为实现其经营目标而从事的经常性活动以及与之相关的活动,如制造业企业生产和销售产品、商业企业销售商品、咨询公司提供咨询服务等。明确界定日常活动的目的在于区分收入和利得,非日常活动所形成的经济利益的流入不能被确认为收入,而应被确认为利得。

【例2-7】企业本月对外销售商品共计5 000件,货款总计1 000 000元;本月报废一台生产用设备,净收益为500 000元。销售商品属于企业的日常经营活动,因此,其货款1 000 000元应被确认为企业的收入,计入主营业务收入;报废设备是企业的非日常经营活动,其所带来的净收益不应被确认为企业的收入,而应将其作为企业的利得,计入营业外收入。

(2)收入是与所有者投入资本无关的经济利益的总流入

收入会导致经济利益的流入,最终导致资产的增加。例如企业对外销售商品,应当收到或者在未来有权收到货款。但在实际工作中,经济利益的流入不都是由收入的增加导致的,所有者投入资本的增加也会导致经济利益的流入,而该流入不应被确认为企业的收入,应将其确认为所有者权益。

【例 2-8】 企业收到投资者投入的货币资金 1 000 000 元,存入银行。该项业务的发生使得企业的经济利益流入了 1 000 000 元,但该经济利益的流入是由投资者投入资金导致的,并不是由于收入的增加,因此,不能将其确认为企业的收入,而应确认为企业的所有者权益。

(3)收入会导致所有者权益的增加

与收入相关的经济利益的流入会导致所有者权益的增加,不会导致所有者权益增加的经济利益的流入不符合收入的定义,不应被确认为收入。

【例 2-9】 企业向银行借入款项,虽然导致经济利益的流入,但该流入并没有导致所有者权益的增加,反而使企业承担了一项现时义务,结果是企业的负债增加而不是所有者权益增加,因此,不能将其确认为企业的收入,而应确认为企业的负债。

2. 收入的确认条件

收入确认的正确与否直接影响到企业的利润大小,为了如实反映企业的经营成果,应当根据《企业会计准则》的相关规定合理确认企业的收入。虽然企业收入的来源多种多样,特征也有所不同,但对其确认的条件是相同的。当企业与客户之间的合同同时满足下列条件时,企业应当在客户取得相关商品控制权时确认收入:

(1)合同各方已批准该合同并承诺将履行各自义务;

(2)该合同明确了合同各方与所转让商品或提供劳务相关的权利和义务;

(3)该合同有明确的与所转让商品或提供劳务相关的支付条款;

(4)该合同具有商业实质,即履行该合同将改变企业未来现金流量的风险、时间分布或金额;

(5)企业因向客户转让商品或提供劳务而有权取得的对价很可能收回。

3. 收入的分类

按照《企业会计准则》的规定,企业确认收入的方式应当反映其向客户转让商品或提供劳务的模式,收入的金额应当反映企业因转让这些商品或提供这些劳务而预期有权收取的对价金额,以如实反映企业的生产经营成果,核算企业实现的损益。

在实务中,收入按经营业务的主次关系不同,可以分为主营业务收入和其他业务收入。主营业务收入是指企业的主要经营活动带来的收入,例如制造业企业对外销售商品取得的收入。其他业务收入是指企业非经常性的、兼营的业务所产生的收入,例如制造业对外销售原材料取得的收入。

(五)费用

1. 费用的定义

费用是指企业在日常活动中发生的、会导致所有者权益减少的、与向所有者分配利润无关的经济利益的总流出。

根据费用的定义,费用具有以下几个方面的特征。

(1)费用是企业在日常活动中形成的

与收入的界定相同,将费用界定为在日常活动中发生的,目的是将其与损失相区分,企业非日常活动所发生的经济利益的流出不能被确认为费用,而应当计入损失。日常活动所产生的费用主要包括销售成本、职工薪酬、折旧费、无形资产摊销费等。

【例 2-10】企业对外销售商品 1 000 件,总成本为 30 000 元;报废一辆运输用的汽车,损失为 20 000 元。对外销售商品属于企业的日常经营活动,因此,其成本的发生应作为企业的费用,确认为主营业务成本;报废汽车属于企业的非日常经营活动,因此,其损失的发生不应被确认为企业的费用,而应该将其作为企业的损失,确认为营业外支出。

（2）费用是与向所有者分配利润无关的经济利益的总流出

费用的发生会导致经济利益的流出,从而导致资产的减少或者负债的增加（最终也会导致资产的减少）,其表现形式为现金或现金等价物的流出,存货、固定资产、无形资产等的流出或消耗,等等。企业向所有者分配利润虽然也会导致经济利益的流出,但该经济利益的流出属于所有者权益的减少,因此不应被确认为费用。

【例 2-11】企业经研究决定向投资者分配利润 200 000 元。此项业务的发生虽然会导致经济利益流出企业,但该流出是向所有者分配利润所致,在减少所有者权益的同时会导致企业的负债增加,与费用无关。因此,不应该将其确认为费用,而应将其作为企业的所有者权益,确认为利润分配。

（3）费用会导致所有者权益的减少

与费用相关的经济利益的流出会导致所有者权益的减少,不会导致所有者权益减少的经济利益的流出不符合费用的定义,不应被确认为费用。

【例 2-12】企业用银行存款 50 000 元购买原材料,已经验收入库。该项经济业务虽然使企业的经济利益流出了 50 000 元,但并没有导致所有者权益的减少,而是使企业增加了一项资产（存货）。因此,该经济利益的流出不能被确认为费用,而应该将其作为企业的资产,确认为原材料。

2. 费用的确认条件

费用的确认除了应当符合定义外,还应当满足严格的条件,即费用只有在经济利益很可能流出从而导致企业的资产减少或者负债增加、并且经济利益流出的金额能够可靠计量时才能予以确认。因此,费用的确认至少应当符合以下三个条件:

（1）与费用相关的经济利益很可能流出企业;

（2）经济利益流出企业会导致企业资产的减少或者负债的增加;

（3）经济利益流出的金额能够可靠计量。

3. 费用的分类

费用按其与收入的配比关系可分为制造成本和期间费用。

制造成本是指销售商品或提供劳务所发生的成本耗费,应当计入产品成本和劳务成本,包括直接材料、直接人工和制造费用等。

期间费用是指企业为组织和管理企业生产经营、筹集生产经营所需资金以及销售商品等而发生的各项费用。期间费用应当在发生当期直接计入损益,并在利润表中分项目列示,包括销售费用、管理费用和财务费用等。

（六）利润

1. 利润的定义

利润是指企业在一定会计期间的经营成果。利润是评价企业管理层经营业绩的一项重要指标。通常情况下,如果企业的利润为正数,说明企业盈利,企业的所有者权益将增加,业绩提升;反之,如果企业的利润为负数,说明企业发生亏损,企业的所有者权益将减少,业绩下滑。

利润包括收入减去费用后的净额、直接计入当期利润的利得和损失等。前者反映的是企业日常活动的业绩,后者反映的是企业非日常活动的业绩。直接计入当期利润的利得和损失,是指应当计入当期损益、最终会引起所有者权益发生增减变动的、与所有者投入资本或者向所有者分配利润无关的利得或者损失。

2.利润的确认条件

利润反映的是收入减去费用、利得减去损失后的净额的概念,因此,利润的确认主要依赖收入和费用以及本期利得和损失的确认,其金额的确定也主要取决于收入、费用、利得和损失金额的计量。

3.利润的分类

企业的利润最终应当反映在利润表中,按其构成可分为营业利润、利润总额和净利润。

营业利润是指营业收入减去营业成本、税金及附加、期间费用(包括销售费用、管理费用和财务费用)、资产减值损失,加上公允价值变动收益、投资收益、资产处置损益、其他收益后的金额。

利润总额是指营业利润加上营业外收入,减去营业外支出后的金额。营业外收入是指企业发生的与日常活动无直接关系的各项利得,包括非流动资产毁损报废利得、盘盈利得、捐赠利得等。营业外支出是指企业发生的与日常活动无直接关系的各项损失,包括非流动资产毁损报废损失、盘亏损失、公益性捐赠支出等。

净利润是指利润总额减去所得税费用后的金额。

二、会计要素的计量

会计计量是指为了将符合确认条件的会计要素登记入账,并列报于财务报表中而确定其金额的过程。企业应当按照规定的会计计量属性进行计量,确定相关金额。计量属性是指所计量的某一要素的特性方面,它所反映的是会计要素金额确定的基础。按照《企业会计准则》的规定,计量属性主要包括历史成本、重置成本、可变现净值、现值和公允价值等。一般应当采用历史成本计量,采用其他成本计量的,必须保证其金额能够取得并可靠计量。

(一)历史成本

历史成本又称实际成本,是指通过各种渠道取得或制造某项财产物资时所实际支付的现金或者其他等价物。在历史成本计量下,资产按照购置时支付的现金或者现金等价物的金额,或者按照购置资产时所付出的对价的公允价值计量。负债按照其由于承担现时义务而实际收到的款项或资产的金额,或者承担现时义务的合同金额,或者日常活动中为偿还负债预期需要支付的现金或者现金等价物的金额计量。

由于历史成本通常反映的是资产或者负债过去的价值,因此,在采用历史成本计量时,要对企业的各个项目的计量基于经济业务发生时所花费的实际交易成本,而不考虑随后市场价格变化的影响。例如企业购买一幢办公用的大楼,在取得该固定资产时应该以实际支付的全部价款作为其入账价值,该入账价值即为历史成本。历史成本同会计要素其他的计量属性相比,具有客观性和可验证性的优点,是其他计量属性所不具备的,因此,一般都应该采用历史成本进行计量。

(二)重置成本

重置成本又称现行成本,是指按照当前的市场条件,重新取得同样一项资产所需要支付的现金或现金等价物的金额。在重置成本计量下,资产按照现在购买相同或者相似的资产所需支付的现金或者现金等价物的金额计量。负债按照现在偿还该项债务所需支付的现金或者现金等价物的金额计量。

重置成本是现在时点的成本,在实务中重置成本一般用于盘盈固定资产的计量等方面。企业在财产清查时发现的盘盈固定资产往往难以找到其历史成本的依据,而只能根据当时相同或类似规格型号、相同或类似新旧程度的固定资产的价值作为其重置成本,对其进行计量入账。

(三)可变现净值

可变现净值是指在正常生产经营过程中,以资产的预计售价减去进一步加工的成本和预计销售所必需的税金、费用后的净值。在可变现净值计量下,资产按照其正常对外销售所能收到的现金或者现金等价物的金额扣减该资产至完工时估计将要发生的成本、估计的销售费用以及相关税金后的金额计量。

可变现净值通常用于存货资产期末减值情况下的后续计量。在不考虑货币时间价值的前提下,以资产正常使用过程中能够给企业带来的预期净现金流入的金额对资产进行计量。

(四)现值

现值是指对未来现金流量以恰当的折现率进行折现后的价值,是考虑货币时间价值的一种计量属性。在现值计量下,资产按照预计从其持续使用和最终处置中所获得的未来净现金流入量的折现金额计量。负债按照预计期限内需要偿还的未来净现金流出量的折现金额计量。

现值通常用于非流动资产的可收回金额和以摊余成本计量的金融资产价值的确定等方面。

(五)公允价值

公允价值是指市场参与者在计量日发生的有序交易中,出售一项资产所能收到或者转移一项负债所需支付的价格。在公允价值计量下,资产和负债按照在公平交易中,熟悉情况的交易双方自愿进行资产交换或者债务清偿的金额计量。

公允价值主要应用于交易性金融资产、其他债权投资、其他权益工具投资的计量等方面。相对于历史成本计量,公允价值计量所提供的信息具有更高的相关性,更能反映企业的现实情况,对投资者等财务报告使用者的决策更加有用。

第三节 会计等式

如前所述,六项会计要素反映了资金运动的静态和动态两个方面,具有紧密的相关性,它们在数量上存在着特定的平衡关系,这种平衡关系用公式来表示,就是通常所说的会计等式。会计等式是反映会计要素之间平衡关系的计算公式,它是制定各项会计核算方法的理论基础。从实质上看,会计等式揭示了会计主体的产权关系、基本财务状况和经营成果。

一、基本会计等式

企业要从事生产经营活动,必须拥有一定的经济资源作为从事经济活动的基础,即必须拥有或控制一定数量和结构的能够满足其经营活动所需要的资产,如银行存款、房屋、设备等。资产或者来源于投资者的投入资金,或者来源于债权人的借入资金,不管是谁,只要为企业提供了资金来源,对企业的资产就具有所有权或要求权,这种所有权或要求权在会计上即为"权益"。

资产和权益实际上是企业所拥有的经济资源在同一时点上的不同表现形式,是同一资本的两个不同方面。资产表明企业拥有什么经济资源和拥有多少经济资源,权益表明经济资源的来源,即谁提供了这些经济资源。因此,企业有一定数额的资产,必然同时拥有一定数额的权益;反之,企业有一定数额的权益,必然同时拥有一定数额的资产。资产和权益是相互依存的,资产反映的是资源在企业存在、分布的形态,权益反映的是资源取得和形成的渠道。两者是从不同角度揭示同一资本。从数量上看,企业有多少数额的资产必然有与其等量的权益,即在任何情况下企业的资产数额总是等于权益数额。对于资产与权益之间的这种恒等关系,可以用公式表示如下:

资产 = 权益

资产与权益之间的恒等关系是复式记账法的理论基础,也是编制资产负债表的依据。会计的实际工作,包括设置会计科目和账户、复式记账、试算平衡、结账、财务报表的编制,都必须以这一会计等式为指导。

由于企业的资产来源于所有者的投入资本和债权人的借入资金以及企业在生产经营过程中所产生效益的积累,归属于所有者和债权人。归属于所有者的部分形成所有者权益,归属于债权人的部分形成债权人权益,即企业的负债。因此,资产与权益之间的恒等关系又可以进一步表示为

资产 = 负债 + 所有者权益

该公式即为"会计恒等式"。它表明某一会计主体在某一特定时点所拥有的各种资产以及债权人和投资者对企业资产要求权的基本状况,表明资产、负债和所有者权益的平衡关系,同时也构成资产负债表的三个基本要素。由于这个等式是会计等式中最通用和最一般的形式,通常又称为会计基本等式、财务状况等式或静态会计等式。下文将通过实例验证会计恒等式的平衡关系。

二、扩展会计等式

企业的资产在投入运营以后,随着生产经营活动的进行,一方面企业会取得收入,另一方面,会发生各种各样的费用。通过收入与费用的比较,才能确定企业一定时期的盈利水平,确定企业实现的利润总额。在不考虑利得和损失的情况下,企业一定时期所获得的收入扣除所发生的各项费用后的余额,即表现为利润。用公式表示,即

$$收入-费用=利润$$

该公式实际上反映的是企业资金的相对运动形式,即资金运动三个动态要素之间的内在联系和企业在某一时期的经营成果,说明了企业利润的实现过程,是利润表的三个基本要素,也是编制利润表的理论基础。

如前所述,收入的取得会导致企业资产的增加或者负债的减少,最终导致所有者权益的增加;费用的发生会导致企业资产的减少或者负债的增加,最终导致所有者权益的减少。也就是说,收入和费用的取得和发生与企业的资产、负债、所有者权益之间有着密切的关系,会直接影响基本的会计等式。在实务中,收入和费用作为损益类账户,最终都要结转入所有者权益中的"本年利润"账户,结转后期末没有余额。由此,我们可以将收入、费用和利润三个要素代入所有者权益中,使得会计基本等式中亦能体现这三个动态要素的变化情况。即将该公式与会计基本等式相结合,则会计基本等式会演变为

$$资产=负债+所有者权益+利润$$
$$=负债+所有者权益+收入-费用$$

此等式反映了会计主体的财务状况与经营成果之间的相互关系,揭示了会计要素之间的相互关系,也构成了联系资产负债表和利润表的纽带。具体而言,在企业生产经营过程中,企业一方面取得收入,由此增加资产或减少负债;另一方面,企业发生各项费用,由此减少资产或增加负债。所以,在会计期间内,企业未结账之前,会计恒等式表现为资产=负债+所有者权益+(收入-费用)=负债+所有者权益+利润(亏损)。在会计期末结账后,利润(亏损)转入所有者权益,会计等式又恢复到会计期初的形式,即资产=负债+所有者权益。

三、经济业务对会计恒等式的影响

经济业务,一般是指企业在生产经营过程中发生的、能引起会计要素发生增减变动的经济活动,也叫会计事项。例如,购买材料、接受投资、销售商品、计提各项减值准备等,都属于企业的经济业务。企业在生产经营过程中,每天都会发生多种多样、错综复杂的经济业务,从而引起各会计要素的增减变动,但并不影响资产与权益的恒等关系。

下面通过实例分析说明资产与权益的恒等关系,验证企业发生的经济业务对会计恒等式的影响。

【例 2-13】企业 2018 年 12 月 1 日资产总额为 208 000 元,负债为 88 000 元,所有者权益为 120 000 元。本月发生如下经济业务:

(1)将 5 000 元现金存入银行。

这项经济业务引起资产要素中的库存现金和银行存款发生增减变动,其中银行存款增

加 5 000 元,库存现金减少 5 000 元,对会计恒等式的影响如表 2-2 所示。

表 2-2　经济业务对会计恒等式的影响(1)

单位:元

资产	=	负债	+	所有者权益
208 000	=	88 000	+	120 000
+5 000				
-5 000				
208 000	=	88 000	+	120 000

由此可以看出,会计恒等式的左边一增一减,且增减金额相等,即资产的内部发生增减变动,资产总额不变,会计恒等式右边的负债和所有者权益项目没有变动,其总额也不变,会计恒等式仍然保持平衡。

(2)签发面值为 10 000 元的商业承兑汇票一张,偿付以前所欠供货单位的货款。

这项经济业务引起负债要素中的应付票据及应付账款发生增减变动,其中应付票据增加 10 000 元,应付账款减少 10 000 元,对会计恒等式的影响如表 2-3 所示。

表 2-3　经济业务对会计恒等式的影响(2)

单位:元

资产	=	负债	+	所有者权益
208 000	=	88 000	+	120 000
		+10 000		
		-10 000		
208 000	=	88 000	+	120 000

由此可以看出,会计恒等式的右边负债一增一减,且增减金额相等,即负债的内部发生增减变动,负债总额不变,会计恒等式左边的资产和右边的所有者权益项目没有变动,其总额也不变,会计恒等式仍然保持平衡。

(3)将 80 000 元的盈余公积转增资本,有关手续已经办妥。

这项经济业务引起所有者权益要素中的实收资本及盈余公积发生增减变动,其中实收资本增加 80 000 元,盈余公积减少 80 000 元,对会计恒等式的影响如表 2-4 所示。

表 2-4　经济业务对会计恒等式的影响(3)

单位:元

资产	=	负债	+	所有者权益
208 000	=	88 000	+	120 000
				+80 000
				-80 000
208 000	=	88 000	+	120 000

由此可以看出,会计恒等式的右边所有者权益一增一减,且增减金额相等,即所有者权

益的内部发生增减变动,所有者权益总额不变,会计恒等式左边的资产和右边的负债项目没有变动,其总额也不变,会计恒等式仍然保持平衡。

(4)购买材料 4 000 元,材料已经验收入库,货款尚未支付(假设不考虑增值税)。

这项经济业务引起资产要素中的原材料及负债要素中的应付账款同时发生增加变动,其中原材料增加 4 000 元,应付账款增加 4 000 元,对会计恒等式的影响如表 2-5 所示。

表 2-5　经济业务对会计恒等式的影响(4)

单位:元

资产	=	负债	+	所有者权益
208 000	=	88 000	+	120 000
+4 000		+4 000		
212 000	=	92 000	+	120 000

由此可以看出,会计恒等式的两边同时增加,且增加的金额相等,即资产和负债同时增加相等的金额,使会计恒等式的两边同时增加,总额发生变动,且变动的金额相等,会计恒等式仍然保持平衡。

(5)用银行存款 3 000 元偿付部分所欠货款。

这项经济业务引起资产要素中的银行存款和负债要素中的应付账款同时发生减少变动,其中银行存款减少 3 000 元,应付账款减少 3 000 元,对会计恒等式的影响如表 2-6 所示。

表 2-6　经济业务对会计恒等式的影响(5)

单位:元

资产	=	负债	+	所有者权益
212 000	=	92 000	+	120 000
−3 000		−3 000		
209 000	=	89 000	+	120 000

由此可以看出,会计恒等式的两边同时减少,且减少的金额相等,即资产和负债同时减少相等的金额,使会计恒等式的两边同时减少,总额发生变动,且变动的金额相等,会计恒等式仍然保持平衡。

(6)接受投资人投入的机器设备一台,价值为 50 000 元。

这项经济业务引起资产要素中的固定资产和所有者权益要素中的实收资本同时发生增加变动,其中固定资产增加 50 000 元,实收资本增加 50 000 元,对会计恒等式的影响如表 2-7所示。

表 2-7　经济业务对会计恒等式的影响(6)

单位:元

资产	=	负债	+	所有者权益
209 000	=	89 000	+	120 000
+50 000				+50 000
259 000	=	89 000	+	170 000

由此可以看出,会计恒等式的两边同时增加,且增加的金额相等,即资产和所有者权益

同时增加相等的金额,使会计恒等式的两边同时增加,总额发生变动,且变动的金额相等,会计恒等式仍然保持平衡。

(7)依法以银行存款退回 W 公司原投资额 9 000 元。

这项经济业务引起资产要素中的银行存款和所有者权益要素中的实收资本同时发生减少变动,其中银行存款减少 9 000 元,实收资本减少 9 000 元,对会计恒等式的影响如表 2-8 所示。

表 2-8　经济业务对会计恒等式的影响(7)

单位:元

资产	=	负债	+	所有者权益
259 000	=	89 000	+	170 000
−9 000				−9 000
250 000	=	89 000	+	161 000

由此可以看出,会计恒等式的两边同时减少,且减少的金额相等,即资产和所有者权益同时减少相等的金额,使会计恒等式的两边同时减少,总额发生变动,且变动的金额相等,会计恒等式仍然保持平衡。

(8)经企业研究决定,向投资者分配利润 10 000 元。

这项经济业务引起所有者权益要素中的利润分配和负债要素中的应付利润同时发生增减变动,其中利润分配减少 10 000 元,应付利润增加 10 000 元,对会计恒等式的影响如表 2-9 所示。

表 2-9　经济业务对会计恒等式的影响(8)

单位:元

资产	=	负债	+	所有者权益
250 000	=	89 000	+	161 000
		+10 000		−10 000
250 000	=	99 000	+	151 000

由此可以看出,会计恒等式的右边一增一减,且增减金额相等,即负债增加和所有者权益减少的金额相等,会计恒等式右边的总额不变,会计恒等式左边的资产没有变动,其总额也不变,会计恒等式仍然保持平衡。

(9)将一笔 40 000 元的长期借款转为对企业的投资。

这项经济业务引起负债要素中的长期借款和所有者权益要素中的实收资本同时发生增减变动,其中长期借款减少 40 000 元,实收资本增加 40 000 元,对会计恒等式的影响如表 2-10 所示。

表 2-10　经济业务对会计恒等式的影响(9)

单位:元

资产	=	负债	+	所有者权益
250 000	=	99 000	+	151 000
		−40 000		+40 000
250 000	=	59 000	+	191 000

由此可以看出,会计恒等式的右边一增一减,且增减金额相等,即负债减少和所有者权

益增加的金额相等,会计恒等式右边的总额不变,会计恒等式左边的资产没有变动,其总额也不变,会计恒等式仍然保持平衡。

(10)销售商品取得收入 100 000 元,存入银行。

这项经济业务引起资产要素中的银行存款和收入要素中的主营业务收入同时发生增加变动,其中银行存款增加 100 000 元,主营业务收入增加 100 000 元(期末结账后转入所有者权益中的本年利润,导致所有者权益增加),对会计恒等式的影响如表 2-11 所示。

表 2-11　经济业务对会计恒等式的影响(10)

单位:元

资产	=	负债	+	所有者权益	+	收入	—	费用
250 000	=	59 000	+	191 000				
+100 000						+100 000		
350 000	=	59 000	+	291 000				

由此可以看出,会计恒等式的两边同时增加,且增加的金额相等,即资产和所有者权益同时增加相等的金额,使会计恒等式的两边同时增加,总额发生变动,且变动的金额相等,会计恒等式仍然保持平衡。

(11)以银行存款 10 000 元支付行政管理部门的水电费。

这项经济业务引起资产要素中的银行存款和费用要素中的管理费用同时发生增减变动,其中银行存款减少 10 000 元,管理费用增加 10 000 元(期末结账后转入所有者权益中的本年利润,导致所有者权益减少),对会计恒等式的影响如表 2-12 所示。

表 2-12　经济业务对会计恒等式的影响(11)

单位:元

资产	=	负债	+	所有者权益	+	收入	—	费用
350 000	=	59 000	+	291 000				
−10 000								+10 000
340 000	=	59 000	+	281 000				

由此可以看出,会计恒等式的两边同时减少,且减少的金额相等,即资产和所有者权益同时减少相等的金额,使会计恒等式的两边同时增加,总额发生变动,且变动的金额相等,会计恒等式仍然保持平衡。

在企业发生上述十一项经济业务后,其资产由期初的 208 000 元增加到期末的 340 000 元;在权益构成上,负债由 88 000 元降低到 59 000 元,所有者权益由 120 000 元增加到 281 000元。会计恒等式依然成立,平衡关系依旧存在。

通过上述分析,可以得出以下结论。

一是经济业务的发生引起会计恒等式两边会计要素变动的方式可以总结归纳为以下四种类型:

首先,经济业务的发生引起会计恒等式两边金额同时增加,增加的金额相等,变动后会计恒等式仍然保持平衡。

其次,经济业务的发生引起会计恒等式两边金额同时减少,减少的金额相等,变动后会计恒等式仍然保持平衡。

再次,经济业务的发生引起会计恒等式左边即资产内部的项目一增一减,增减的金额相同,变动后资产的总额不变,会计恒等式仍然保持平衡。

最后,经济业务的发生引起会计恒等式右边负债内部项目一增一减,或所有者权益内部项目一增一减,或负债与所有者权益项目一增一减,增减的金额相等,变动后会计恒等式右边的总额不变,会计恒等式仍然保持平衡。

将上述四种类型的经济业务再进一步细分,表现为以下九种情况:

(1)资产要素内部项目一增一减,增减的金额相等,负债和所有者权益要素不变;

(2)负债要素内部项目一增一减,增减的金额相等,资产和所有者权益要素不变;

(3)所有者权益要素内部项目一增一减,增减的金额相等,资产和负债要素不变;

(4)资产和负债要素同时增加,增加的金额相等;

(5)资产和负债要素同时减少,减少的金额相等;

(6)资产和所有者权益要素同时增加,增加的金额相等;

(7)资产和所有者权益要素同时减少,减少的金额相等;

(8)负债要素增加,所有者权益要素减少,增减的金额相等;

(9)负债要素减少,所有者权益要素增加,增减的金额相等。

二是经济业务的发生引起会计恒等式两边的会计要素同时增加或减少时,会计恒等式两边的总额会发生变动,但变动后的总额仍然相等。

三是经济业务的发生引起会计恒等式一边的会计要素增加或减少时,会计恒等式两边的总额不会发生变动,会计恒等式仍然成立。

可见,企业发生的任何经济业务,只会引起会计恒等式的左边或右边某一会计要素内部有关项目等额增减或者某一会计要素增加另一会计要素等额减少,或者引起会计恒等式左右两边同时发生等额的增减变化,但无论如何都不会破坏会计恒等式,仍旧维持会计恒等式的平衡关系。

资产、负债和所有者权益之间的平衡关系是企业会计工作中设置账户、复式记账和编制资产负债表等的理论依据。

第四节　会计科目

在企业实际工作中,会计为了记录经济业务,提供会计信息,将会计对象细分为资产、负债、所有者权益、收入、费用和利润六个会计要素。由于会计要素本身涉及的内容较为复杂,因此,所提供的分类信息很难适应会计报表的编制和满足信息使用者的需要。会计信息的使用者除了了解企业的总括资料以外,还需要了解详细的资料。因此,有必要在会计要素的基础上做进一步分类,即分出会计科目。

会计科目是对会计对象的具体内容即会计要素进一步分类核算的项目。在实际工作中,会计科目是事先通过会计制度规定的,它是设置账户、进行账务处理的依据,是正确进行会计核算的一个重要条件。

一、会计科目的概念和意义

(一)会计科目的概念

会计要素是对会计对象的基本分类,而六项会计要素仍显得过于粗略,难以满足各有关方面对会计信息的需要。例如,所有者需要了解利润构成及其分配情况、了解负债及其构成情况;债权人需要了解流动比率、速动比率等有关指标,以评判其债权的安全情况;税务机关要了解企业欠交税金的详细情况;等等。企业经济业务的复杂性,决定了各个会计要素内部构成以及各个会计要素之间增减变化的复杂性和形式多样性。为了全面、系统、详细地对各项会计要素的具体内容及其增减变动情况进行核算和监督,为经济管理提供更加具体的分类的数量指标,需要对会计要素进行更为具体和进一步的分类,划分为更为详细具体的会计科目。这种对会计要素的具体内容进行分类核算的项目,就是会计科目。也就是说,会计科目是为了满足会计确认、计量和报告的需要,根据企业内部管理和外部信息的需要,对会计要素进行分类的项目,是对资金运动进行的第三层次的划分。

(二)会计科目的意义

会计科目是进行各项会计记录和提供各项会计信息的基础,在会计核算中具有重要意义。

(1)会计科目是复式记账的基础。复式记账要求对每一笔经济业务同时在两个或两个以上相互联系的账户中进行登记,以反映资金运动的来龙去脉。

(2)会计科目是编制记账凭证的基础。记账凭证是确定所发生的经济业务应记入何种科目以及分门别类登记账簿的凭据。

(3)会计科目为成本计算与财产清查提供了前提条件。会计科目的设置,有助于成本核算,使各种成本计算成为可能;通过账面记录与实际结存的核对,又为财产清查、保证账实相符提供了必备的条件。

(4)会计科目为编制会计报表提供了方便。会计报表是提供会计信息的主要手段,为了保证会计信息的质量及其提供的及时性,财务报表中的许多项目与会计科目是一致的,并根据会计科目的本期发生额或余额填列。

二、会计科目的分类

(一)按反映的经济内容分类

会计科目按其反映的经济内容不同,可以分为资产类科目、负债类科目、共同类科目、所有者权益类科目、成本类科目和损益类科目六大类。

1. 资产类科目

资产类科目,是对资产要素的具体内容进行分类核算的项目。按其流动性分为反映流动资产的科目和反映非流动资产的科目,反映流动资产的科目主要有库存现金、银行存款、原材料、应收账款、库存商品等科目,反映非流动资产的科目主要有固定资产、无形资产、长期股权投资、投资性房地产等科目。

2.负债类科目

负债类科目,是对负债要素的具体内容进行分类核算的项目。按其偿还期限不同分为反映流动负债的科目和反映长期负债的科目,反映流动负债的科目主要有短期借款、应付账款、应付职工薪酬、应交税费、应付股利等科目,反映长期负债的科目主要有长期借款、应付债券、长期应付款等科目。

3.共同类科目

共同类科目是既有资产性质又有负债性质的科目,主要有清算资金往来、套期工具、货币兑换等科目。

4.所有者权益类科目

所有者权益类科目,是对所有者权益要素的具体内容进行分类核算的项目,主要包括实收资本或股本、资本公积、其他综合收益、盈余公积、本年利润、利润分配等科目。

5.成本类科目

成本类科目,是对可归属于产品生产成本、劳务成本等的具体内容进行分类核算的项目,主要包括生产成本、制造费用、劳务成本、研发支出等科目。

6.损益类科目

损益类科目,是对收入、费用等要素的具体内容进行分类核算的项目。按其不同内容分为反映收入的科目和反映费用的科目,反映收入的科目主要有主营业务收入、其他业务收入等科目,反映费用的科目主要有主营业务成本、其他业务成本、财务费用、管理费用、销售费用、所得税费用等科目。

(二)按提供信息的详细程度及统驭关系分类

在设置会计科目时要兼顾对外报告信息和企业内部经营管理的需要,并根据所需提供信息的详细程度及统驭关系的不同分设总分类科目和明细分类科目。

1.总分类科目

总分类科目也称总账科目或一级科目,它是对会计要素的具体内容进行总括分类、提供总括信息的会计科目,如原材料、固定资产、短期借款、应付账款等科目。总分类科目是反映各种经济业务的总括性核算指标,是进行总分类核算的依据。

2.明细分类科目

明细分类科目又称明细科目,是对总分类科目的内容做进一步分类,提供更详细、更具体会计信息的科目。例如,在"应付账款"总分类科目下按具体应付单位名称开设明细科目,具体反映应付哪个单位的货款。

在实际工作中,有时在总分类科目下设置的明细分类科目太多,为了适应管理工作的需要,可以在总分类科目下设置二级明细科目,在二级明细科目下设置三级明细科目,以此类推。二级明细科目是对总分类科目的进一步分类,三级明细科目是对二级明细科目的进一步分类。因此,会计科目可分为二级或多级,即总分类科目统辖下属若干明细分类科目,或者总分类科目统辖下属若干二级科目,再在每个二级科目下设置明细科目。

会计科目按提供信息的详细程度及其统驭关系分类的举例见表 2-13。

表 2-13　会计科目按提供信息的详细程度及其统驭关系分类

总分类科目 （一级科目）	明细分类科目		
	二级明细科目	三级明细科目	四级明细科目
生产成本	基本生产成本	一车间	A 产品 B 产品
	辅助生产成本	机修车间 供电车间	

总分类科目和明细分类科目之间的关系是：总分类科目对其明细分类科目具有统驭和控制作用，明细分类科目是对其所属的总分类科目的补充和说明。总分类科目及其明细分类科目共同反映经济业务的总括或详细的情况。

三、会计科目的设置

（一）会计科目的设置原则

会计科目作为反映会计要素的构成及其变化情况，为投资者、债权人、企业经营管理者等提供会计信息的重要手段，在其设置过程中应努力做到科学、合理、适用，应当遵循下列原则。

1. 会计科目的设置应当符合我国《企业会计准则》的规定

为了保证不同企业对外提供的会计信息的可比性，我国现行的《企业会计准则》对企业设置的会计科目做出了明确规定。企业应当据此根据自身的实际情况、结合自身的生产经营特点，在不影响统一的会计核算要求以及对外提供统一的财务报表的前提下，设置会计科目，并自行增设、减少或合并某些会计科目。

2. 会计科目的设置应当满足企业对外报告和对内经营管理的要求

企业会计信息的使用者可以分为外部和内部两大类，前者主要有有关政府部门以及企业的投资者、债权人、其他有关方面，后者主要是企业内部经营管理部门。不同的信息使用者对企业提供的会计信息要求有所不同。因此，在设置会计科目时必须兼顾对外报告和企业内部经营管理的需要，为有关各方提供所需要的会计信息服务，从而与财务报告的编制相协调、相关联。

3. 会计科目的设置应当符合企业的自身特点，满足企业的实际需要

会计科目的设置要做到统一性与灵活性相结合。由于企业的组织形式、所处行业、经营内容及业务种类等不同，在会计科目的设置上亦应有所区别，不能一概而论。在符合我国《企业会计准则》规定的基础上，应根据企业自身特点，设置符合企业实际需要的会计科目。

4. 会计科目的设置要简明、适用

每一个会计科目都应有特定的核算内容，各科目之间既要有联系，又要有明确的界限，不能含糊不清。在设置会计科目时，对每一个科目的特定核算内容必须严格、明确地界定。

会计科目的名称应与其核算的内容相一致,要含义明确,通俗易懂。科目的数量和详细程度应根据企业规模的大小、业务的繁简和管理的需要确定。同时,对所设置的会计科目要进行分类、编号。

(二)常用会计科目

根据我国现行《企业会计准则》的规定,一般企业常用的会计科目见表 2-14。

表 2-14　会计科目

序号	会计科目	序号	会计科目
	一、资产类	27	合同取得成本
1	库存现金	28	合同取得成本减值准备
2	银行存款	29	债权投资
3	其他货币资金	30	其他债权投资
4	交易性金融资产	31	其他权益工具投资
5	应收票据	32	长期股权投资
6	应收账款	33	长期股权投资减值准备
7	预付账款	34	投资性房地产
8	应收股利	35	长期应收款
9	应收利息	36	固定资产
10	其他应收款	37	累计折旧
11	坏账准备	38	固定资产减值准备
12	材料采购	39	在建工程
13	在途物资	40	工程物资
14	原材料	41	固定资产清理
15	材料成本差异	42	无形资产
16	库存商品	43	累计摊销
17	发出商品	44	无形资产减值准备
18	商品进销差价	45	商誉
19	委托加工物资	46	长期待摊费用
20	包装物及低值易耗品	47	递延所得税资产
21	存货跌价准备	48	待处理财产损溢
22	合同资产		二、负债类
23	合同资产减值准备	49	短期借款
24	应收退货成本	50	交易性金融负债
25	合同履约成本	51	应付票据
26	合同履约成本减值准备	52	应付账款

序号	会计科目	序号	会计科目
53	预收账款	77	利润分配
54	应付职工薪酬	78	库存股
55	应交税费	79	其他权益
56	应付利息		五、成本类
57	应付股利	80	生产成本
58	其他应付款	81	制造费用
59	递延收益	82	研发支出
60	合同负债		六、损益类
61	长期借款	83	主营业务收入
62	应付债券	84	其他业务收入
63	长期应付款	85	公允价值变动损益
64	未确认融资费用	86	投资收益
65	预计负债	87	资产处置损益
66	递延所得税负债	88	其他收益
	三、共同类	89	营业外收入
67	清算资金往来	90	主营业务成本
68	货币兑换	91	其他业务成本
69	衍生工具	92	税金及附加
70	套期工具	93	管理费用
71	被套期项目	94	销售费用
	四、所有者权益类	95	财务费用
72	实收资本	96	研发费用
73	资本公积	97	资产减值损失
74	盈余公积	98	信用减值损失
75	其他综合收益	99	所得税费用
76	本年利润	100	营业外支出

第五节　会计账户

　　会计科目的设置只是确定了对会计要素具体内容进行分类核算的项目。这些项目本身只表示其所反映的会计要素的内容,而经济业务的发生所引起的会计要素的变化不能在这些项目中反映或说明。要想序时、连续、系统地记录经济业务发生所引起的会计要素的增减变动，以提供会计信息，就必须根据规定的会计科目开设相应的账户，以便向有关各方提供有用的会计信息。

一、账户的概念

账户是根据会计科目设置的，具有一定的格式和结构，用于分类、连续地记录各项经济业务，反映会计要素增减变动情况及其结果的载体。设置账户是会计核算的重要方法之一。

账户是根据会计科目设置的，同会计科目的分类相对应，账户也可以根据其核算的经济内容、提供信息的详细程度及其统驭关系进行分类。根据账户所核算的经济内容，可将其分为资产类账户、负债类账户、共同类账户、所有者权益类账户、成本类账户和损益类账户六类；根据提供信息的详细程度及其统驭关系，可将其分为总分类账户和明细分类账户。

总分类账户是指根据总分类科目设置的、用于对会计要素具体内容进行总括分类核算的账户，简称总账账户或总账。

明细分类账户是指根据明细分类科目设置的、用来对会计要素具体内容进行明细分类核算的账户，简称明细账。总账账户称为一级账户，总账以下的账户称为明细账户。

二、账户的基本结构

账户除了以会计科目作为名称外，还必须具有一定的结构。所谓账户的结构，是指账户由哪些要素构成。不同的记账方法下，账户的结构不同，即使采用相同的记账方法，不同性质的账户其结构也不同。但账户的基本结构不受记账方法和账户性质的影响，而是由会计要素的数量变化情况决定的。会计要素的数量变化是由经济业务引起的，而经济业务的发生所导致的各项会计要素的变化，从数量上看只有两种情况：增加或减少。因此，用来分类记录经济业务的账户在基本结构上也相应地分为两个基本部分，即将账户划分为左右两方，一方登记增加数，另一方登记减少数。我们用一个简化的 T 型账户来说明，如图 2-2 所示。

图 2-2　账户的基本结构

在账户中，如果左方用来登记增加数，那么右方肯定就用来登记减少数。反之，亦然。至于哪一方登记增加数、哪一方登记减少数，取决于所记录的经济业务和账户的性质。本期发生额是一个动态指标，说明会计要素的增减变动情况。账户中登记本期增加的金额，称为本期增加发生额；登记本期减少的金额，称为本期减少发生额。增减相抵后的差额，称为余额。余额是一个静态指标，说明会计要素在某一时期增减变动的结果。余额按照其表现的时间不同，分为期初余额和期末余额。发生额和余额的基本关系如下：

期末余额＝期初余额＋本期增加发生额－本期减少发生额

该公式中的四个部分称为账户的四个金额要素。在连续登记账户的情况下,账户的本期期末余额即为下期期初余额。例如,某企业 5 月份"库存现金"账户的记录如图 2-3 所示。

左方		库存现金	右方	
期初余额	3 500			
本期增加	① 4 800	本期减少	⑦ 4 300	
	④ 3 200			
本期发生额合计	8 000	本期发生额合计	4 300	
期末余额	7 200			

图 2-3　账户记录

根据图 2-3 的账户记录,可以看到企业 5 月份期初现金为 3 500 元,本期增加了 8 000 元,本期减少了 4 300 元,到期末企业还有 7 200 元现金,即 6 月份现金期初余额为 7 200 元。

T 型账户其实是一种简化的账户格式。实际工作中账户的基本格式如表 2-15 所示。它应该包括以下内容:

(1)账户的名称,即会计科目;

(2)日期和摘要,即经济业务发生的时间和内容摘要;

(3)凭证号数,即账户记录的来源和依据;

(4)增加和减少的金额;

(5)余额。

表 2-15　账户的基本结构

年		凭证号数	摘要	借方	贷方	余额
月	日					

三、账户与会计科目的联系和区别

账户是根据会计科目设置的,会计科目就是账户的名称。会计科目与账户在会计学中是两个不同的概念。两者之间既有联系又有区别。

从联系上来说,会计科目与账户都是分门别类地反映会计要素的具体内容,即两者所反映的经济内容是相同的。会计科目是账户的名称,也是设置账户的依据;账户是会计科目的具体运用。没有会计科目,账户便失去了设置的依据;没有账户,就无法发挥会计科目的作用。

它们之间的主要区别是:会计科目只表明某项会计要素的具体内容,不能记录经济业务的增减变化情况,不存在结构问题;而账户不仅表明与会计科目相同的内容,还具有一定的结构、格式,可以对会计对象进行连续、系统的记录,以反映某项经济内容的增减变化及其结果。

在实际工作中,由于账户是根据会计科目设置的,有什么样的会计科目就有什么样的账户,而且账户按会计科目命名,二者完全一致,因此,通常将二者作为同义语来理解,互相通用,不加严格区分。

■■■ 思考题

1. 试举例说明会计对象是社会再生产过程中的资金运动。

2. 什么是会计要素?会计要素之间存在怎样的关系?

3. 什么是资产?资产的确认需满足哪些条件?按照流动性不同可以将资产划分为哪几类?各类包括哪些内容?

4. 什么是负债?负债有哪些特征?按照流动性不同可以将负债划分为哪几类?各类包括哪些内容?

5. 所有者权益包括哪些内容?它与资产、负债有何关系?

6. 收入有哪些特点?费用有哪些特点?生产成本与期间费用有何不同?

7. 什么是利润?利润可以划分为哪几个层次?如何计算?

8. 什么是会计基本等式?简述会计基本等式的意义。

9. 按照经济业务事项对会计要素的影响不同,经济业务事项有哪些基本类型?

10. 试结合会计的基本平衡关系说明经济业务事项对会计恒等式的影响。

11. 什么是会计科目?会计科目有哪些分类标准?各可以分为哪几类会计科目?

12. 什么是账户?账户与会计科目的关系如何?账户的基本结构是怎样的?

■■■ 实务题

1. 对会计要素进行分类,并掌握它们之间的关系。

资料:A企业2018年12月31日的资产、负债和所有者权益状况如表2-16所示。

表2-16 A企业2018年12月31日的资产、负债和所有者权益状况

单位:元

项目	资产	权益	
		负债	所有者权益
库存现金(600元)			
存放在银行的货币资金(95 000元)			
生产车间用的厂房(280 000元)			
各种机器设备(330 000元)			
运输车辆(250 000元)			
库存产品(75 000元)			
车间正在加工中的产品(86 500元)			
库存材料(85 000元)			
投资人投入的资本(800 000元)			
应付的购料款(142 000元)			

续　表

项目	资产	权益	
		负债	所有者权益
尚未交纳的税金(6 570 元)			
向银行借入的短期借款(72 000 元)			
应收产品的销货款(115 000 元)			
采购员出差预借的差旅费(2 000 元)			
商标权(250 000 元)			
发行的企业债券(317 000 元)			
单位的小轿车(95 000 元)			
盈余公积结余(68 530 元)			
预收的材料款(126 000 元)			
未分配利润(132 000 元)			
合计			

要求:根据上述资料确定资产、负债和所有者权益项目;分别加计资产、负债和所有者权益的金额与合计数,验证资产和权益是否相等。

2.掌握会计要素之间的相互关系。

资料:某企业 2018 年 12 月 31 日的资产、负债和所有者权益状况如表 2-17 所示。

表 2-17　某企业 2018 年 12 月 31 日的资产、负债和所有者权益状况

单位:元

资产	金额	负债和所有者权益	金额
库存现金	1 000	短期借款	10 000
银行存款	27 000	应付账款	32 000
应收账款	35 000	应交税费	9 000
原材料	52 000	长期借款	B
长期股权投资	A	实收资本	240 000
固定资产	200 000	资本公积	23 000
合计	375 000	合计	C

要求:

(1)计算表 2-17 中应填的数据 A、B、C。

(2)计算该企业的流动资产总额。

(3)计算该企业的负债总额。

(4)计算该企业的净资产总额。

3.掌握经济业务的类型及其对会计恒等式的影响。

资料：(1)某厂 2018 年 2 月末的资产、负债和所有者权益状况如表 2-18 所示。

表 2-18　某厂 2018 年 2 月末的资产、负债和所有者权益状况

单位:元

资产	金额	负债和所有者权益	金额
固定资产	520 000	短期借款	50 000
原材料	100 000	应付账款	113 480
生产成本	25 000	应交税费	50 000
库存商品	82 000	实收资本	547 000
库存现金	3 180	盈余公积	103 200
银行存款	91 800	未分配利润	53 000
应收账款	94 700		
合计	916 680	合计	916 680

(2)2018 年 3 月发生下列经济业务：

①购入甲材料一批,价款 8 000 元,材料已入库,货款由银行存款支付。

②收到红星公司所欠货款 20 000 元,存入银行。

③收到国家投入的全新的、不需要安装的设备一台,价值 400 000 元。

④以银行存款归还半年期借款 10 000 元。

⑤以现金预付厂长差旅费 2 000 元。

⑥从银行提取现金 4 000 元。

⑦经批准将盈余公积 50 000 元转增资本。

⑧生产产品领用原材料 4 000 元。

⑨本厂债权人同意将工厂所欠材料款 100 000 元转作对本工厂的投入资本。

⑩一批产品完工,生产成本为 12 000 元,转入产成品库。

⑪以银行存款 30 000 元交纳应交税费。

⑫以银行存款 10 000 元偿付前欠料款。

⑬购入材料一批,已入库,金额为 10 000 元,材料款尚未支付。

⑭从银行取得短期借款 6 000 元,直接偿付所欠购料款。

(3)要求：

①分析每笔经济业务的类型。

②分析每笔经济业务的发生引起的会计要素具体项目增减变动及结果,并根据变动后的结果编制 2018 年 3 月末该厂的资产、负债和所有者权益状况表。

4.熟悉各类账户的结构。

资料:通达公司 2018 年 10 月有关账户的资料如表 2-19 所示。

表 2-19　通达公司 2018 年 10 月有关账户的资料

单位:元

账户名称	期初余额	本期增加发生额	本期减少发生额	期末余额
库存现金	4 000	2 000		4 750
银行存款	75 000	50 000	91 000	
应收账款		52 300	43 000	17 000
短期借款	50 000	25 000		45 000
实收资本	300 000		0	450 000
固定资产	67 000	5 400	56 500	
原材料		6 450	8 670	7 410
应付账款	2 000		1 500	2 100

要求:根据各类账户的结构,计算并填写表 2-19 中空格处的数字。

参考答案

■■■ 自测题

本章自测

·-·+·-+·-·+·-+·-·+·-+·-·+·-+·-·+·-+·-·+·-+·-·+·-+·-·+·-+·-·+·-+·-·+

第三章

复式记账法

■■■ **学习目标**

- □ 了解复式记账法的特点和原理
- □ 熟练掌握借贷记账法的定义、记账符号、账户结构和记账规则
- □ 熟练掌握会计分录的编制方法
- □ 熟悉借贷记账法的试算平衡公式,掌握试算平衡表的编制方法
- □ 熟悉总分类账户和明细分类账户之间的关系和平行登记的要点

■■■ **案例导读**

根据服装店本月发生的各项经济业务(见第二章的案例导读),虞欢做了如下登记(见表 3-1)。

表 3-1　服装店本月发生的各项经济业务

单位:元

项目	资产	负债	收入	费用
购买的汽车、家具、电器等	105 000			105 000
支付的工资、门面租金、税费、环保袋费、电话费、水电费、管理费等	−35 500			35 500
应支付的借款利息和服装费		3 300		3 300
收到订单的货款	20 000		20 000	
本月进货	−100 000			100 000
本月销售	400 000		400 000	

请问虞欢所做的登记哪些是正确的,哪些是错误的?错在哪?对错误之处应该如何改正?

在设置了会计科目与账户以后,就有了记录经济业务事项的信息载体。在账户中进行登记,则涉及记账方法的选用。从会计发展的初期至今,曾经使用和正在使用的记账方法可以分为两类:单式记账法和复式记账法。

第一节　　复式记账法概述

企业发生的经济业务必然会引起会计要素发生增减变动,如何将这些经济业务登记到有关账户中,就需要采用一定的记账方法。

一、记账方法的概念和分类

所谓记账方法,就是账簿登记经济业务的方法,即在交易或事项发生后,根据一定的记账原理,按照一定的记账规则,使用一定的记账符号,采用一定的计量单位,利用文字和数字将其所引起的会计要素具体内容的增减变动在有关账户中进行记录的一种专门方法。

记账方法按记录经济业务的方式不同,可以分为单式记账法和复式记账法。

单式记账法是记账方法的早期形式,是将发生的各项经济业务引起的一个方面的变动在一个会计科目中进行单方面登记,而与此相关的另一方面不予反映的一种记账方法。

单式记账法下,不是所有的经济业务都反映,一般只反映涉及现金、银行存款的收付款业务和应收、应付账款等债权债务业务。即使对经济业务的内容进行反映,也只是将经济业务引起的一个方面在相应的账户中进行登记,而另一方面并不登记。例如,用银行存款购买材料的业务,只在账户中记录银行存款的付出业务,而对材料的收入业务,却不在账户中记录。再如,企业赊购一项设备所增加的固定资产不登记,只是记录企业应付款增加。一旦各账户之间在数字上出现不平衡的关系,就无法进行试算平衡,无法检查全部记录是否正确。因此,单式记账法不可避免地存在着单方面记录的弊病,难以从会计记录中考察经济业务的全貌,无法形成连续、系统且又严密的会计信息记录,它是一种比较简单、但不够严密的记账方法。

二、复式记账法

(一)复式记账法的概念

复式记账法是指对发生的每一项经济业务,都要以相等的金额在相互关联的两个或两个以上账户中进行记录,系统地反映资金运动变化结果的一种记账方法。例如,用银行存款购买原材料的业务,不仅要在"银行存款"账户中记录银行存款的付出,而且还要在"原材料"账户中记录原材料收入,两个账户中记录的金额要相等。这样,"银行存款"账户和"原材料"账户之间就形成了一种对应关系。再如,企业赊购一项设备的业务,一方面要在"应付账款"账户中记录欠款的增加,另一方面要在"固定资产"账户中记录固定资产的增加。"应付账款"账户与"固定资产"账户之间也形成了一种对应关系。复式记账法的原理,现在看来似乎并不复杂,但在会计的发展历史上,却有着划时代的意义。会计之所以能从一种简单的记录计算方法发展成为一门科学,复式记账法的产生起了奠基的作用。它的历史功绩决不限于提供了记账方法本身,而是推动着现代会计方法体系的形成,因此不少学者把复式记账视为会计核算方法的核心,把它誉为"会计科学史上的伟大建筑"。

(二)复式记账法的特点

与单式记账法相比,复式记账法具有不可比拟的优越性,具体有以下几个特点。

1. 对于每一项经济业务,都必须在两个或两个以上相互联系的账户中进行记录

需要强调的是,复式记账法所记录的对象是企业发生的任何一项经济业务,不能有所遗漏。每项业务所涉及的至少是两个账户,而这些账户之间存在着一种对应关系。也正因为如此,我们通过账户记录不仅可以全面、清晰地反映出经济业务的来龙去脉,还能够通过会计要素具体内容的增减变动,全面、系统地反映经济活动的过程和结果。

2. 对于每一项经济业务,必须以相等的金额进行记录

对于每一项经济业务,不仅要在相互联系的账户中进行登记,还要以相等的金额进行记录。这样,我们可以很容易地检查账户记录是否正确。检查的方法是进行试算平衡。关于试算平衡,将在后面的内容中详述。

3. 账户设置完整,具有完善的账户体系

由于复式记账法要求对每一项经济业务都进行反映,每一项经济业务涉及的所有方面都要在相应的账户中登记,因此,必须设置一套完整的账户。例如,企业既要设置反映资金静态形式的资产、负债和所有者权益的账户,也要设置反映资金运动过程的收入、费用等账户。

4. 对一定时期内的账户记录能进行综合试算平衡

由于复式记账法对发生的每一项经济业务,都要以相等的金额在相互关联的两个或两个以上账户中进行记录,因此依据一定的平衡原理就能进行所有账户记录的综合试算平衡。

复式记账法由于具备上述特点,因而被世界各国公认为是一种科学的记账方法而被广泛采用。我国过去曾采用的复式记账法主要有借贷记账法、增减记账法和收付记账法。实践证明,增减记账法和收付记账法有其各自的缺陷,借贷记账法是最科学的记账方法。借贷记账法是目前世界各国普遍采用的一种复式记账方法,同样也是在我国应用最广泛的一种记账方法。2006年财政部颁布的《企业会计准则——基本准则》中明确规定企业应当采用借贷记账法记账。

(三)复式记账法的原理

1. 复式记账法的理论依据

复式记账法是一种科学的记账方法。它建立在会计等式的基础上,并以此作为理论依据。

会计等式反映了企业资金运动的内在规律性,任何经济业务的发生都会对会计要素产生影响,但都不会破坏会计等式的平衡,即都遵循资金运动的规律。对于任何经济业务的发生,复式记账法都在两个或两个以上相互联系的账户中以相等的金额加以记录,也同样遵循资金运动的规律。因此,复式记账法的理论依据是会计等式。不同的复式记账法以不同的会计等式作为理论依据。

2. 复式记账法的记账符号

前已述及,会计账户的基本结构分为左右两方,以分别记录会计要素的具体内容的增减变动。账户的左右两方用专门的符号来表示,这个用来表明记账方向的符号就是记账符号。

不同的复式记账法具有不同的记账符号。

3. 复式记账法的记账规则

记账规则是指运用复式记账法在账户中登记各项经济业务所应遵循的基本规定。它是建立在复式记账理论依据的基础上,根据资金增减变动的客观规律制定的。记账规则是保证账户记录正确性的基础,不同的复式记账法具有不同的记账规则。

4. 复式记账法的试算平衡方法

试算,又称轧账,是检验账户记录是否正确的一种方法。复式记账法能够对一定时期内的账户记录进行综合试算平衡。其试算平衡方法是依据理论依据即平衡原理建立的,不同的复式记账法具有不同的试算平衡方法。

第二节 借贷记账法的原理

作为复式记账法的一种,借贷记账法起源于公元 13 世纪的欧洲,后广泛流传于欧美国家,20 世纪初由日本传入我国,目前是我国会计规范规定唯一可以采用的记账方法。

一、借贷记账法的概念

借贷记账法是以"借""贷"作为记账符号的一种复式记账方法。借贷记账法是建立在"资产＝负债＋所有者权益"会计等式的基础上,以"有借必有贷,借贷必相等"作为记账规则,反映会计要素的增减变动情况的一种复式记账方法。

借贷记账法从其产生到基本定型,经历了约两百年的时间。从目前已经发现的史料来看,借贷记账法于 13 世纪起源于意大利。当时意大利的商品经济已发展到相当程度,加上海陆交通比较发达,沿海城市已形成了好多国际、国内贸易中心。由于商品交换的需要,在这些地方出现了一种从事货币借贷业务和兑换各种不同货币的"银钱"行业,也就是银行业的前身,银钱行业还为商人办理转账结算。他们对于各个有银钱往来的客户,分别开设往来账户,每个账户有两个记账部位,一个部位记"我应当给他的"(即债务),另一个部位记"他应当给我的"(即债权)。这两个部位相当于账户的贷方和借方。如果两个往来客户之间要办理转账结算,那就在付款人的账户上记借方,在收款人的账户上记贷方。从银钱业对债权、债务的结算来看,这种账户最初是具有借、贷的本义的。当时的这种记账方法,虽然有了复式记账的雏形,但账簿的记载仍以文字叙述为主,并没有形成以数字平衡为基础的账户结构。而且,复式记账的使用基本上只限于债权、债务的结算。这种复式记账方法,于 1211 年首先出现在佛罗伦斯,因此会计学者称之为佛罗伦斯式记账法。后来,在意大利的热那亚出现了一种更为进步的复式记账法,记账的对象已从债权、债务扩大到商品、现金,而且账户的格式已分为左右两方,分别表示借方和贷方。账户的记录也从以文字叙述为主改为以数字平衡为主,每个账户都要结出余额,并把借方或贷方列在相反的方向,求得账户两方在数字上的平衡。这种记账方法的发展,把借贷的记录从债权、债务扩大到了商品和现金的收付上,因此,借、贷的本义已经失去,剩下的只是一种记账符号而已。这种记账方法以 1340 年在热那亚使用过的账簿为代表,因此也被称为热那亚式记账法。热那亚式记账法虽然比佛罗伦斯式记账法有了明显的进步，但是当时还没有计算损益和反映企业资本的账户，因此全部账户的数字平衡还无法完全做到。到了 15 世纪，在威尼斯开始出现了更为完备的账户设置，既增设了计算损益和反映企业资本的账户，而且还进行了全部账户余额的试算平衡。1494 年，卢卡·帕乔利著书介绍了这种记账方法，并从理论上做了论述。借贷记账法从此基本定型。此后几百年，世界各国对会计理论和方法的研究虽有不少重大的进展，但借贷记账法的基本原理，却一直沿用至今。

二、借贷记账法的主要特点

前已说明，借贷记账法的产生对会计核算的方法体系有着多方面的影响。从记账方法的角度来分析，它的主要特点可以简单地归纳为以下几点。

（1）借贷记账法以"借"和"贷"作为记账符号。用"借"（借方）表示资产的增加或负债和所有者权益的减少；用"贷"（贷方）表示资产的减少或负债和所有者权益的增加。

（2）借贷记账法对每项经济业务的记录，都按相等的金额，同时记入一个账户的借方和一个账户的贷方，或一个账户的借方和几个账户的贷方，或几个账户的借方和一个账户的贷方，或几个账户的借方和几个账户的贷方。

（3）借贷记账法以"有借必有贷，借贷必相等"作为记账规则。由于"借""贷"是同时出现的记账符号，而且双方的金额又是相等的，这就形成了借贷记账法的"有借必有贷，借贷必相等"的记账规则。

（4）借贷记账法以"有借必有贷，借贷必相等"的记账规则进行试算平衡。试算平衡包括发生额平衡和余额平衡两种方法。根据会计恒等式和借贷记账法的记账规则进行试算平衡，可以说明账簿记录基本正确，但不能保证完全正确，因为试算平衡只能计算相反方向的金额合计是否相等，至于方向、金额、科目是否正确无法验证。

（5）借贷记账法不要求对账户固定分类，除了资产、负债、所有者权益、收入、费用、利润账户以外，还可以设置和运用双重性质账户。双重性质账户可根据余额来确定其性质，如为借方余额，就是资产类账户；如为贷方余额，就是负债类账户。

三、借贷记账法的理论依据

借贷记账法的对象是会计要素的增减变动过程及其结果。这个过程及结果可用公式表示：资产＝负债＋所有者权益。这一恒等式揭示了三个方面的内容。

一是会计主体各要素之间的数字平衡关系。有一定数量的资产，就必然有相应数量的权益（负债和所有者权益）与之对应，任何经济业务所引起的要素增减变动，都不会影响这个等式的平衡。如果把等式的"左""右"两方，用"借""贷"两方来表示的话，就是说每一次记账的借方和贷方是平衡的；一定时期账户的借方、贷方的金额是平衡的；所有账户的借方、贷方余额的合计数是平衡的。

二是各会计要素增减变化的相互联系。从上一章可以看出，任何经济业务（四类经济业务）都会引起两个或两个以上相关会计项目发生金额变动，因此当经济业务发生后，在一个账户中记录的同时必然要有另一个或一个以上账户的记录与之对应。

三是等式有关因素之间是对立统一的。资产在等式的左边,如果移到等式右边,就要以"一"表示,负债和所有者权益也是同样的情况。也就是说,当我们用左边(借方)表示资产类项目增加时,就要用右边(贷方)来记录资产类项目减少。与之相反,当我们用右方(贷方)记录负债和所有者权益的增加额时,就需要用左方(借方)来记录负债和所有者权益的减少额。

这三个方面的内容贯穿了借贷记账法的始终。会计等式对记账方法的要求决定了借贷记账法的账户结构、记账规则、试算平衡的基本理论,因此说会计等式是借贷记账法的理论依据。

四、借贷记账法的记账符号

记账符号是会计上用来表示经济业务的发生涉及的金额应该记入有关账户的左方金额栏还是右方金额栏的符号。借贷记账法下以"借"和"贷"作为记账符号,分别作为账户的左方和右方。

从借贷记账法的产生过程中可以看出,"借"和"贷"最初是从借贷资本家的角度来解释的。借贷资本家以经营货币资金为主要业务,对于收进来的存款,记在贷主的名下,表示自身的债务即"欠人"的增加;对于付出去的放款,记在借主的名下,表示自身的债权即"人欠"的增加。随着社会经济的发展,经济活动的内容日益复杂,记录的经济业务已不局限于货币资金的收付业务,而逐渐扩展到财产物资、经营损益和经营资本等的增减变化。这时,为了实现账簿记录的统一,对于非货币资金的收付活动,也利用"借""贷"两字的含义来记录其增减变动情况。这样,"借""贷"两字逐渐失去了原来的含义,而转化为纯粹的记账符号,成为会计上的专门术语,用来标明记账方向。

具体而言,借贷记账法的记账符号具有以下几个作用:一是表示经济业务发生应当记入账户的方向;二是表示资金运动变化的来龙去脉;三是表示已登记在账户中"借方"和"贷方"的数字所包含的资金数量是增加还是减少;四是用以判别账户的性质。

五、借贷记账法的账户结构

在前面有关账户的结构中把账户分为左右两方,不同类型的账户登记增加或减少的方向不同,主要取决于所采用的记账方法。借贷记账法的确定使这个问题得以解决。在借贷记账法下,账户的基本结构是:左方为借方,右方为贷方。记账时,账户的借贷两方必须做相反方向的记录,即对于每一个账户来说,如果借方用来登记增加额,则贷方就用来登记减少额。反之,亦然。在一个会计期间内,借方登记的合计数称为借方发生额,贷方登记的合计数称为贷方发生额。借贷两方相抵后的差额若在借方,则称为借方余额;相抵后的差额若在贷方,则称为贷方余额。但究竟哪一方登记增加数,哪一方登记减少数,则要根据账户反映的经济内容,也就是账户的性质来决定。对于制造业而言,账户包括资产、负债、所有者权益、成本、收入和费用六大类。每一类账户的结构具体如下。

(一)资产类账户的结构

从会计等式的角度看,企业的资产通常列在等式的左方,企业的会计报表也通常在左边反映资产项目,所以,会计上习惯将资产的增加数记入账户的左方即借方,而减少数则必然记入账户的右方即贷方。

借贷记账法下,资产类账户的借方登记资产的增加数,贷方登记资产的减少数。增加数和减少数是在一定会计期间内发生的,又称为本期发生额。资产的增加数记在借方,其登记的增加数的合计数又称为本期借方发生额;资产的减少数记在贷方,其登记的减少数的合计数又称为本期贷方发生额。资产类账户期末一般都有余额,余额的方向与登记增加的方向一致,因此,资产类账户的期末余额一般在借方,有些账户可能无余额。资产类账户的结构如图 3-1 所示。

借方		资产类账户		贷方
期初余额	××			
本期增加额	××	本期减少额	××	
	××		××	
	……		……	
本期借方发生额合计	××	本期贷方发生额合计	××	
期末余额	××			

图 3-1 资产类账户的结构

资产类账户期末余额的计算公式为

资产类账户期末余额＝期初余额＋本期借方发生额－本期贷方发生额

(二)负债和所有者权益类账户的结构

从会计等式的角度看,企业的负债和所有者权益通常列在等式的右方,企业的会计报表也通常在右边反映负债和所有者权益项目,所以,会计上习惯将负债和所有者权益的增加数记入账户的右方即贷方,而减少数则必然记入账户的左方即借方。

借贷记账法下,负债和所有者权益类账户的结构是相同的。其贷方登记负债和所有者权益的增加数,借方登记负债和所有者权益的减少数。贷方登记的是增加数,本期贷方发生额反映的是增加数的合计数;借方登记的是减少数,本期借方发生额反映的是减少数的合计数。负债和所有者权益类账户期末一般也都有余额,期末余额一般在贷方,有些账户可能无余额。负债和所有者权益类账户的结构如图 3-2 所示。

借方		负债和所有者权益类账户		贷方
期初余额	××			
本期减少额	××	本期增加额	××	
	××		××	
	……		……	
本期借方发生额合计	××	本期贷方发生额合计	××	
		期末余额	××	

图 3-2 负债和所有者权益类账户的结构

负债和所有者权益类账户期末余额的计算公式为

负债和所有者权益类账户期末余额＝期初余额＋本期贷方发生额－本期借方发生额

(三)成本类账户的结构

成本类账户的结构兼有损益费用类账户和资产类账户的特征,其发生额的记录与损益费用类账户相同,其余额的反映与资产类账户相同,即成本的增加记入账户的借方,成本的减少或结转记入账户的贷方,借方余额反映期初或期末的结存成本。其账户结构如图 3-3 所示。

借方	成本类账户		贷方
期初余额	××		
本期增加额	××	本期减少额或结转额	××
	××		××
	……		……
本期借方发生额合计	××	本期贷方发生额合计	××
期末余额	××		

图 3-3　成本类账户的结构

成本类账户期末余额的计算公式为

成本类账户期末余额＝期初余额＋本期借方发生额－本期贷方发生额

(四)收入类账户的结构

企业收入的取得会导致企业利润增加,会使企业的资产增加或负债减少,从而引起所有者权益的增加。因此,收入类账户的结构与所有者权益类账户的结构相似,即增加的金额记入账户的贷方,减少的金额记入账户的借方,平时的余额记在账户的贷方。但与所有者权益类账户不同的是,收入是企业在一定期间取得的经营成果,不应该留存到下一个会计期间,应当在当期全部结转,使得下一个会计期间的收入类账户金额能够反映下一个会计期间的实际收入情况,因此,在期末要将全部余额结转到"本年利润"账户的贷方。因此,收入类账户期末一般无余额。其账户结构如图 3-4 所示。

借方	收入类账户		贷方
本期减少额或结转额	××	本期增加额	××
	××		××
	……		……
本期借方发生额合计	××	本期贷方发生额合计	××

图 3-4　收入类账户的结构

(五)费用类账户的结构

费用的发生使企业资产减少或负债增加,从而导致所有者权益减少。因此,费用类账户的结构与所有者权益类账户的结构正好相反,与资产类账户的结构基本相同,即增加的金额记入账户的借方,减少或结转的金额记入账户的贷方。由于当期发生的费用应当在当期全部结转,不应该留存到下一个会计期间,使得下一个会计期间的费用类账户金额能够反映下一个会计期间的实际费用情况,因此,在期末要将全部余额结转到"本年利润"账户的借方。因此,费用类账户期末一般也无余额。其账户结构如图 3-5 所示。

借方	费用类账户		贷方
本期增加额	××	本期减少额或结转额	××
	××		××
	……		……
本期借方发生额合计	××	本期贷方发生额合计	××

图 3-5   费用类账户的结构

上述各类账户的结构在借贷记账法下借、贷方所登记的内容以及账户余额的方向,可以归纳成表 3-2(表中均为一般情况)。

表 3-2   借贷记账法下各类账户的结构

账户	借方	贷方	余额	举例
资产类	增加	减少	借方	银行存款
负债类	减少	增加	贷方	应付账款
所有者权益类	减少	增加	贷方	实收资本
成本类	增加	减少(或结转)	借方	生产成本
收入类	减少(或结转)	增加	一般无余额	主营业务收入
费用类	增加	减少(或结转)	一般无余额	管理费用

从表 3-2 可以看出以下几点:

一是从登记的方向来看,我们可以把账户分为两大类:资产、成本、费用类,增加记在借方,减少记在贷方;负债、所有者权益、收入类,增加记在贷方,减少记在借方。

二是从余额的方向来看,只有资产、负债与所有者权益类账户期末一般有余额。资产类账户的余额在借方,负债与所有者权益类账户的余额在贷方。对于每一个账户来说,无论期初余额还是期末余额,都只能在账户的一方,这样就可以根据账户余额所在的方向,判断账户的性质。即账户若是借方余额,一般表示资产类账户;账户若是贷方余额,一般表示负债或所有者权益类账户。

三是在借贷记账法下,可以设置双重性质账户。双重性质账户是指既反映资产,又反映负债的账户。例如应收账款是资产,如果多收了,多收部分就转化成应退还给对方的款项,变为负债。这类账户需要在期末根据账户余额的方向确定其反映的经济业务性质。如果该类账户的期初余额和期末余额的方向相同,说明账户登记项目的资产、负债与所有者权益的性质未变;如果期初余额在借方,期末余额在贷方,说明该账户登记项目已从期初的资产变为期末的负债或所有者权益;如果期初余额在贷方,期末余额在借方,说明该账户登记项目已从期初的负债或所有者权益变为期末的资产。

四是如果用一个账户来登记所有要素的增加变动情况,可以用图 3-6 来表示。

借方	账户名称	贷方
资产的增加		资产的减少
成本的增加		成本的减少
费用的增加		费用的减少
负债的减少		负债的增加
所有者权益的减少		所有者权益的增加
收入的减少		收入的增加
余额在借方,表示资产		余额在贷方,表示负债或所有者权益

图 3-6　账户登记的内容

六、借贷记账法的记账规则

记账规则是进行会计记录和检查账簿登记是否正确的依据和规律。不同的记账方法具有不同的记账规则。借贷记账法的记账规则可以用一句化概括:"有借必有贷,借贷必相等。"这一记账规则要求对于每项经济业务,都要在两个或两个以上相互联系的账户中以借方和贷方相等的金额进行登记。具体来说,对于每一项经济业务,如果在一个账户中登记进借方,必须同时在另一个或几个账户中登记进贷方;反之,如果在一个账户中登记进贷方,必须同时在另一个或几个账户中登记进借方。并且登记在借方和贷方的金额总和必须相等。

在上一章会计等式一节中所总结出的九种经济业务涉及的资金运动与借贷记账法的记账规则之间的对应关系,如图 3-7 来表示。

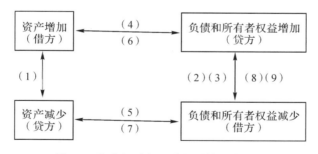

图 3-7　资金运动与记账规则的对应关系

在实际运用借贷记账法的记账规则登记经济业务时,一般要按以下三个步骤进行。

首先,根据发生的经济业务分析涉及的账户有哪些。

其次,确定所涉及的账户的性质,确定其属于哪一类会计要素,其资金数量是增加还是减少。

最后,根据账户的结构,确定应记录的方向是借方还是贷方以及各账户应记金额。凡涉及资产及费用、成本的增加,负债和所有者权益、收入的减少,都应记入各账户的借方;凡涉及资产及费用、成本的减少,负债和所有者权益、收入的增加,都应记入账户的贷方。

下面举例说明借贷记账法的记账规则。

阳光公司 2018 年 5 月发生以下经济业务。

【例 3-1】5 月 5 日用银行存款 500 000 元购入生产用设备一台,当即投入使用。

此项经济业务属于一项资产增加,另一项资产减少的业务。该业务使阳光公司的"固定资产"增加了 500 000 元,同时导致"银行存款"减少了 500 000 元。两者都属于资产类账户,增加记入借方,减少记入贷方,因此,应记入"固定资产"账户的借方和"银行存款"账户的贷方。登记入账的结果如图 3-8 所示。

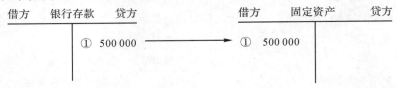

图 3-8　用银行存款购入生产用设备

【例 3-2】5 月 8 日开出一张面值 100 000 元的商业承兑汇票,用于偿付所欠欢欢公司的货款。

此项经济业务属于一项负债增加,另一项负债减少的业务。该业务使阳光公司的"应付票据"增加了 100 000 元,同时导致"应付账款"减少了 100 000 元。两者都属于负债类账户,增加记入贷方,减少记入借方,因此,应记入"应付账款"账户的借方和"应付票据"账户的贷方。登记入账的结果如图 3-9 所示。

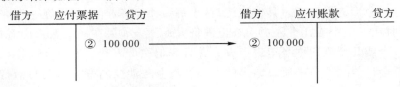

图 3-9　用商业承兑汇票偿付货款

【例 3-3】经批准用盈余公积 200 000 元转增资本。

此项经济业务属于一项所有者权益增加,另一项所有者权益减少的业务。该业务使阳光公司的"实收资本"增加了 200 000 元,同时导致"盈余公积"减少了 200 000 元。两者都属于所有者权益类账户,增加记入贷方,减少记入借方,因此,应记入"盈余公积"账户的借方和"实收资本"账户的贷方。登记入账的结果如图 3-10 所示。

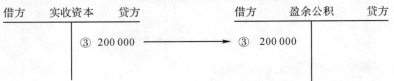

图 3-10　用盈余公积转增资本

【例 3-4】5 月 15 日购买一批原材料,货款共计 100 000 元,尚未支付(假设不考虑增值税)。

此项经济业务属于资产和负债同时增加的业务。该业务使阳光公司的"原材料"增加了 100 000 元,同时导致"应付账款"增加了 100 000 元。"原材料"属于资产类账户,增加应记入借方;"应付账款"属于负债类账户,增加应记入贷方,因此,应记入"原材料"的借方和"应付账款"的贷方。登记入账的结果如图 3-11 所示。

【例 3-5】5 月 13 日用银行存款 40 000 元偿还前欠的材料购货款。

图 3-11　购买原材料(货款未付)

此项经济业务属于资产和负债同时减少的业务。该业务使阳光公司的"银行存款"减少了 40 000 元,同时导致"应付账款"减少了 40 000 元。"银行存款"属于资产类账户,减少应记入贷方;"应付账款"属于负债类账户,减少应记入借方,因此,应记入"应付账款"的借方和"银行存款"的贷方。登记入账的结果如图 3-12 所示。

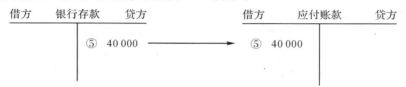

图 3-12　用银行存款偿还前欠货款

【例 3-6】5 月 20 日接受雨宁公司投资的 500 000 元,存入银行。

此项经济业务属于资产和所有者权益同时增加的业务。该业务使阳光公司的"银行存款"增加了 500 000 元,同时导致"实收资本"增加了 500 000 元。"银行存款"属于资产类账户,增加应记入借方;"实收资本"属于所有者权益类账户,增加应记入贷方。因此,应记入"银行存款"的借方和"实收资本"的贷方。登记入账的结果如图 3-13 所示。

图 3-13　接受投资款并存入银行

【例 3-7】按法定程序向投资者返还资本 100 000 元,用银行存款支付。

此项经济业务属于资产和所有者权益同时减少的业务。该业务使阳光公司的"银行存款"减少了 100 000 元,同时导致"实收资本"减少了 100 000 元。"银行存款"属于资产类账户,减少应记入贷方;"实收资本"属于所有者权益类账户,减少应记入借方,因此,应记入"实收资本"的借方和"银行存款"的贷方。登记入账的结果如图 3-14 所示。

图 3-14　用银行存款支付向投资者返还的资本

【例 3-8】董事会决定用盈余公积 300 000 元向所有者分配股利。

此项经济业务属于一项负债增加,一项所有者权益减少的业务。该业务使阳光公司的"应付股利"增加了 300 000 元,同时导致"盈余公积"减少了 300 000 元。"应付股利"属于负债类账户,增加应记入贷方;"盈余公积"属于所有者权益类账户,减少应记入借方,因此,应记入"盈余公积"账户的借方和"应付股利"账户的贷方。登记入账的结果如图 3-15 所示。

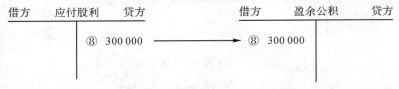

图 3-15　用盈余公积向所有者分配股利

【例 3-9】经与新华公司协定,决定将所欠新华公司的货款共计 200 000 元转作对本公司的投资。

此项经济业务属于一项负债减少,一项所有者权益增加的业务。该业务使阳光公司的"应付账款"减少了 200 000 元,同时导致"实收资本"增加了 200 000 元。"应付账款"属于负债类账户,减少应记入借方;"实收资本"属于所有者权益类账户,增加应记入贷方,因此,应记入"应付账款"账户的借方和"实收资本"账户的贷方。登记入账的结果如图 3-16 所示。

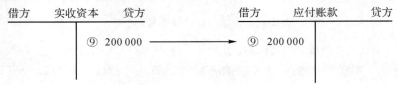

图 3-16　将新华公司欠款转作对本公司的投资

从上述例子中可以看出,在借贷记账法下,之前已述及的九种经济业务类型,其会计处理都符合借贷记账法的记账规则,即"有借必有贷,借贷必相等"。

在上述举例的各项经济业务中,借方和贷方都只涉及了一个会计科目,而实际的经济业务会比这复杂得多,可能借方会涉及一个会计科目而贷方涉及几个会计科目,或者贷方涉及一个会计科目而借方涉及多个会计科目,甚至借方和贷方都同时涉及几个会计科目。不管一项经济业务有多么复杂,在借贷记账法下,都遵循"有借必有贷,借贷必相等"的记账规则。当一项经济业务涉及一个会计科目的借方和几个会计科目的贷方时,其借方金额一定等于贷方几个科目金额的合计数;反之,当一项经济业务涉及一个会计科目的贷方和几个会计科目的借方时,其贷方金额一定等于借方几个科目金额的合计数。同理可以推出,当一项经济业务涉及几个会计科目的借方和几个会计科目的贷方时,其借方几个科目金额的合计数一定等于贷方几个科目金额的合计数。

【例 3-10】购买一批原材料,货款共计 100 000 元,其中 80 000 元用银行存款支付,其余暂欠。

此项经济业务属于资产和负债有增有减的业务。该经济业务的发生使阳光公司的"原材料"增加了 100 000 元,同时导致"银行存款"减少了 80 000 元,"应付账款"增加了 20 000 元。"原材料"和"银行存款"都属于资产类账户,增加应记入借方,减少应记入贷方;"应付账款"属于负债类账户,增加应记入贷方。因此,此项经济业务应分别记入"原材料"账户的借方、"银行存款"账户的贷方和"应付账款"账户的贷方。由于借方只有一个"原材料"账户,登记金额为 100 000 元;贷方有"银行存款"和"应付账款"两个账户,其中"银行存款"登记金额为 80 000 元,"应付账款"登记金额为 20 000 元。借贷双方金额相等。登记入账的结果如

图 3-17所示。

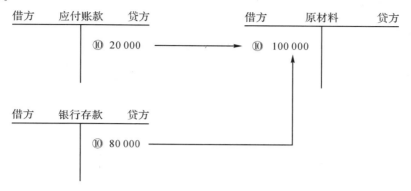

图 3-17　购买原材料(货款部分已支付,部分暂欠)

七、借贷记账法下账户的对应关系和会计分录

(一)账户的对应关系

在借贷记账法下,发生的任何一项经济业务,都要同时记录在一个或几个账户的借方和一个或几个账户的贷方。账户的对应关系就是指在处理每一项经济业务时,其借方涉及的各个账户和贷方涉及的各个账户之间的联系。存在这种对应关系的账户称为对应账户。通过账户的对应关系,既可以了解经济业务的基本内容和整个资金运动的来龙去脉,又可以检查对经济业务的会计处理是否正确。如【例 3-1】中,"银行存款"的对应账户为"固定资产",两者之间形成对应关系。

(二)会计分录

1.会计分录的概念

在实务工作中,企业每天都要发生大量的经济业务。按照《企业会计准则》的规定,对每一项经济业务都要记入有关账户。为了保证账户记录的正确性和便于事后检查,会计上通常将经济业务所涉及的账户名称、记录方向和金额用一种专门的方法表示出来,即编制会计分录。

会计分录是指对某项经济业务标明其应借、应贷的账户名称(科目)及其金额的一种记录。会计分录的书写格式通常是"借"在上,"贷"在下,每一个会计科目(账户名称)占一行,"借"和"贷"前后错位表示。

会计分录是在对每一项经济业务的内容进行分析之后,确定经济业务所涉及的账户名称以及应借应贷的金额,根据原始凭证在具有一定格式的记账凭证中编制的,这样可以保证会计分录的正确性,便于日后检查。由于编制会计分录是会计核算全过程的初始阶段,是记账的直接依据,如果会计分录错了,必然影响整个会计记录的正确性,因此,会计分录必须如实地反映经济业务的内容,正确确定应借应贷的账户名称及金额。

会计分录应当包括以下内容:

(1)一组对应的记账符号:"借"和"贷";

（2）两个或两个以上账户名称；

（3）借贷双方的相等金额。

2. 会计分录的分类

会计分录按照其所涉及的账户数量的多少可以分为简单会计分录和复合会计分录。

简单会计分录是指一个账户的借方和另一个账户的贷方发生对应关系的会计分录，即一借一贷的会计分录。这种分录，其账户之间的对应关系一目了然，非常直观。

如前分析的【例 3-1】至【例 3-9】中的九项经济业务对应的会计分录如下：

【例 3-1】借：固定资产 500 000
　　　　　贷：银行存款 500 000

【例 3-2】借：应付账款 100 000
　　　　　贷：应付票据 100 000

【例 3-3】借：盈余公积 200 000
　　　　　贷：实收资本 200 000

【例 3-4】借：原材料 100 000
　　　　　贷：应付账款 100 000

【例 3-5】借：应付账款 40 000
　　　　　贷：银行存款 40 000

【例 3-6】借：银行存款 500 000
　　　　　贷：实收资本 500 000

【例 3-7】借：实收资本 100 000
　　　　　贷：银行存款 100 000

【例 3-8】借：盈余公积 300 000
　　　　　贷：应付股利 300 000

【例 3-9】借：应付账款 200 000
　　　　　贷：实收资本 200 000

复合会计分录是指经济业务发生后，一个账户的借方同几个账户的贷方发生对应关系、一个账户的贷方同几个账户的借方发生对应关系或几个账户的借方同几个账户的贷方发生对应关系的会计分录，即"一借多贷""一贷多借"或"多借多贷"的会计分录。编制复合会计分录，既可以集中反映某项经济业务的全面情况，又可以简化记账工作，提高会计工作的效率。需要注意的是，为了保持账户对应关系清楚，一般不宜把反映不同类型的经济业务合并在一起编制"多借多贷"的复合会计分录。

如前分析的【例 3-10】中的经济业务对应的会计分录如下：

借：原材料 100 000
　贷：银行存款 80 000
　　　应付账款 20 000

复合会计分录实际上是由几个简单会计分录合并而成的，因此，必要时可以将其拆分成若干个简单会计分录。如上面的复合会计分录可以拆分成下面两个简单会计分录：

①借：原材料 80 000
　　贷：银行存款 80 000

②借：原材料　　　　　　　　　　　　　　　　　　　　20 000

　　　贷：应付账款　　　　　　　　　　　　　　　　　　　　　20 000

3. 会计分录的编制步骤

对于初学者来说，编制会计分录应该逐步分析，按以下步骤进行：

（1）一项经济业务发生后，分析这项经济业务涉及的会计要素是资产、成本、费用，还是负债、所有者权益、收入、利润；

（2）分析经济业务引起这些要素增加还是减少，涉及哪些账户；

（3）明确应记入账户的方向是借方还是贷方；

（4）根据账户名称选择合适的账户，并记入该账户的借方或贷方；

（5）检查会计分录中应借、应贷账户是否正确；借贷方金额是否相等，有无错误。

八、借贷记账法的试算平衡

企业对日常发生的经济业务都要记入有关账户，内容庞杂，次数多，记账稍有疏忽，便有可能发生差错。为了保证或检查一定时期内所发生的经济业务在账户中登记的正确性和完整性，需要在一定时期终了时，对账户记录进行试算平衡。在借贷记账法下，定期检查全部账户记录的正确性和完整性是很简单的。

所谓试算平衡法，是指根据会计恒等式"资产＝负债＋所有者权益"以及借贷记账法的记账规则，通过汇总计算和比较所有账户的发生额和余额，来检查账户记录是否正确的一种方法。它包括发生额试算平衡法和余额试算平衡法。

（一）发生额试算平衡法

发生额试算平衡法是指根据本期所有账户借方发生额合计数与贷方发生额合计数的恒等关系，检验本期发生额记录是否正确的方法。

采用借贷记账法，对任何经济业务都是按照"有借必有贷、借贷必相等"的记账规则记入各有关账户，所以不仅每一笔会计分录中借贷发生额相等，而且当一定会计期间的全部经济业务都记入相关账户后，所有账户的借方发生额合计数必然等于贷方发生额合计数。这个平衡关系用公式表示为

全部账户本期借方发生额合计数＝全部账户本期贷方发生额合计数

根据前面【例 3-1】至【例 3-10】阳光公司 2018 年 5 月发生的十项经济业务，可以编制如表 3-3 所示的发生额试算平衡表。

表 3-3　阳光公司本期发生额试算平衡表

2018 年 5 月 31 日　　　　　　　　　　　　　　　　　　　　　单位：元

账户名称	本期发生额	
	借方	贷方
银行存款	500 000	720 000
固定资产	500 000	

续　表

账户名称	本期发生额	
	借方	贷方
原材料	200 000	
应付票据		100 000
应付账款	340 000	120 000
应付股利		300 000
实收资本	100 000	900 000
盈余公积	500 000	
合计	2 140 000	2 140 000

(二)余额试算平衡法

余额试算平衡法是根据所有账户的借方余额之和与所有账户的贷方余额之和相等的恒等关系,来检验本期账户记录是否正确的方法。

根据会计恒等式"资产＝负债＋所有者权益",运用借贷记账法在账户中记录经济业务的结果是,各项资产余额的合计数与负债及所有者权益的合计数必定相等。在借贷记账法下,由于每个账户的余额是根据一定会计期间该账户的累计发生额计算得出的,因此,在某一时点上,有借方余额的账户应该是资产类账户,有贷方余额的账户应该是权益类账户,分别合计其金额,即是具有相等关系的资产与权益总额。根据余额的时间不同,余额平衡可分为期初余额平衡和期末余额平衡。本期的期末余额平衡,结转到下一期,就成为下一期的期初余额平衡。这个平衡关系用公式表示为

全部账户期初借方余额合计数＝全部账户期初贷方余额合计数

全部账户期末借方余额合计数＝全部账户期末贷方余额合计数

在实际工作中,余额试算平衡是通过编制试算平衡表进行的。通常在月末结出各账户的本期发生额和月末余额之后,通过编制总分类账户发生额试算平衡表和总分类账户余额试算平衡表来编制合并的试算平衡表。假设阳光公司 2018 年 5 月有关账户的期初余额如表 3-4 所示,根据表 3-4,可以编制如表 3-5 所示的余额试算平衡表。

表 3-4　阳光公司有关账户的期初余额

2018 年 5 月 1 日　　　　　　　　　　　　　　　　　单位:元

账户名称	本期发生额	
	借方	贷方
库存现金	5 000	
银行存款	1 200 000	
应收账款	200 000	
原材料	290 000	

账户名称	本期发生额	
	借方	贷方
固定资产	2 200 000	
短期借款		70 000
应付票据		125 000
应付账款		300 000
应付股利		200 000
实收资本		2 000 000
盈余公积		800 000
利润分配		400 000
合计	3 895 000	3 895 000

表 3-5　阳光公司余额试算平衡表

2018 年 5 月 31 日

单位:元

会计科目	期初余额		本期发生额		期末余额	
	借方	贷方	借方	贷方	借方	贷方
库存现金	5 000				5 000	
银行存款	1 200 000		500 000	720 000	980 000	
应收账款	200 000				200 000	
原材料	290 000		200 000		490 000	
固定资产	2 200 000		500 000		2 700 000	
短期借款		70 000				70 000
应付票据		125 000		100 000		225 000
应付账款		300 000	340 000	120 000		80 000
应付股利		200 000		300 000		500 000
实收资本		2 000 000	100 000	900 000		2 800 000
盈余公积		800 000	500 000			300 000
利润分配		400 000				400 000
合计	3 895 000	3 895 000	2 140 000	2 140 000	4 375 000	4 375 000

在编制试算平衡表时,应注意以下几点:

(1)必须保证所有账户的余额均已记入试算平衡表。会计等式是对会计六要素整体而言的,缺少任何一个账户的发生额和余额,都会造成本期借方发生额合计数与本期贷方发生额合计数不相等、期初(或期末)借方余额合计数与贷方余额合计数不相等。

(2)及时发现记账错误。如果借贷不平衡,说明账户记录肯定有错误,应认真查找,直到实现平衡为止。

(3)即使发生额与余额试算平衡,也不一定说明账户记录绝对正确,这是因为有些错误并不会影响借贷双方的平衡关系。例如:

①重记某项经济业务,将使本期借贷双方的发生额等额增加,借贷仍然平衡;

② 漏记某项经济业务,将使本期借贷双方的发生额等额减少,借贷仍然平衡;

③某项经济业务在账户记录中,颠倒了记账方向,借贷仍然平衡;

④某项经济业务记错有关账户,借贷仍然平衡;

⑤某借方或贷方发生额中,偶然发生多记和少记并相互抵消,借贷仍然平衡;

⑥某项经济业务记录的应借、应贷科目正确,但借贷双方金额同时多记或少记,且金额一致,借贷仍然平衡。

由于账户记录可能存在这些不能由试算平衡表发现的错误,所以需要对所有会计记录进行日常或定期的复核,以保证账户记录的正确性。

九、总分类账户与明细分类账户的平行登记

(一)总分类账户与明细分类账户的设置

在会计核算工作中,为了适应经营管理上的需要,对于所有经济业务都要在有关账户中进行登记,既要提供总括的核算资料,又要提供详细的核算资料。各会计主体日常使用的账户,按其提供资料的详细程度不同,可以分为总分类账户和明细分类账户两种。

总分类账户(亦称一级账户),是按照总分类科目设置,仅以货币计量单位进行登记,用来提供总括核算资料的账户。前面举例中的账户都属于总分类账户。通过总分类账户提供的各种总括核算资料,可以概括地了解一个会计主体各项资产、负债及所有者权益等会计要素增减变动的情况和结果。但是,总分类账户并不能提供关于各项会计要素增减变动过程及其结果的详细资料,也就难以满足经营管理上的具体需要。因此,各会计主体在设置总分类账户的同时,还应根据实际需要,在某些总分类账户的统驭下,分别设置若干明细分类账户。

明细分类账户,是按照明细分类科目设置,用来提供详细核算资料的账户。例如,为了具体了解各种材料的收、发、结存情况,有必要在"原材料"总分类账户下,按照材料的品种、名称或类别分别设置明细分类账户。又如,为了具体掌握企业与各往来单位之间的货款结算情况,应在"应付账款"总分类账户下,按各债权单位的名称分别设置明细分类账户。在明细分类账户中,除了以货币计量单位进行金额核算外,必要时还要运用实物计量单位进行数量核算,以便通过提供数量方面的资料,对总分类账户进行必要的补充。明细分类账户还可以根据需要进一步分为三级明细账户、四级明细账户等。

(二)总分类账户与明细分类账户的关系

总分类账户与明细分类账户是对同一经济业务内容进行分层次核算而设置的账户,二者之间存在相互联系、相互制约的关系。

1.总分类账户对其明细分类账户起着统驭和控制的作用

总分类账户提供的总括核算资料是对其明细分类账户资料的综合,明细分类账户提供

的明细核算资料是对其总分类账户资料的具体化,总分类账户对其明细分类账户起着统驭和控制的作用。

2.明细分类账户对总分类账户起着补充和说明的作用

总分类账户是对会计要素各项目增减变化的总括反映,提供总括的资料;明细分类账户则是反映会计要素各项目增减变化的详细情况,提供某一具体方面的详细资料,有些明细分类账户还可以提供数量指标和劳动量指标等。因此,明细分类账户对总分类账户起着补充和说明的作用。

3.总分类账户与其明细分类账户在总金额上应当相等

由于总分类账户与其明细分类账户都是根据相同的原始凭证进行平行登记的,反映的经济业务内容相同,因此其总金额一定相等。例如"应付账款"总分类账户与其对应的"A公司""B公司"等明细分类账户都反映了应付债权单位货款的情况,因此,"应付账款"总分类账户的金额与"A公司""B公司"等明细分类账户的总金额应当相等。

(三)总分类账户与明细分类账户平行登记的内容

总分类账户是其明细分类账户的统驭账户,对明细分类账户起着控制作用;而明细分类账户则是某一总分类账户的从属账户,对其所属的总分类账户起着辅助作用。某一总分类账户及其明细分类账户的核算对象是相同的,它们所提供的核算资料互相补充,只有把二者结合起来,才能既总括又详细地反映同一核算内容。因此,总分类账户与明细分类账户必须平行登记。

所谓平行登记,是指对发生的每一项经济业务都以会计凭证为依据,一方面要记入有关的总分类账户,另一方面要记入有关总分类账户的明细分类账户的方法。总分类账户与明细分类账户的平行登记,便于账户核对和检查,纠正错误和遗漏。总分类账户与明细分类账户平行登记的要点如下。

1.依据相同

即对于发生的每一项经济业务,都要根据相同的会计凭证登记入账。总分类账户下设有明细分类账户的,一方面要在有关的总分类账户中登记,另一方面要在总分类账户的明细分类账户中登记。

2.方向相同

即对于发生的每一项经济业务,记入总分类账户与其明细分类账户的方向必须相同。也就是说,如果总分类账户登记在借方,其明细分类账户也应该登记在借方;反之,如果总分类账户登记在贷方,其明细分类账户也应该登记在贷方。

3.期间一致

即对于发生的每一项经济业务,在记入总分类账户及其明细分类账户的过程中,具体时间可以有先后,但必须在同一个会计期间全部登记入账。也就是说,对于发生的每一项经济业务,都必须在记入总分类账户进行总括登记的同一个会计期间内,在其明细分类账户中进行明细登记。

4.金额相等

即对于发生的每一项经济业务,记入某一总分类账户的金额必须与记入其对应的一个或几个明细分类账户的金额合计数相等。具体包括:总分类账户本期发生额与其明细分类账户本期发生额合计数相等;总分类账户期初余额与其明细分类账户期初余额合计数相等;总分类账户期末余额与其明细分类账户期末合计数相等。

(四)总分类账户与明细分类账户平行登记的方法

下面以"原材料"账户和"应付账款"账户为例,说明总分类账户和明细分类账户平行登记的方法。

【例 3-11】假设光明公司 2018 年 6 月 1 日"原材料"总分类账户期初余额为借方 580 000元,其明细分类账户的期初余额如表 3-6 所示。

表 3-6 "原材料"明细分类账户期初余额

名称	重量/千克	单价/元	金额/元
甲材料	1 600	300	480 000
乙材料	200	100	20 000
丙材料	500	160	80 000
合计			580 000

"应付账款"总分类账户期初余额为贷方 300 000 元,其明细分类账户的期初余额如表 3-7 所示。

表 3-7 "应付账款"明细分类账户期初余额

名称	金额/元
A 公司	180 000
B 公司	120 000
合计	300 000

该公司 2018 年 6 月发生下列部分经济业务(假设不考虑增值税)。

(1)6 月 2 日,向 A 公司购入甲材料 300 千克,单价为 300 元,价款为 90 000 元;乙材料 50 千克,单价为 100 元,价款为 5 000 元。向 B 公司购入丙材料 100 千克,单价为 160 元,价款为 16 000 元。材料均已验收入库,货款尚未支付。

对于这项经济业务,编制会计分录如下:

借:原材料——甲材料　　　　　　　　　　　　　　　　　　　90 000
　　　　——乙材料　　　　　　　　　　　　　　　　　　　　5 000
　　　　——丙材料　　　　　　　　　　　　　　　　　　　　16 000
　贷:应付账款——A 公司　　　　　　　　　　　　　　　　　　95 000
　　　　　　——B 公司　　　　　　　　　　　　　　　　　　16 000

(2)6 月 10 日,仓库发出下列各种材料直接用于产品生产(见表 3-8)。

表 3-8 仓库发出材料

名称	重量/千克	单价/元	金额/元
甲材料	500	300	150 000
乙材料	100	100	10 000
丙材料	200	160	32 000
合计			192 000

对于这项经济业务,编制会计分录如下:

借:生产成本 192 000

　　贷:原材料——甲材料 150 000

　　　　　　——乙材料 10 000

　　　　　　——丙材料 32 000

(3)6月20日,用银行存款偿还欠 A 公司的货款 56 000 元,偿还欠 B 公司的货款 12 000 元。

对于这项经济业务,编制会计分录如下:

借:应付账款——A 公司 56 000

　　　　　　——B 公司 12 000

　　贷:银行存款 68 000

根据以上资料,在"原材料"总分类账户及其明细分类账户"甲材料""乙材料"和"丙材料"中进行登记的程序如下:

(1)将原材料的期初余额 580 000 元,记入"原材料"总分类账户的借方;同时,在"甲材料""乙材料"和"丙材料"明细分类账户的收入方(即借方)分别登记甲、乙、丙三种材料的期初结存数量和金额,并注明计量单位和单价。

(2)将本期入库的材料总额 111 000 元,记入"原材料"总分类账户的借方;同时,将入库的甲、乙、丙三种材料的数量、金额分别记入有关明细分类账户的收入方(即借方)。

(3)将本期发出的材料总额 192 000 元,记入"原材料"总分类账户的贷方;同时,将发出的甲、乙、丙三种材料的数量、金额分别记入有关明细分类账户的发出方(即贷方)。

(4)期末,根据"原材料"总分类账户和有关明细分类账户的记录,结出本期发生额和期末余额。

按照上述步骤,在"原材料"总分类账户及其明细分类账户中进行登记的结果如表 3-9、表 3-10、表 3-11、表 3-12 所示。

表 3-9 总分类账户

账户名称:原材料 　　　　　　　　　　　　　　　　　　　　　　　　　　单位:元

2018 年		凭证号数	摘要	对应科目	借方	贷方	借或贷	余额
月	日							
6	1		月初余额				借	580 000
	2	(1)	购入材料	应付账款	111 000		借	691 000
	10	(2)	生产领用	生产成本		192 000	借	499 000
6	30		本月合计		111 000	192 000	借	499 000

表 3-10　"原材料"明细分类账户

明细科目：甲材料

2018 年		凭证号数	摘要	收入			发出			结存		
月	日			数量/千克	单价/元	金额/元	数量/千克	单价/元	金额/元	数量/千克	单价/元	金额/元
6	1		月初余额							1 600	300	480 000
	2	(1)	购入材料	300	300	90 000				1 900	300	570 000
	10	(2)	生产领用				500	300	150 000	1 400	300	420 000
6	30		本月合计	300	300	90 000	500	300	150 000	1 400	300	420 000

表 3-11　"原材料"明细分类账户

明细科目：乙材料

2018 年		凭证号数	摘要	收入			发出			结存		
月	日			数量/千克	单价/元	金额/元	数量/千克	单价/元	金额/元	数量/千克	单价/元	金额/元
6	1		月初余额							200	100	20 000
	2	(1)	购入材料	50	100	5 000				250	100	25 000
	10	(2)	生产领用				100	100	10 000	150	100	15 000
6	30		本月合计	50	100	5 000	100	100	10 000	150	100	15 000

表 3-12　"原材料"明细分类账户

明细科目：丙材料

2018 年		凭证号数	摘要	收入			发出			结存		
月	日			数量/千克	单价/元	金额/元	数量/千克	单价/元	金额/元	数量/千克	单价/元	金额/元
6	1		月初余额							500	160	80 000
	2	(1)	购入材料	100	160	16 000				600	160	96 000
	10	(2)	生产领用				200	160	32 000	400	160	64 000
6	30		本月合计	100	160	16 000	200	160	32 000	400	160	64 000

　　从以上"原材料"总分类账户及其明细分类账户平行登记的结果中可以看出，"原材料"总分类账户的期初余额 580 000 元，借方本期发生额 111 000 元，贷方本期发生额 192 000 元，期末余额 499 000 元，分别与其对应的三个明细分类账户的期初余额之和 580 000（480 000＋20 000＋80 000）元，借方本期发生额之和 111 000（90 000＋5 000＋16 000）元，贷方本期发生额之和 192 000（150 000＋10 000＋32 000）元，以及期末余额之和 499 000（420 000＋15 000＋6 4 000）元相等。

　　同理，根据以上资料，在"应付账款"总分类账户及其明细分类账户"A 公司"和"B 公司"中进行登记的程序如下：

　　(1)将应付账款的期初余额 300 000 元，记入"应付账款"总分类账户的贷方；同时，在"A

公司"和"B 公司"明细分类账户的贷方分别登记 A 公司和 B 公司的期初余额。

（2）将本期购入材料所欠货款的总额 111 000 元,记入"应付账款"总分类账户的贷方；同时,在"A 公司"和"B 公司"两个明细分类账户的贷方中分别记入各自的金额。

（3）将本期偿还货款的总额 68 000 元,记入"应付账款"总分类账户的借方；同时,在"A 公司"和"B 公司"两个明细分类账户的贷方中分别记入各自的金额。

（4）期末,根据"应付账款"总分类账户和有关明细分类账户的记录,结出本期发生额和期末余额。

按照上述步骤,在"应付账款"总分类账户及其明细分类账户中进行登记的结果如表 3-13、表 3-14、表 3-15 所示。

表 3-13　总分类账户

账户名称:应付账款　　　　　　　　　　　　　　　　　　　　　　　　　　　　　　　单位:元

2018 年		凭证号数	摘要	对应科目	借方	贷方	借或贷	余额
月	日							
6	1		月初余额				贷	300 000
	2	（1）	购入材料	原材料		111 000	贷	411 000
	20	（3）	偿还货款	银行存款	68 000		贷	343 000
6	30		本月合计		68 000	111 000	贷	343 000

表 3-14　"应付账款"明细分类账户

明细科目:A 公司　　　　　　　　　　　　　　　　　　　　　　　　　　　　　　　　单位:元

2018 年		凭证号数	摘要	借方	贷方	借或贷	余额
月	日						
6	1		月初余额			贷	180 000
	2	（1）	购入材料		95 000	贷	275 000
	20	（3）	偿还货款	56 000		贷	219 000
6	30		本月合计	56 000	95 000	贷	219 000

表 3-15　"应付账款"明细分类账户

明细科目:B 公司　　　　　　　　　　　　　　　　　　　　　　　　　　　　　　　　单位:元

2018 年		凭证号数	摘要	借方	贷方	借或贷	余额
月	日						
6	1		月初余额			贷	120 000
	2	（1）	购入材料		16 000	贷	136 000
	20	（3）	偿还货款	12 000		贷	124 000
6	30		本月合计	12 000	16 000	贷	124 000

从以上"应付账款"总分类账户及其明细分类账户平行登记的结果中可以看出,"应付账款"总分类账户的期初余额 300 000 元,借方本期发生额 68 000 元,贷方本期发生额 111 000 元,期末余额 343 000 元,分别与其对应的两个明细分类账户的期初余额之和 300 000 (180 000＋120 000)元,借方本期发生额之和 68 000(56 000＋12 000)元,贷方本期发生额之和 111 000(95 000＋16 000)元,以及期末余额之和 343 000(219 000＋124 000)元相等。

利用总分类账户与其明细分类账户平行登记所形成的有关数字必然相等的关系,我们可以通过定期核对双方有关数字,来检查账户的记录是否正确、完整。如果通过核对发现有关数字不相等,则表明账户的登记必有差错,应及时查明原因,予以更正。在实际工作中,这项核对工作通常是采用月末编制"明细分类账户本期发生额及余额表"的形式来进行的。根据前面例示的原材料明细分类账户的记录,编制其本期发生额及余额表,如表 3-16 所示。

表 3-16 "原材料"明细分类账户本期发生额及余额表
2018 年 6 月 30 日

明细科目	单价/元	期初余额		本期发生额				期末余额	
				收入		发出			
		数量/千克	金额/元	数量/千克	金额/元	数量/千克	金额/元	数量/千克	金额/元
甲材料	300	1 600	480 000	300	90 000	500	150 000	1 400	420 000
乙材料	100	200	20 000	50	5 000	100	10 000	150	15 000
丙材料	160	500	80 000	100	16 000	200	32 000	400	64 000
合计			580 000		111 000		192 000		499 000

从表 3-16 中可以看出,表中合计栏各项数额分别与"原材料"总分类账户的期初余额、本期发生额、期末余额相等,表明"原材料"总分类账户与其明细分类账户的平行登记未发生差错。

根据前面例示的应付账款明细分类账户的记录,编制其本期发生额及余额表如表 3-17 所示。

表 3-17 "应付账款"明细分类账户本期发生额及余额表
2018 年 6 月 30 日
单位:元

明细科目	期初余额		本期发生额		期末余额	
	借方	贷方	借方	贷方	借方	贷方
A 公司		180 000	56 000	95 000		219 000
B 公司		120 000	12 000	16 000		124 000
合计		300 000	68 000	111 000		343 000

由表 3-17 可以看出,表中合计栏各项数额分别与表 3-13"应付账款"总分类账户的期初余额、本期发生额、期末余额相等,表明"应付账款"总分类账户与其明细分类账户的平行登记未发生差错。

■■■■ **思考题**

1. 单式记账法和复式记账法的主要区别是什么?

2.复式记账法的理论依据是什么？复式记账法有哪些特点？

3.什么是借贷记账法？借贷记账法有何特点？

4.在借贷记账法下,账户的结构如何？

5.举例说明借贷记账法的记账规则。

6.什么是账户的对应关系？什么是对应账户？明确账户的对应关系有何意义？

7.什么是会计分录？有哪些种类？如何编制？

8.什么是试算平衡？试算平衡有何意义？

9.借贷记账法的试算平衡方法有哪些？

10.什么是总分类账户？什么是明细分类账户？两者的关系如何？

11.总分类账户与明细分类账户平行登记的要点有哪些？

■■■ **实务题**

1.掌握账户的结构及账户金额的计算方法。

某公司 2018 年 12 月 31 日有关账户的资料如表 3-18 所示。

表 3-18 某公司 2018 年 12 月 31 日有关账户的资料

单位:元

账户名称	期初余额	本期借方发生额	本期贷方发生额	期末余额
库存现金	580	450	550	
短期借款	5 000	3 000		4 000
应付账款		1 560	740	1 340
实收资本	5 000 000		2 000 000	7 000 000
原材料	1 870	1 600		560
银行存款		53 700	37 450	46 000
预付账款	1 600		1 500	1 400
库存商品	10 000	12 500	7 500	

要求:根据账户期初余额、本期发生额和期末余额的计算方法,填列表 3-18 中的空缺部分。

2.练习 T 型账户的使用。

创新公司 2018 年 3 月 31 日账户余额如下:银行存款 56 000 元,应付账款 40 000 元,原材料 20 000 元,实收资本 121 000 元,固定资产 85 000 元。

该公司 4 月份发生下列经济业务:

(1)投资者追加投资 30 000 元,存入银行。

(2)用银行存款偿还应付账款 23 000 元。

(3)购买原材料 1 200 元,用存款支付。

(4)购买设备 50 000 元,用存款支付 30 000 元,余款尚欠。

(5)收到投资者投入的机器一台,价值 56 000 元,原材料一批,价值 25 000 元。

(6)购进原材料 5 000 元,款未付。

要求：

(1)根据期初余额开设 T 型账户。

(2)根据 4 月份发生的经济业务登记 T 型账户。

(3)结出 T 型账户的发生额和余额。

3.掌握账户对应关系及会计分录的编制。

某公司 2018 年 8 月有关账户的记录如图 3-18 所示。

库存现金			
期初余额	150		
(1)	500	(5)	350
(9)	100		
期末余额	400		

原材料			
期初余额	98 000		
(2)	82 000	(4)	150 000
(7)	58 600		
期末余额	88 600		

银行存款			
期初余额	89 600		
(6)	15 800	(1)	500
(8)	30 000	(5)	70 000
(9)	20 000	(7)	58 600
		(10)	20 000
期末余额	6 300		

应收账款			
期初余额	45 800		
		(6)	15 800
		(9)	20 100
期末余额	9 900		

固定资产			
期初余额	370 000		
(3)	124 000		
期末余额	494 000		

实收资本			
		期初余额	483 000
		(3)	124 000
		期末余额	607 000

生产成本			
期初余额	42 280		
(4)	150 000		
期末余额	192 280		

应付账款			
		期初余额	35 800
(5)	70 350	(2)	82 000
		期末余额	47 450

短期借款			
		期初余额	84 320
(10)	20 000	(8)	30 000
		期末余额	94 320

图 3-18 某公司 2018 年 8 月有关账户的记录

要求：根据上述账户记录编制会计分录，并简要说明每笔经济业务的内容。

4.练习借贷记账法的应用及试算平衡表的编制。

某公司 2018 年 10 月初有关账户余额如表 3-19 所示。

表 3-19 某公司 2018 年 10 月初有关账户余额

单位:元

资产	金额	负债和所有者权益	金额
库存现金	3 500	短期借款	105 000
银行存款	147 000	应付账款	42 500
原材料	90 000	应交税费	9 000
应收账款	45 700	长期借款	186 000
库存商品	60 000	实收资本	404 200
生产成本	20 500	资本公积	140 000
长期股权投资	80 000	盈余公积	160 000
固定资产	600 000		
合计	1 046 700	合计	1 046 700

该公司本月发生下列经济业务：

(1)购进机器设备一台,价值 100 000 元,以银行存款支付。

(2)从银行提取现金 5 000 元。

(3)投资者投入企业原材料一批,作价 30 000 元。

(4)生产车间向仓库领用材料一批,价值 40 000 元,投入生产。

(5)以银行存款 32 500 元偿还应付供货单位货款。

(6)向银行取得长期借款 150 000 元,存入银行。

(7)用银行存款上交所得税 9 000 元。

(8)投资者投入货币 80 000 元,已转入存款户;投入不需要安装的设备一台,价值 20 000元。

(9)收到购货单位前欠货款 18 000 元,其中 16 000 元存入银行,其余部分收到现金。

(10)用银行存款 48 000 元归还银行短期借款 20 000 元和应付购货单位账款 28 000 元。

(11)购入材料一批,价值 10 000 元,材料已入库,价款尚未支付。

(12)用现金 9 000 元支付职工工资。

(13)采购员预借差旅费 800 元,以现金付讫。

要求：

(1)根据以上资料编制会计分录,并记入有关账户。

(2)编制发生额及余额试算平衡表。

5.练习总分类账户与明细分类账户的平行登记。

某公司 2018 年 11 月 30 日有关总分类账户与明细分类账户余额如下。

(1)总分类账户

"原材料"账户借方余额 400 000 元。

"应付账款"账户贷方余额 100 000 元。

(2)明细分类账户

"原材料——甲材料"账户 1 600 千克,单价 150 元,借方余额 240 000 元。

"原材料——乙材料"账户 400 千克,单价 100 元,借方余额 40 000 元。

"原材料——丙材料"账户 1 000 千克,单价 120 元,借方余额 120 000 元。

"应付账款——A 公司"账户贷方余额 60 000 元。

"应付账款——B 公司"账户贷方余额 40 000 元。

该公司 2018 年 12 月份发生的部分经济业务如下(不考虑增值税)：

(1)以银行存款偿还 A 公司前欠货款 30 000 元。

(2)购进甲材料 200 千克,单价 150 元,价款 30 000 元,以银行存款支付,材料入库。

(3)生产车间向仓库领用材料一批,其中甲材料 400 千克,单价 150 元;乙材料 200 千克,单价 100 元;丙材料 500 千克,单价 120 元。共计领用材料 140 000 元。

(4)用银行存款偿还 B 公司前欠货款 20 000 元。

(5)向 A 公司购入乙材料 200 千克,单价 100 元,材料入库,货款 20 000 元暂欠。

(6)向 B 公司购入丙材料 300 千克,单价 120 元,材料入库,货款 36 000 元暂欠。

要求：

(1)根据上述资料的内容编制会计分录。

（2）开设"原材料""应付账款"总分类账与明细分类账,登记期初余额,并平行登记总分类账与明细分类账,结出各账户本期发生额和期末余额。

（3）编制"原材料""应付账款"总分类账与明细分类账本期发生额及余额明细表。

参考答案

■■■ 自测题

本章自测

第四章

···
借贷记账法在制造业企业的应用

■■■ **学习目标**

☐ 了解制造业企业的基本经营活动
☐ 掌握主要经济业务的具体核算方法
☐ 具备熟练编制经济业务会计分录的能力
☐ 通过具体核算业务的练习,熟记重要会计账户的基本内容

■■■ **案例导读**

事情开始于数周前美国世界通信公司的内部审计员辛西娅·库珀(Cynthia Cooper)对账本进行的检查。这家电信巨擘的新任首席执行官要求进行一次财务检查,库珀的职责就是对资本支出记录进行抽查。据知情人士称,库珀很快就发现了疑点。从 2001 年起,美国世界通信公司的首席财务官斯科特·沙利文(Scott Sullivan)每个季度都用一种非惯例的手法记录这家长途电话公司最大的一笔费用——向当地电话网络支付的用来完成呼叫的费用。他没有把这笔费用记为销售费用,而是将很大一部分转入了资本支出科目。这一做法使得美国世界通信公司的利润增加了数亿美元,有效地使 2001 年全年及 2002 年第一季度由亏损变成了赢利。随后该公司被查出,已经发现多达 38 亿美元的费用被错误地入账,公司业绩将重新公布。

资料来源:WorldCom 会计丑闻爆发始末[EB/OL]. (2002-07-03)[2019-08-01]. http://news. chinabyte. com/193/1618693. shtml.

第一节　制造业企业主要经济业务概述

企业是从事生产、流通、服务等经济活动,以生产或服务满足社会需要,实行自主经营、独立核算、依法设立的一种营利性经济组织。企业主要通过对各种资源的组合和处理向其他单位或个人(企业的顾客)提供他们所需要的产品或服务。这个将最原始的投入转变为顾客所需要的产品或服务的过程,不仅需要自然资源、人力资源,还需要资本等其他各种资源。作为一种重要的企业组织类型,现代企业制度下的产品制造业企业将原始的材料转换为可以销售给单位或个人消费者的商品,更重要的是要在市场经济的竞争中谋求不断发展,对其拥有的资产实现保值增值。为了实现上述目标,这就要求制造业企业以经济效益为中心,对

过去的交易、事项的结果和计划中的未来经营的可能效果进行分析和评价。企业的会计部门作为一个为其内、外部利益相关者提供信息的职能部门,对制造业企业经营过程的全面核算,是企业实现其目标的重要手段。

制造业企业完整的生产经营过程由筹资过程、供应过程、生产过程、销售过程以及收益分配过程等构成。企业为了进行生产经营活动,生产出适销对路的产品,就必须从各种渠道取得一定数量的经营资金。这些经营资金在生产经营过程中被具体运用时表现为不同的占用形态,并且随着生产经营过程的进行不断转化形态,形成经营资金的循环与周转。

企业要从各种渠道筹集生产经营所需要的资金,其筹资的渠道主要包括接受投资人的投资和向债权人借入各种款项。企业运用筹集到的资金开展正常的经营业务,进入供、产、销过程。

供应过程是企业产品生产的准备过程。企业用筹集到的货币资金购买机器设备等物资形成固定资产,购买原材料等形成各项储备资金。供应过程为生产产品做好了各项准备。

生产过程是制造业企业经营过程的中心环节。从实物形态来看,生产过程是产品的制造过程;从价值形态来看,生产过程中发生的各种耗费,形成企业的生产费用,生产费用随着生产的不断进行最终转化为成品资金。生产费用的发生、归集和分配,以及完工产品生产成本的计算等构成了生产过程核算的基本内容。

销售过程是产品价值的实现过程。在销售过程中,企业通过销售产品收回货款或形成债权,从而完成成品资金转化为货币资金的过程,回到了资金运动的起点状态,完成了一次资金的循环。另外,销售过程中还要发生包装、广告等销售费用,计算并及时交纳各种销售税金,结转销售成本,这些都属于销售过程的核算内容。

企业在生产经营过程中所获得的各项收入遵循配比原则抵偿了各项成本、费用之后的差额,形成企业的利润。企业的税后利润,按照规定的程序在各有关方面进行合理的分配。通过利润分配,一部分资金退出企业,一部分资金以公积金、未分配利润等形式继续参与企业的资金周转。

为了全面、连续、系统地反映和监督企业经营过程中资金运动的具体内容,企业就必须根据经济业务的具体内容和管理的要求,相应地设置各种账户,并运用借贷记账法,对企业经营过程中发生的具体经济业务进行相关账务处理,从而为企业的利益相关者提供其所需要的会计信息。本章我们将以制造业企业在经营过程中所发生的上述的各种类型的经济业务的处理为例进行阐述。

第二节　资金筹集过程的业务核算

资金是一个企业的生存和发展的基础。对于一个企业而言,其资金来源一般有两条途径:一是投资人的投资及其增值,形成投资人的权益,这部分资本属于企业的永久性资本,筹集该部分资金的业务可以称为权益资金筹集业务;二是企业向债权人借入款项,形成债权人的权益,筹集该部分资金的业务可以称为负债资金筹集业务。在会计上,我们一般将投资人的要求权和债权人的要求权统称为权益。但是,这两种权益又存在着本质的区别:二者在性质、是否需要偿还和偿还期限、享受的权利等方面均有所不同。

一、权益资金筹集业务的核算

企业从投资人处筹集到的资金形成企业所有者权益的重要组成部分,企业的所有者权益包括实收资本、资本公积、盈余公积和未分配利润四个组成部分。实收资本和资本公积是由所有者直接投入企业的资本和资本溢价等形成的。盈余公积和未分配利润则是企业在经营过程中实现的利润留存于企业的部分,也称为留存收益。本部分主要介绍所有者权益中的实收资本和资本公积的核算。

(一)实收资本及股本和资本公积的含义

1.实收资本及股本的含义

所有者向企业投入资本,形成企业的资本金。实收资本是指一般企业的投资者按照企业章程或合同、协议的约定,实际投入企业的资本金。股本是指股份有限公司用发行股票的方式形成的资本金。它们是企业注册登记的法定资本总额的来源,表明所有者与企业的基本产权关系。实收资本或股本是企业永久性的资金来源,是保证企业持续经营和偿还债务的最基本的物质基础。根据《公司注册资本登记管理规定》的要求,设立公司必须在公司登记机关,依据法律、行政法规和国家有关规定登记公司的注册资本及实收资本(或股本)。

企业的资本金按照投入主体的不同可以分为国家资本金、法人资本金、个人资本金和外商资本金。企业的资本金按照投入资本的不同物质形态又可以分为货币资金投资、实物投资、有价证券投资和无形资产投资等各种形式。

2.资本公积的含义

资本公积是企业收到的投资者超出其在企业注册资本或股本中所占份额的投入资金,以及直接计入所有者权益的利得和损失等,是企业所有者权益的重要组成部分。从本质上讲资本公积属于投入资本的范畴,但其与实收资本又有所不同。实收资本属于法定资本,在其来源以及金额上都有严格的限制。资本公积则不同,在金额上没有严格的限制,在来源上也相对较为广泛,可以来源于资本溢价、股本溢价以及因被投资单位除净损益、其他综合收益和利润分配以外的所有者权益的变动,投资企业按应享有份额增加或减少的资本公积等。

(二)账户设置

1.“实收资本(股本)”账户

由于企业资本金的来源及其运用受企业组织形式和相关法律约束,所以,对实收资本的核算,不同的企业组织形式要求也不同。一般来说,投资者投入的资本金在有限责任公司表现为实收资本的形式,在会计核算上应设置“实收资本”账户;在股份有限公司则表现为股本的形式,在会计核算上设置“股本”账户。“实收资本”和“股本”是所有者权益类账户。

“实收资本”账户是为了反映和监督投资者投入资本的增减变动情况而设立的基本账户。该账户的贷方登记企业实际收到的投资者投入的资本,借方登记投资者投入资本的减少,期末余额在贷方,表示企业在期末实有的资本数额。企业接受投资者投资时,借记“银行存款”“固定资产”“无形资产”等账户,贷记本账户。企业收到的投资者超出其在注册资本或股本中所占份额的部分,作为资本溢价或者股本溢价,贷记"资本公积——资本溢价或股本溢价"账户。企业按照法定程序报经批准减少注册资本时,借记本账户,贷记"库存现金""银行存款"等账户。该账户一般按照投资者设置明细账户,进行明细核算。该账户的结构如图 4-1 所示。

借方	实收资本(股本)	贷方
实收资本或股本的减少额	实收资本或股本的增加额	
	期末余额: 实收资本或股本实有额	

图 4-1 "实收资本(股本)"账户的结构

2."资本公积"账户

为了反映和监督资本公积金的增减变动及结余情况,应设置"资本公积"账户。该账户属于所有者权益类账户,其贷方登记从不同渠道取得的资本公积,即资本公积的增加数,借方登记资本公积的减少数,期末余额在贷方,表示资本公积的期末结余数。"资本公积"账户下设置"资本溢价"或"股本溢价""其他资本公积"等明细账户,进行明细核算。该账户的结构如图 4-2 所示。

借方	资本公积	贷方
资本公积的减少额	资本公积的增加额	
	期末余额: 资本公积的结余额	

图 4-2 "资本公积"账户的结构

一般企业收到投资者投入的资本时,根据实际出资额借记"银行存款"账户;根据其在注册资本中所占的份额,贷记"实收资本"账户;实际出资额超过其在注册资本中所占份额的部分,贷记"资本公积"账户。

股份有限公司是以发行股票的方式筹集资金的。股份有限公司溢价发行股票时,在收到款项时,按实际收到的金额借记"银行存款"账户;按其发行收入中的股票面值总额贷记"股本"账户;超过股票面值的溢价收入扣除各种费用后的金额,贷记"资本公积——股本溢价"账户。

(三)会计处理

【例 4-1】华康电子有限公司收到投资者投入的资本金 5 000 000 元,款项全部存入银行。

这笔经济业务的发生,一方面使得公司的银行存款增加 5 000 000 元,另一方面使得公司股东对公司的投资资本增加 5 000 000 元。因此,这项经济业务涉及"银行存款"和"实收资本"两个账户。银行存款的增加是资产的增加,借记"银行存款"账户;投资者对公司投资的增加是所有者权益的增加,贷记"实收资本"账户。其会计分录如下:

借:银行存款 　　　　　　　　　　　　　　　　　　　　　　　　　5 000 000
　　贷:实收资本 　　　　　　　　　　　　　　　　　　　　　　　　　　5 000 000

【例 4-2】华康电子有限公司收到某企业投入的专利权一项,经评估确认该专利权价值
2 000 000 元。其会计分录如下:

借:无形资产 2 000 000
　贷:实收资本 2 000 000

【例 4-3】华康电子有限公司接受某单位投入的原材料一批,合同约定价值为 565 000
元,其中增值税为 65 000 元。其会计分录如下:

借:原材料 500 000
　应交税费——应交增值税(进项税额) 65 000
　贷:实收资本 565 000

【例 4-4】华康电子有限公司接受三星电器有限公司的固定资产投资,双方协商确认的
含税价值为 1 130 000 元(其中计税价格为 1 000 000 元,增值税为 130 000 元),投资后三星
电器有限公司拥有华康电子有限公司 1 000 000 元的股份。

由于固定资产的价值为 1 130 000 元,而三星公司投资后拥有的股份为 1 000 000 元,所
以固定资产价值超过股份价值 130 000 元。股份部分作为实收资本处理,超出部分应作为
资本溢价处理。因此,这笔经济业务的发生,一方面使得华康公司的固定资产增加 1 000 000
元,另一方面使得公司的实收资本增加 1 000 000 元,资本公积增加 130 000 元。其会计分
录如下:

借:固定资产 1 000 000
　应交税费——应交增值税(进项税额) 130 000
　贷:实收资本 1 000 000
　　资本公积——资本溢价 130 000

【例 4-5】思贝生物技术股份有限公司委托某证券公司代理发行普通股 6 000 万股,每股
面值 1 元,发行价格为每股 5 元,发行股款已全部收到并存入银行。同时证券公司按照发行
总额的 3% 收取手续费。

股票发行价格超过股票面值为溢价发行,其发行收入中股票面值总额应计入股本,溢价
部分应计入资本公积。该笔业务应计入股本的股票面值为 60 000 000(60 000 000×1)元,
溢价额为 240 000 000(60 000 000×4)元,扣除 3% 的手续费 9 000 000(60 000 000×5×
3%)元后,溢价余额为 231 000 000(240 000 000−9 000 000)元。其会计分录如下:

借:银行存款 291 000 000
　贷:股本 60 000 000
　　资本公积——股本溢价 231 000 000

二、负债资金筹集业务的核算

企业在生产经营过程中,为了弥补生产资金的不足,往往需要向银行等金融机构或者其
他主体借入资金,形成企业的各种负债。一般情况下按照借款的还款期限,把期限在一年以
下(含一年)的借款称为短期借款,在一年以上的称为长期借款。本部分主要介绍企业的短
期借款和长期借款业务的核算。

(一)短期借款业务的核算

1. 短期借款的含义

短期借款是指企业为了满足其生产经营对资金的临时需要而向银行或其他金融机构等借入的偿还期限在一年以内(含一年)的各种借款。

2. 短期借款的核算

短期借款必须按期归还本金并按时支付利息。短期借款的利息支出属于企业在经营管理过程中为筹集资金而发生的一项经济资源耗费,在会计核算中,企业应将其作为期间费用(财务费用)加以确认。由于短期借款利息的支付方式和支付时间不同,会计处理的方法也有所区别:①如果银行对企业的短期借款按月计收利息,或者虽在借款到期收回本金时一并收回利息,但利息数额不大,企业可以在收到银行的计息通知或在实际支付利息时,直接将发生的利息费用计入当期损益(财务费用)。②如果银行对企业的短期借款采取按季或半年等较长期间计收利息,或者是在借款到期收回本金时一并计收利息并且利息数额较大,为了正确地计算各期损益额,保持各个期间损益额的均衡性,则通常按权责发生制原则的要求,采取预提的方法按月预提借款利息,计入预提期间损益(财务费用),同时确认一项负债(应付利息)。待到期支付利息时,再冲销应付利息这项负债。

短期借款利息的计算公式为

$$短期借款利息 = 借款本金 \times 利率 \times 时间$$

值得注意的是,按照权责发生制原则的要求,通常应于每月末确认当月的利息费用,因而上述公式中的"利率"一般是指月利率,而银行利率往往都是年利率,所以应将其转化为月利率,年利率除以 12 即为月利率。如果是在某一个月内的某一天取得的借款,该日作为计息的起点时间,对于借款当月和还款当月的利息,则应按实际天数计算(不足整月)。在将月利率转化为日利率时,为方便计算,一个月一般按 30 天计算(一年按 360 天计算)。也就是说,利率与时间要相对应。

3. 账户设置

短期借款本金和利息的核算需要设置"短期借款""应付利息"和"财务费用"三个主要账户。

"短期借款"属于负债类账户,用来核算企业借入的期限在一年以内(含一年)的各种借款本金的增减变动及其结余情况。该账户的贷方登记取得的短期借款本金的增加,借方登记短期借款本金的减少,期末余额在贷方,表示企业尚未归还的短期借款本金结余金额。短期借款应按照债权人和借款种类设置相应的明细账户,进行明细分类核算。该账户的结构如图 4-3 所示。

借方	短期借款	贷方
归还短期借款本金	取得短期借款本金	
	期末余额: 短期借款本金结余金额	

图 4-3　"短期借款"账户的结构

"应付利息"属于负债类账户,用来核算企业按照合同约定应支付的利息,包括短期借款、分期付息到期还本的长期借款、企业债券等应支付的利息。该账户贷方登记按合同约定利率计算确定的本期应付利息费用的金额。按应付利息费用金额,借记"在建工程""财务费用""研发支出"等科目,贷记"应付利息"科目。该账户借方登记已经支付的利息费用,按实际支付利息费用的金额,借记"应付利息"科目,贷记"银行存款"等科目。期末余额在贷方,表示已经预提但尚未支付的利息费用的金额。该账户的结构如图 4-4 所示。

借方	应付利息	贷方
实际支付利息费用	按期预提利息费用	
	期末余额: 已预提但尚未支付的利息费用	

图 4-4　"应付利息"账户的结构

　　"财务费用"属于损益类账户,用来核算企业为筹集生产经营所需资金等而发生的各种筹资费用,包括利息支出(减利息收入)、汇兑损益以及相关的手续费等,企业在赊销商品过程中产生的现金折扣也在该账户核算。该账户的借方登记发生的财务费用,贷方登记发生的应冲减财务费用的利息收入、汇兑收益以及期末转入"本年利润"账户的财务费用净额,经过结转之后,该账户期末没有余额。值得注意的是,为购建符合资本化条件的资产而筹集长期资金所发生的借款利息支出等费用,在符合资本化条件的资产尚未完工交付使用之前发生的,应予以资本化,计入有关资产的购建成本,不在该账户核算;有关资产建造工程完工投入使用之后发生的利息支出,则应计入当期损益,计入该账户。"财务费用"账户应按照费用项目设置明细账户,进行明细分类核算。该账户的结构如图 4-5 所示。

借方	财务费用	贷方
利息支出	利息收入	
汇兑损益	汇兑收益	
手续费	期末转入"本年利润"账户的财务费用净额	
……		

图 4-5　"财务费用"账户的结构

4. 会计处理

　　【例 4-6】华康电子有限公司因生产经营的临时性需要,于 1 月 1 日向银行申请并取得期限为一年的借款 1 000 000 元,存入银行。

　　这项经济业务的发生,一方面使得公司的银行存款增加 1 000 000 元,另一方面使得公司的短期借款增加 1 000 000 元。因此,这笔经济业务涉及"银行存款"和"短期借款"两个账户。其会计分录如下:

借:银行存款　　　　　　　　　　　　　　　　　　　　　　　　　1 000 000
　　贷:短期借款　　　　　　　　　　　　　　　　　　　　　　　　　1 000 000

　　【例 4-7】承前例【例 4-6】,假如上述华康电子有限公司取得的借款年利率为 6%,半年付息一次,计算 1 月份应负担的利息。

　　首先应按照权责发生制原则的要求,计算本月应负担的利息额,即本月应负担的借款利息为 5 000(1 000 000×6%÷12)元。由于本月利息虽然在本月计算并由本月负担,但却不在本月实际支付,因而形成企业的一项负债,这项负债通过"应付利息"账户反映。因此,这项经济业务涉及"财务费用"和"应付利息"两个账户。其会计分录如下:

借:财务费用   5 000

    贷:应付利息   5 000

2月至6月末,每月都做此会计分录。

【例4-8】 承前例【例4-7】,华康电子有限公司在7月1日用银行存款1 030 000元偿还该项短期借款本金及利息。

这笔经济业务实际上是偿还借款本金及利息这两项负债的业务,该业务一方面使得公司的银行存款减少1 030 000元,另一方面使得公司的应付利息和短期借款这两项负债减少1 030 000元。因此,这项经济业务涉及"银行存款""应付利息"和"短期借款"三个账户。其会计分录如下:

借:短期借款   1 000 000

    应付利息   30 000

    贷:银行存款   1 030 000

(二)长期借款业务的核算

1.长期借款的含义

长期借款是企业向银行及其他金融机构借入的偿还期限在一年以上的各种借款。一般来说,企业举借长期借款,主要是为了满足购置大型固定资产、土地及建造厂房等扩充经营规模需要。

2.长期借款的核算

在长期借款的会计核算中,应当按照实际收到的贷款数额进行本金的确认和计量,按照规定的利率和使用期限定期计息并确认为应付利息或计入长期借款账户。企业应当按照借款合同的规定按期清偿借款本金及利息。

长期借款的利息费用,应按照权责发生制原则的要求,按期预提并计入所购建资产的成本,或直接计入当期损益(财务费用)。具体地说,在该长期借款所投入的长期工程项目完工之前发生的利息,应将其资本化,计入该工程成本;在工程完工达到可使用状态之后产生的利息支出应停止借款费用资本化而予以费用化,在利息费用发生的当期直接计入财务费用。

企业从金融机构借入长期借款,按合同约定有不同的借款本金和利息的偿还方式。长期借款的还本付息方式一般有分期偿还本息、分期付息到期还本和到期一次还本付息等。不同的还本付息方式,应采用不同的会计处理方法,此处仅介绍分期付息到期还本和到期一次性还本付息。分期付息到期还本的核算过程与短期借款的核算过程类似,此处不再赘述。到期一次性还本付息的长期借款会计处理为:企业取得长期借款时,借记"银行存款"账户,贷记"长期借款"账户,计算利息时借记"在建工程""财务费用"等账户,贷记"长期借款"账户,偿还借款、支付利息时借记"长期借款"账户,贷记"银行存款"账户。

3.账户设置

为了核算长期借款本金及利息的取得和偿还情况,需要设置"长期借款"账户,该账户属于负债类账户,用于核算企业从银行或其他金融机构借入的期限在一年以上的各项借款。

该账户的贷方登记借入的长期借款本金和各期计提的未付利息,借方登记归还的长期借款本金和利息。期末余额在贷方,表示尚未偿还的长期借款本息。该账户应按贷款单位设置明细账户,进行明细分类核算。其账户结构如图4-6所示。

借方	长期借款	贷方
归还的长期借款本金和利息	借入的长期借款本金和计提的未付利息	
	期末余额: 尚未偿还的长期借款本息	

图4-6 "长期借款"账户的结构

4.会计处理

【例4-9】华康电子有限公司为购建一条建设期限为2年的新生产线,于2×18年1月1日向中国建设银行借入期限为3年、到期一次性还本付息的长期借款5 000 000元,存入银行。借入后当即将该款项投入生产线的购建工程中。

这项经济业务的发生,一方面使得公司的银行存款增加5 000 000元,另一方面使得公司的长期借款增加5 000 000元,涉及"银行存款"和"长期借款"两个账户。其会计分录如下:

借:银行存款   5 000 000
 贷:长期借款   5 000 000

【例4-10】承前例【例4-9】,假如上述借款年利率为8%,合同规定到期一次性还本付息,单利计息,请计算确定2×18年及2×19年应由该工程负担的借款利息。

在固定资产达到预定可使用状态之前,用于固定资产工程的借款利息属于一项资本性支出,应计入固定资产建造工程成本。2×18年的利息为400 000(5 000 000×8%)元。所以,这项经济业务的发生,一方面使得公司的在建工程成本增加400 000元,另一方面使得公司的长期借款利息这项负债增加400 000元,涉及"在建工程"和"长期借款"两个账户。编制的会计分录如下:

借:在建工程   400 000
 贷:长期借款   400 000

2×19年由于工程仍在建设中,长期借款利息费用仍需计入工程建设成本,会计分录同上一年:

借:在建工程   400 000
 贷:长期借款   400 000

【例4-11】承前例【例4-9】及【例4-10】,工程于2×19年年底完成并投入使用,计算确定2×20年长期借款利息费用并进行会计处理。

在固定资产达到预定可使用状态之后,产生的利息支出应停止借款费用资本化而予以费用化,在利息费用发生的当期直接计入财务费用。2×20年的利息为400 000(5 000 000×8%)元,一方面使得公司的当期财务费用增加400 000元,另一方面使得公司的长期借款利息这项负债增加400 000元,涉及"财务费用"和"长期借款"两个账户。编制的会计分录如下:

```
借:财务费用                                                    400 000
    贷:长期借款                                                          400 000
```

【例 4-12】承前例**【例 4-11】**,假如华康公司在 2×21 年 1 月 1 日全部偿还该笔借款的本金和利息。

该笔长期借款在存续期间的利息计为 1 200 000 元,借款本金为 5 000 000 元,本息合计 6 200 000 元,在 2×21 年 1 月 1 日一次性付清。所以,这项经济业务的发生,一方面使得公司的银行存款减少 6 200 000 元,另一方面使得公司的长期借款(包括本金和利息)减少 6 200 000元,涉及"银行存款"和"长期借款"两个账户。编制的会计分录如下:

```
借:长期借款                                                  6 200 000
    贷:银行存款                                                        6 200 000
```

第三节　供应过程的业务核算

企业从不同途径筹集到各种资金之后,便可以将这些资金投入生产经营活动中,资金在企业内部的循环与周转,为企业带来经济利益。资金在企业生产经营过程的不同阶段,其运动的方式和表现的形态不同,因而核算的内容也就不同。供应过程主要是为生产产品做准备的过程。为了生产产品,就要做好多方面的物资准备工作,其中最主要的就是购置生产所需的各项固定资产,以及采购生产所需的各种材料,本节主要介绍固定资产购置业务和材料采购业务的会计处理。

一、固定资产购置业务的核算

(一)固定资产的含义

根据《企业会计准则》的规定,固定资产是指为生产商品、提供劳务、出租或者经营管理所持有的,使用寿命超过一个会计年度的有形资产。使用寿命,是指企业使用固定资产的预计期间,或者该固定资产所能生产产品或提供劳务的数量。企业常见的固定资产包括房屋、建筑物、机器设备、机械、运输工具以及其他与生产、经营有关的设备、工具、器具等资产。

(二)固定资产的核算

1.初始计量

固定资产应该按照成本进行初始计量,但是不同来源的固定资产的入账价值又会有所不同。固定资产的取得主要包括外购和自制两种。

一般来说,外购固定资产实际成本的具体内容包括买价、相关税金、运输费、保险费、包装费、安装成本等,以及为使固定资产达到预定可使用状态而发生的所有必要的支出。值得注意的是,购买固定资产所支付的增值税不计入固定资产成本,而作为增值税进项税额进行抵扣。

自行建造的固定资产,按照建造该项资产达到预定可使用状态前所发生的一切合理的、必要的支出,确定入账价值。

2. 折旧

固定资产是企业资产中非常重要的一部分,决定着企业的生产能力和生产规模。固定资产的显著特征是要长期地参加企业的生产经营活动,并能够保持其原有的实物形态,但是其价值会由于使用而逐步减少。因此,固定资产的价值一部分随其磨损,脱离其实物形态,而另一部分仍束缚在使用价值形态上。而固定资产的这部分磨损,就是会计上的折旧。由于固定资产的折旧发生在生产过程中,因此,关于折旧的具体核算将在生产业务中进行介绍。

(三)账户设置

为了核算企业购买和自行建造固定资产的价值变动过程及其结果,需要设置以下账户。

1. "固定资产"账户

该账户属于资产类账户,用于核算企业固定资产取得成本的增减变动及结余情况。该账户的借方登记固定资产取得成本(原值)的增加,贷方登记固定资产取得成本(原值)的减少,期末余额在借方,表示固定资产账面原价。该账户应按照固定资产的种类或项目设置明细账户,进行明细分类核算。在使用该账户时,必须注意固定资产达到预定可使用状态,其取得成本已经形成,才可以记入"固定资产"账户。其账户结构如图 4-7 所示。

借方	固定资产	贷方
固定资产取得成本的增加	固定资产取得成本的减少	
期末余额:		
账面原价		

图 4-7 "固定资产"账户的结构

2. "在建工程"账户

该账户属于资产类账户,用于核算企业为进行固定资产建设、安装、技术改造以及大修理等工程而发生的全部支出,包括投入的工程设备、工程物料、人工成本以及分配到的一些间接费用,据以计算确定工程成本。该账户的借方登记在建工程支出的增加,贷方登记结转完工固定资产的成本。期末余额在借方,表示未完工工程的成本。"在建工程"账户应按工程内容如建筑工程、安装工程、技术改造工程、大修理工程等设置明细账户,进行明细核算。其账户结构如图 4-8 所示。

借方	在建工程	贷方
工程发生的全部支出	结转完工固定资产的成本	
期末余额:		
未完工工程的成本		

图 4-8 "在建工程"账户的结构

企业外购的固定资产,对于其中需要安装的部分,在交付使用之前,也就是达到预定可使用状态之前,由于没有形成其完整的原始价值,因而不能直接计入"固定资产"账户,必须通过"在建工程"账户进行过渡性核算。在购建过程中所发生的全部支出,都应归集在"在建工程"账户,待工程达到可使用状态形成固定资产之后,方可将该工程成本从"在建工程"账户转入"固定资产"账户。

(四)会计处理

【例 4-13】华康电子有限公司购入一台不需要安装的设备,该设备的买价为 500 000 元,增值税为 65 000 元,包装费、运杂费等为 8 000 元,全部款项通过银行支付,设备当即投入使用。

不需要安装的设备,在购买过程中发生的全部支出即 508 000(500 000＋8 000)元形成固定资产的取得成本,购买完成后直接计入"固定资产"账户。支付的 65 000 元增值税不作为固定资产的成本入账。因而,这笔经济业务应编制的会计分录如下:

```
借:固定资产                                              508 000
  应交税费——应交增值税(进项税额)                        65 000
  贷:银行存款                                             573 000
```

【例 4-14】华康电子有限公司购入一台需要安装的设备,该设备买价为 1 000 000 元,增值税为 130 000 元,包装费、运杂费等为 20 000 元,安装过程中发生安装费等合计 50 000 元,所有款项以银行存款支付。

购入需要安装的设备,买价和包装费、运杂费等计入"在建工程"账户,安装过程中发生的安装费等也计入"在建工程"账户。这一经济业务应该分两笔编制分录,会计分录如下:

```
借:在建工程                                            1 020 000
  应交税费——应交增值税(进项税额)                       130 000
  贷:银行存款                                          1 150 000
借:在建工程                                               50 000
  贷:银行存款                                            50 000
```

【例 4-15】承前例【例 4-14】,上述设备安装完毕,达到预定可使用状态,并经验收合格办理竣工决算手续,现已交付使用,结转工程成本。

工程安装完毕,交付使用,固定资产的取得成本已经形成,此时应将该工程全部支出转入"固定资产"账户,因此,将"在建工程"中所归集的所有成本结转至"固定资产"账户。这笔经济业务应编制的会计分录如下:

```
借:固定资产                                            1 070 000
  贷:在建工程                                          1 070 000
```

二、材料采购业务的核算

企业进行各种生产经营活动,就必须购买和储备一定品种和数量的材料物资。生产储存备用的各种材料,通常都是向外单位采购而得。企业采购的各种材料,包括原材料、辅助材料、外购半成品、包装材料、燃料等。在材料采购过程中,一方面是企业从供应单位购进各种材料,要计算购进材料的采购成本;另一方面企业要按照经济合同和约定的结算办法支付材料的买价和各种采购费用,与供应单位进行货款结算。在材料采购业务的核算过程中,还涉及增值税进项税额的计算与处理问题。因此,为正确对材料采购业务进行完整的核算,需要设置一系列账户。此处,主要介绍一般企业最常见的原材料采购业务的核算。

(一)原材料采购业务的核算

1.与供应商的货款结算

材料采购业务根据货款结算方式不同,一般有以下三种情况。

第一,现款交易,钱货两清。材料验收入库的同时支付货款。

第二,赊购。材料已经验收入库,但货款尚未支付,形成一项负债。赊购情况下,也可以以开出商业票据的形式进行结算,在账上形成应付票据。

第三,从预付款中抵扣。此种方式表现为企业预先支付部分或者全部材料采购费用,再取得材料。待后期取得材料时,实际货款从预付款中抵扣。

2.计算材料的采购成本

在制造业企业原材料的核算过程中,一个非常重要的问题就是原材料成本的确定,包括取得原材料成本的确定和发出原材料成本的确定。实务中,在材料的种类较多、收发较为频繁的情况下,一般采用计划成本法对原材料的收、发、存进行核算。材料按照计划成本法进行核算应设置"材料采购""原材料"和"材料成本差异"账户。由于计划成本法较实际成本法更为复杂,在其他会计教程中有专门的篇幅进行详细讲述,因此,本书在此对其不做介绍,而着重介绍实际成本法的核算。

关于取得原材料成本的确定,以不同方式取得的原材料,其成本的确定方法不同,成本构成内容也不同。本书主要介绍购入材料的成本组成情况。原材料的实际采购成本由以下几项内容组成。

(1)买价,是指购货发票所注明的货款金额。

(2)采购过程中发生的运杂费(包括运输费、包装费、装卸费、保险费、仓储费等)。

(3)材料在运输途中发生的合理损耗。

(4)材料入库之前发生的整理挑选费用(包括整理挑选中发生的人工费用以及各项必要支出,但应扣除下脚料的回收价值)。

(5)按规定应计入材料采购成本的各种税金和其他费用,如进口材料支付的关税、消费税等。

(6)其他费用。

这里需要注意的是市内零星运杂费、采购人员的差旅费以及采购机构的经费等不构成材料的采购成本,而是直接计入期间费用。

此外,在计算材料采购成本时,凡能直接计入各种材料成本的直接费用,应该直接计入材料的采购成本;不能直接计入各种材料成本的间接费用,应该按照一定的标准在有关材料之间进行分配,然后再分别计入各种材料的采购成本,分配标准一般为材料的重量、体积或者价值的比重。

(二)账户设置

在原材料按实际成本法核算的会计处理中,原材料按实际成本计价进行收、发核算时应设置以下几个账户。

1.“在途物资”账户

该账户属于资产类账户,用于核算企业购入的尚未到达或者尚未验收入库的各种材料的买价和入库前发生的各项采购费用,据以计算确定购入材料的实际采购成本。账户借方登记已经购入的尚未到达或者尚未验收入库的各种材料的买价和采购费用(实际采购成本),贷方登记结转验收入库材料的实际采购成本,期末余额在借方,表示尚未运达企业或者已经运达企业但尚未验收入库的在途材料的采购成本。该账户应按照购入材料的品种或种类设置明细账户,进行明细分类核算。其账户结构如图 4-9 所示。

借方	在途物资	贷方
购入材料的买价和采购费用	结转验收入库材料的实际采购成本	
期末余额: 在途材料实际成本		

图 4-9　“在途物资”账户的结构

2.“原材料”账户

该账户属于资产类账户,用于核算企业库存材料实际成本的增减变动及结存情况。账户借方登记已验收入库材料实际成本的增加,贷方登记发出材料的实际成本,期末余额在借方,表示库存材料实际成本的期末结余额。该账户应按照材料的保管地点、材料的种类或类别等设置明细账户,进行明细分类核算。其账户结构如图 4-10 所示。

借方	原材料	贷方
已验收入库材料实际成本的增加	发出材料的实际成本	
期末余额: 库存材料实际成本结余额		

图 4-10　“原材料”账户的结构

3.“应付账款”账户

该账户属于负债类账户,用于核算企业因购买材料物资、接受劳务而与对方单位发生的结算债务的增减变动及结余情况。账户贷方登记应付而未付的供应单位款项(包括买价、税金和代垫运杂费等)的增加,借方登记应付供应单位款项的减少,即应付款项的偿还。期末余额一般在贷方,表示尚未偿还的应付款的结余额。该账户应按照供应单位等的名称设置明细账户,进行明细分类核算。其账户结构如图 4-11 所示。

借方	应付账款	贷方
偿还的应付供应单位款项	应付供应单位款项的增加	
	期末余额: 尚未偿还的应付款	

图 4-11　“应付账款”账户的结构

4.“应付票据”账户

该账户属于负债类账户,用于核算企业因购买材料物资、接受劳务等而开出、承兑的商业汇票的增减变动及结余情况。账户贷方登记企业开出、承兑商业汇票的增加,借方登记到期商业汇票的减少。期末余额在贷方,表示尚未到期的商业汇票的结余额。该账户按照开出、承兑商业汇票的单位设置明细账户,进行明细核算。同时,需要设置"应付票据备查簿"登记其具体内容。其账户结构如图4-12所示。

借方	应付票据	贷方
到期应付票据的减少	开出、承兑商业汇票的增加	
	期末余额: 尚未到期的商业汇票的结余额	

图 4-12 "应付票据"账户的结构

5."预付账款"账户

该账户属于资产类账户,用于核算企业按照合同规定预先支付给供应单位款项的增减变动及结余情况。账户借方登记预付款的增加,表明企业债权的增加,贷方登记收到供应单位提供的材料物资等而应冲销的预付款,表明企业债权的减少。期末余额一般在借方,表示尚未结算的预付款的结余额。该账户应按照供应单位的名称设置明细账户,进行明细分类核算。其账户结构如图4-13所示。

借方	预付账款	贷方
预付供应单位款项的增加	冲销预付供应单位的款项	
期末余额: 尚未结算的预付款的结余额		

图 4-13 "预付账款"账户的结构

6."应交税费"账户

该账户属于负债类账户,用于核算企业按税法规定应交纳的各种税款的计算与实际交纳情况。该账户核算的税费主要包括计算出的增值税、消费税、城市维护建设税、所得税、资源税等。账户贷方登记计算出的各种应交而未交税费的增加,借方登记实际交纳的各种税费,包括支付的增值税进项税额。期末余额方向不固定,如果在贷方,表示未交税费的结余额;如果在借方,表示多交的税费。"应交税费"账户应按照税种设置明细账户,进行明细分类核算。

在该账户下设置"应交税费——应交增值税"账户,主要核算企业增值税的交纳情况。增值税是对在我国境内销售货物或者提供劳务以及进口货物的单位和个人,就其取得的货物或应税劳务销售额计算税款,并实行税款抵扣制的一种流转税。增值税是对商品生产或流通各个环节的新增价值或商品附加值所征的税,所以称为增值税,其是一种价外税,采取抵扣征收法,分为增值税进项税额和销项税额。一般纳税人按照下面的公式计算应纳税额:

$$当期应纳税额 = 当期销项税额 - 当期进项税额$$

其中销项税额是指纳税人销售货物或应税劳务,按照销售额和规定的税率计算并向购买方收取的增值税税额:

$$销项税额 = 销售额 \times 增值税税率$$

进项税额是指纳税人购进货物或接受应税劳务所支付或负担的增值税税额：

$$进项税额＝销售额×增值税税率$$

增值税的进项税额与销项税额是相对应的，销售方的销项税额就是购买方的进项税额。"应交税费——应交增值税"账户的结构如图4-14所示。

借方	应交税费——应交增值税	贷方
实际交纳的各种税费（增值税进项税额）	计算出的应交而未交的税费（增值税销项税额）	
期末余额：多交的税费	期末余额：未交的税费	

图 4-14　"应交税费——应交增值税"账户的结构

(三)会计处理

【例 4-16】华康电子有限公司从华联股份有限公司购入下列材料：甲材料8 000千克，单价为40元；乙材料3 500千克，单价为24元。增值税税率为13%，材料已经验收入库，发票、账单等结算凭证已经收到，全部款项以银行存款付清。

该笔经济业务，首先要计算购入材料的买价和增值税进项税额。甲材料的买价为320 000(40×8 000)元，乙材料的买价为84 000(24×3 500)元，甲、乙两种材料的买价为404 000(320 000＋84 000)元，增值税进项税额为52 520(404 000×13%)元。该笔经济业务，一方面使得公司购入甲材料的买价增加320 000元，乙材料的买价增加84 000元，增值税进项税额增加52 520元；另一方面使得公司的银行存款减少456 520(320 000＋84 000＋52 520)元。这笔业务涉及"原材料""应交税费——应交增值税（进项税额）"和"银行存款"三个账户，应编制的会计分录如下：

```
借：原材料——甲材料                                          320 000
          ——乙材料                                            84 000
    应交税费——应交增值税（进项税额）                         52 520
    贷：银行存款                                                    456 520
```

【例 4-17】华康电子有限公司用银行存款11 500元支付上述购入甲、乙材料的外地运杂费，按照材料的重量比例进行分配。

根据上述材料，原材料的买价直接计入各种材料的采购成本。而两种材料共同发生的运杂费则属于间接的采购成本，需要按照一定的分配标准在两种材料之间进行分配，然后再计入各种材料的采购成本。本例中按照材料的重量比例分配各种材料应承担的运杂费，具体计算过程如下：

(1)计算运杂费的分配率

每千克材料应负担的运杂费＝11 500÷(8 000＋3 500)＝1(元/千克)

(2)计算各种材料应负担的运杂费总额

甲材料应负担的采购费用＝1×8 000＝8 000(元)

乙材料应负担的采购费用＝1×3 500＝3 500(元)

这笔经济业务的发生，一方面使得公司的材料采购成本增加11 500元，其中甲材料采购成本增加8 000元，乙材料采购成本增加3 500元；另一方面使得公司的银行存款减少11 500元。这笔业务涉及"原材料"和"银行存款"两个账户，应编制的会计分录如下：

借：原材料——甲材料　　　　　　　　　　　　　　　　　　8 000
　　　　——乙材料　　　　　　　　　　　　　　　　　　3 500
　　贷：银行存款　　　　　　　　　　　　　　　　　　　　　11 500

【例 4-18】华康电子有限公司从制胜钢材有限公司购入丙材料 5 000 千克，单价为 100 元，增值税进项税额为 65 000 元。发票等结算账单已经收到，但材料尚未到达。制胜钢材有限公司代本公司垫付材料的运杂费 5 000 元。企业开出商业承兑汇票给供应单位。

该笔经济业务，一方面使得公司购入丙材料的采购支出增加 505 000(500 000＋5 000)元，但该材料尚未达到企业，不能直接计入"原材料"账户，而应计入"在途物资"账户，增值税进项税额增加 65 000 元；另一方面，公司开出商业承兑汇票 570 000(500 000＋65 000＋5 000)元，使得企业的应付票据增加。这笔业务涉及"在途物资""应交税费——应交增值税(进项税额)"和"应付票据"三个账户，应编制的会计分录如下：

借：在途物资——丙材料　　　　　　　　　　　　　　　　505 000
　　应交税费——应交增值税(进项税额)　　　　　　　　　65 000
　　贷：应付票据　　　　　　　　　　　　　　　　　　　　570 000

【例 4-19】华康电子有限公司按照合同规定用银行存款预付给兴达工厂订货款 500 000 元。

这笔经济业务发生，一方面使得公司预付的订货款增加 500 000 元，另一方面使得公司的银行存款减少 500 000 元，涉及"预付账款"和"银行存款"两个账户。这笔经济业务应编制的会计分录如下：

借：预付账款——兴达工厂　　　　　　　　　　　　　　　500 000
　　贷：银行存款　　　　　　　　　　　　　　　　　　　　500 000

【例 4-20】华康电子有限公司收到兴达工厂发来的之前已预付货款的丁材料 2 000 千克，尚未验收入库。发票注明该批材料的价款为 800 000 元，增值税进项税额为 104 000 元，另发生运杂费 10 000 元，不足款项以及运杂费全部以银行存款支付。

这笔经济业务发生，一方面使得公司的丁材料采购支出增加 810 000(800 000＋10 000)元，增值税进项税额增加 104 000 元；另一方面使得公司的预付款减少 500 000 元，银行存款减少 414 000(800 000＋10 000＋104 000－500 000)元。这笔经济业务涉及"在途物资""应交税费——应交增值税""预付账款""银行存款"四个账户，应编制的会计分录如下：

借：在途物资——丁材料　　　　　　　　　　　　　　　　810 000
　　应交税费——应交增值税(进项税额)　　　　　　　　　104 000
　　贷：预付账款——兴达工厂　　　　　　　　　　　　　　914 000
借：预付账款——兴达工厂　　　　　　　　　　　　　　　414 000
　　贷：银行存款　　　　　　　　　　　　　　　　　　　　414 000

【例 4-21】华康电子有限公司收到丙材料，将上述丙材料和丁材料一并验收入库，共发生入库挑选费用 14 000 元，以银行存款支付，按照材料的重量比例进行分配。

根据上述材料，两种材料共同发生的入库挑选费用 14 000 元属于间接的采购成本，需要按照一定的分配标准在两种材料之间进行分配，然后再计入各种材料的采购成本。本例中按照材料的重量比例分配各种材料应承担的入库挑选费用，具体计算过程如下：

(1)计算入库挑选费用的分配率

每千克材料应负担的入库挑选费用＝14 000÷(5 000＋2 000)＝2(元/千克)

(2)计算各种材料应负担的入库挑选费用总额

丙材料应负担的入库挑选费用＝2×5 000＝10 000(元)

丁材料应负担的入库挑选费用＝2×2 000＝4 000(元)

这笔业务应编制的会计分录如下：

借：在途物资——丙材料   10 000

　　　　　——丁材料   4 000

　　贷：银行存款   14 000

【例 4-22】 华康电子有限公司将上述丙材料及丁材料验收入库,结转成本。

该笔经济业务发生,表明丙材料和丁材料已经验收入库,一方面使得公司的在途物资减少 1 329 000 元,其中丙材料成本为 515 000(500 000＋5 000＋10 000)元,丁材料成本为 814 000(800 000＋10 000＋4 000)元,另一方面使得公司的库存材料增加 1 329 000 元,应编制的会计分录如下：

借：原材料——丙材料   515 000

　　　　——丁材料   814 000

　　贷：在途物资——丙材料   515 000

　　　　　　——丁材料   814 000

第四节　生产过程的业务核算

　　通过供应过程,企业为生产准备了物质基础,包括劳动手段(固定资产)和劳动对象(原材料),接下来企业将进入产品的生产阶段。产品的生产过程是制造业企业的中心环节,在这一阶段,企业雇用工人,借助机器设备等,将原材料加工成符合要求的产品,也即物化劳动和活劳动的消耗过程。在会计学中,人们把一定期间内产品在生产过程中发生的一切费用的总和叫作生产费用。本节主要介绍生产费用的发生、归集、分配和产品成本的形成以及完工产品入库的会计处理。

一、产品成本的计算

　　为生产一定种类和一定数量的产品所发生的生产费用总和叫作产品成本,也称生产成本或制造成本。生产费用按其计入产品成本方式的不同,可以分为直接费用和间接费用。直接费用是指企业生产产品或提供劳务的过程中实际消耗的直接材料、直接工资和其他直接支出。间接费用是指企业为生产产品或提供劳务而发生的各项间接支出,也称为制造费用。

　　在生产过程中,产品成本的计算是一个非常复杂的业务。在计算产品成本时,主要处理下列几个问题。

　　1.直接材料费用的归集与分配

　　直接材料构成产品实体或有助于产品的形成,是产品成本的组成部分。一般而言,属于某种产品单独耗用的直接材料,其价值直接归集到该产品当中;属于几种产品共同耗用的直接材料,则应当采用适当的分配方法将其价值分配计入各产品的成本。

2.直接人工费用的归集与分配

直接人工,是指直接参与产品生产的工人的职工薪酬,包括生产工人工资以及职工福利费、社会保险费、住房公积金、工会经费、职工教育经费等。由于生产工人直接从事产品的生产,所以支付给这部分工人的薪酬,都应构成产品成本的一部分。同样地,单独生产某一产品的生产工人的薪酬,应直接归集到该产品的成本中;而同时生产多种产品的生产工人的职工薪酬,则应采用适当的分配方法进行分配后再计入各产品的成本。

3.制造费用的归集与分配

制造费用,即间接费用,是指应计入企业产品生产成本,但在其发生时由于缺乏费用与产品之间的直接对应关系,而不能直接计入具体某种产品生产成本的有关费用。在一般情况下,需要先将这些费用汇总,用一定的方法在各种产品之间进行分配后再计入各产品的成本。制造费用与直接材料费用、直接人工费用的区别在于:制造费用不能在发生时就直接计入各产品的成本,需要采用适当的分配方法进行分配后,才能计入各产品的成本。也就是说,制造费用是间接计入产品生产成本的。

4.完工产品生产成本的计算与结转

按照产品品种来计算产品的生产成本,一般在月末进行。既有完工产品又有月末在产品的产品,对于月初在产品成本和本月生产费用总额,应采用适当的分配方法在完工产品和在产品之间进行分配,然后才能计算出完工产品的总成本和单位成本。

经过生产过程之后,企业的资金就由储备资金、货币资金转化为生产资金。随着生产的进行,产品生产过程结束,产品制造完工,生产资金又转化为成品资金。

二、账户设置

为了计算产品成本,需要设置若干个成本项目,常见的成本项目有原材料、薪酬费用、制造费用等。在计算产品成本时,企业通常需要设置以下账户。

1."生产成本"账户

该账户属于成本类账户,用于归集和分配产品生产过程中所发生的各项生产费用,正确地计算产品生产成本。账户借方登记应计入产品生产成本的各项费用,包括直接计入产品生产成本的直接材料费、直接人工工资,以及期末按照一定的方法分配计入产品生产成本的制造费用;贷方登记结转完工入库产成品的生产成本。期末如有余额则在借方,表示尚未完工产品的在产品成本。该账户应按产品种类或类别设置明细账户,进行明细分类核算。其结构如图 4-15 所示。

借方	生产成本	贷方
发生的生产费用： (1)直接材料费 (2)直接人工工资 (3)制造费用	结转完工验收入库产成品的生产成本	
期末余额： 在产品成本		

图 4-15　"生产成本"账户的结构

2."制造费用"账户

该账户属于成本类账户,用于归集和分配企业生产车间为组织和管理产品的生产活动而发生的各项间接生产费用,包括车间范围内发生的间接职工薪酬(如车间管理人员的工资及福利费等)、折旧费、修理费、办公费、水电费、机物料消耗、劳动保护费、季节性停工损失等不能直接计入相关产品成本的费用。账户借方登记实际发生的各项制造费用,贷方登记期末结转计入"生产成本"账户借方,应由各产品承担的制造费用。该账户一般没有期末余额。该账户一般按不同车间设置明细账户,并按照费用项目设置专栏,进行明细分类核算。其结构如图 4-16 所示。

借方	制造费用	贷方
车间范围内发生的各项间接费用	期末分配转入"生产成本"账户的制造费用	

图 4-16　"制造费用"账户的结构

3."应付职工薪酬"账户

该账户属于负债类账户,用于核算企业按照有关规定应付给职工的各种薪酬总额与实际支付情况。账户贷方登记本月计算的应付职工薪酬总额,借方登记本月实际支付的工资薪酬总额。月末如有余额则表示应付工资与实发工资之间的差额。该账户期末余额一般在贷方,反映企业职工薪酬的结余。该账户应该按照"工资""职工福利费""住房公积金""工会经费""职工教育经费""社会保险费"等项目设置明细账户,进行明细分类核算。其结构如图 4-17所示。

借方	应付职工薪酬	贷方
实际支付的各种职工薪酬	月末计算分配的应付职工薪酬	
	期末余额： 应付未付的职工薪酬	

图 4-17　"应付职工薪酬"账户的结构

4."累计折旧"账户

该账户属于资产类账户,用于核算企业固定资产已提折旧累计情况。账户贷方登记定期提取的累计折旧额的增加,借方登记因减少固定资产而转销的累计折旧额。期末余额在贷方,表示已提折旧的累计额。该账户只进行总分类核算,不进行明细分类核算。其结构如图 4-18 所示。

借方	累计折旧	贷方
固定资产折旧额的减少（转销）	提取的固定资产折旧额的增加	
	期末余额： 现有固定资产折旧累计额	

图 4-18 "累计折旧"账户的结构

5．"库存商品"账户

该账户属于资产类账户，用于核算企业库存商品（包括外购、自产、委托外单位加工的商品等）的实际成本或者计划成本的增减变动及结余情况。账户借方登记验收入库商品成本的增加，贷方登记库存商品成本的减少（发出）。期末余额在借方，表示库存商品成本的期末结余额。"库存商品"账户应按照商品的种类、规格以及存放地点等设置明细账，进行明细分类核算。其结构如图 4-19 所示。

借方	库存商品	贷方
验收入库商品成本的增加	库存商品成本的减少	
期末余额： 库存商品成本的结余额		

图 4-19 "库存商品"账户的结构

6．"管理费用"账户

该账户属于损益类账户，用于核算企业行政管理部门为组织和管理企业的生产经营活动而发生的各项费用。具体项目包括企业董事会和行政管理部门在企业经营管理中发生的，或者应当由企业统一负担的公司经费，例如管理人员工资、职工福利费、差旅费、办公费、董事会会费、折旧费、修理费、物料消耗、低值易耗品摊销及其他公司经费；此外，还包括聘请中介机构费、咨询费、诉讼费、业务招待费、绿化费等各项费用。账户借方登记发生的各项管理费用，贷方登记期末转入"本年利润"账户的管理费用，经结转之后，本账户期末没有余额。"管理费用"账户应按照费用项目设置明细账户，进行明细分类核算。虽然"管理费用"账户与企业的生产经营活动不直接相关，但在此处介绍"管理费用"账户，主要是因为在生产过程的业务核算中，材料和人工薪酬的核算往往会一并涉及管理费用的确认及核算。其结构如图 4-20 所示。

借方	管理费用	贷方
发生的各项管理费用	期末转入"本年利润"账户的管理费用	

图 4-20 "管理费用"账户的结构

三、生产过程主要经济业务的会计处理

（一）材料费用的归集与分配

企业在生产过程中消耗各种材料。会计部门将材料领料单汇总，编制"发出材料汇总

表",据以将本月发生的材料费用按其用途分配计入生产费用和其他有关费用。产品生产过程中耗用的直接材料,借记"生产成本"账户;车间一般耗用的材料,借记"制造费用"账户;企业行政部门和销售部门等非生产部门耗用的材料,借记"管理费用"和"销售费用"等损益类账户。材料费用归集与分配的总分类核算过程如下。

【例 4-23】华康电子有限公司本月仓库发出材料,如表 4-1 所示。

表 4-1 发出材料汇总表

用途		甲材料		乙材料		材料耗用合计/元
		数量/千克	金额/元	数量/千克	金额/元	
制造产品领用	A 产品耗用	2 000	80 000	1 800	43 200	123 200
	B 产品耗用	3 000	120 000	1 000	24 000	144 000
	小计	5 000	200 000	2 800	67 200	267 200
车间一般耗用		800	32 000	600	14 400	46 400
管理部门领用		500	20 000			20 000
合计		6 300	252 000	3 400	81 600	333 600

这笔经济业务发生,一方面使得公司生产产品的直接材料费增加 267 200 元,间接材料费增加 46 400 元,期间费用中的管理费用增加 20 000 元,另一方面使得公司的库存材料减少 333 600 元,涉及"生产成本""制造费用""管理费用""原材料"四个账户。这笔经济业务应编制的会计分录如下:

```
借:生产成本——A 产品                          123 200
          ——B 产品                          144 000
   制造费用                                    46 400
   管理费用                                    20 000
   贷:原材料——甲材料                                    252 000
            ——乙材料                                     81 600
```

(二)职工薪酬的归集与分配

企业的职工薪酬,应根据职工所在的岗位不同,借方分别登记不同的账户:生产工人的职工薪酬应借记"生产成本"账户;车间技术人员、管理人员的职工薪酬应借记"制造费用";企业行政人员的职工薪酬应借记"管理费用"等账户。贷方应登记"应付职工薪酬"账户。

【例 4-24】华康电子有限公司根据当月的考勤记录和产量记录等资料,计算确定本月职工的工资如下:A 产品生产工人工资 920 000 元,B 产品生产工人工资 790 000 元,共同生产A、B 产品的生产工人工资 594 000 元,以 A、B 产品的生产工时(其中 A 产品生产工时120 000 个,B 产品生产工时 78 000 个)为标准,对该部分的共同费用进行分配;另外,车间管理人员工资 360 000 元,厂部管理人员工资 186 000 元。

根据上述资料,对 A、B 生产工人的共同工资进行分配,计算分配率:

工资费用分配率=594 000÷(120 000+78 000)=3(元/工时)。

编制工资及福利费分配表,如表 4-2 所示。

表 4-2　工资及福利费分配表

分配对象		成本项目	直接计入/元	分配计入		工资费用合计/元	职工福利费（14%）/元
				生产工时/个	分配金额/元		
生产成本	产品 A	直接人工费	920 000	120 000	360 000	1 280 000	179 200
	产品 B	直接人工费	790 000	78 000	234 000	1 024 000	143 360
	小计	直接人工费	1 710 000	198 000	594 000	2 304 000	322 560
制造费用	车间	工资	360 000			360 000	50 400
管理费用	厂部	工资	186 000			186 000	26 040
合计			2 256 000		594 000	2 850 000	399 000

这笔经济业务的发生，一方面使得公司应付职工薪酬中的工资增加 2 850 000 元，另一方面使得公司的生产费用和期间费用共增加 2 850 000 元。其中 A 产品生产工人的工资增加 1 280 000 元，B 产品生产工人工资增加 1 024 000 元，车间管理人员工资增加 360 000 元，厂部管理人员工资增加 186 000 元。车间生产工人和管理人员的工资作为一种生产费用应分别计入产品的生产成本和制造费用，厂部管理人员的工资应计入期间费用（管理费用）。由于上述工资尚未支付，故形成公司的负债，其增加应计入"应付职工薪酬——工资"账户的贷方。因此，这笔经济业务涉及"生产成本""制造费用""管理费用"和"应付职工薪酬——工资"四个账户。应编制的会计分录如下：

借:生产成本——A 产品　　　　　　　　　　　　　　　　1 280 000
　　　　　　——B 产品　　　　　　　　　　　　　　　　1 024 000
　　制造费用　　　　　　　　　　　　　　　　　　　　　　360 000
　　管理费用　　　　　　　　　　　　　　　　　　　　　　186 000
　　贷:应付职工薪酬——工资　　　　　　　　　　　　　　2 850 000

【例 4-25】华康电子有限公司根据工资及福利费分配表（见表 4-2）按照 14% 的标准提取职工福利费。

提取职工福利费，一方面使得公司当期费用增加，应区分不同人员的工资提取的福利费，分别在不同的账户中列支；另一方面使得公司的应付职工薪酬中的职工福利费增加，同时福利费提取之后并未当即发放给职工，因而形成企业负债的增加，应记入"应付职工薪酬——职工福利费"账户的贷方。根据上述分析，这笔业务应编制的会计分录如下：

借:生产成本——A 产品　　　　　　　　　　　　　　　　　179 200
　　　　　　——B 产品　　　　　　　　　　　　　　　　　143 360
　　制造费用　　　　　　　　　　　　　　　　　　　　　　 50 400
　　管理费用　　　　　　　　　　　　　　　　　　　　　　 26 040
　　贷:应付职工薪酬——职工福利费　　　　　　　　　　　　399 000

【例 4-26】华康电子有限公司用银行存款 2 850 000 元发放工资。

这笔经济业务的发生，一方面使得公司的银行存款减少 2 850 000 元，另一方面使得公司的应付工资减少 2 850 000 元，涉及"银行存款"和"应付职工薪酬——工资"两个账户。编制的会计分录如下：

```
借:应付职工薪酬——工资                                    2 850 000
    贷:银行存款                                            2 850 000
```

(三)制造费用的归集与分配

制造费用是企业的生产部门为组织和管理生产经营活动以及为生产经营活动服务而发生的各种间接费用。因此,制造费用在发生时一般无法直接判定其应归属的成本核算对象,因而不能直接计入所生产的产品成本中,因此,必须将制造费用在"制造费用"账户中进行归集汇总,然后选用一定的标准(如生产工人工资、生产工时等),在各种产品之间进行合理的分配,以便于准确地确定各种产品应负担的制造费用。

【例 4-27】华康电子有限公司开出现金支票 3 200 元,用于购买车间的办公用品。

这笔经济业务的发生,一方面使得公司车间的办公用品费增加 3 200 元,另一方面使得公司银行存款减少 3 200 元,涉及"制造费用"和"银行存款"两个账户。编制的会计分录如下:

```
借:制造费用                                                3 200
    贷:银行存款                                             3 200
```

【例 4-28】华康电子有限公司月末摊销应由本月负担的、年初已付款的车间用房的房租 50 000 元。

这笔经济业务实际上是权责发生制原则应用的一笔业务。房租的款项虽然在年初已经支付,支付时计入"预付账款"借方,但其应作为费用计入的期间却为本期。所以摊销车间房租时,一方面使得公司的制造费用增加 50 000 元,另一方面使得公司的预付账款减少 50 000 元,涉及"制造费用"和"预付账款"两个账户。编制的会计分录如下:

```
借:制造费用                                                50 000
    贷:预付账款                                             50 000
```

【例 4-29】华康电子有限公司月末计提本月固定资产折旧额 70 000 元,其中生产车间固定资产折旧额为 50 000 元,行政部门固定资产折旧额为 20 000 元。

固定资产通过提取折旧的方式将其磨损的价值计入当期成本或损益。提取固定资产折旧时,一方面意味着当期的费用成本增加,应区分不同的部门使用的固定资产,计入不同的费用、成本类账户,其中生产车间固定资产提取的折旧额应计入"制造费用"账户的借方,行政部门固定资产提取的折旧额应计入"管理费用"账户的借方;另一方面,固定资产已提折旧额的增加,应计入"累计折旧"账户的贷方(注意:固定资产提取折旧,实际上是固定资产价值的减少,但不计入"固定资产"账户贷方,因为"固定资产"账户只能记录取得固定资产的原始成本的增减变化,所以,折旧应计入"累计折旧"账户)。这笔业务应编制的会计分录如下:

```
借:制造费用                                                50 000
    管理费用                                                20 000
    贷:累计折旧                                             70 000
```

【例 4-30】华康电子有限公司在月末将本月发生的制造费用按照生产工时比例分配计入 A、B 两种产品的生产成本。其中 A 产品生产工时为 120 000 个,B 产品生产工时为 80 000 个。

对于该笔业务,首先计算"制造费用"账户借方归集本月发生的制造费用总额。根据发生的材料费用、人工费用、办公费用等业务内容,可以归集确定本月发生的制造费用总额为560 000(46 400+360 000+50 400+3 200+50 000+50 000)元,然后按照生产工时比例进行分配,即

$$制造费用分配率=制造费用总额÷生产工时总和$$
$$=560\ 000÷(120\ 000+80\ 000)$$
$$=2.8(元/工时)$$

A 产品应负担的制造费用=2.8×120 000=336 000(元)

B 产品应负担的制造费用=560 000-336 000=224 000(元)

制造费用分配表如表 4-3 所示。

表 4-3　制造费用分配表

分配对象	实际生产工时/个	分配率	分配金额/元
A 产品	120 000	2.8	336 000
B 产品	80 000	2.8	224 000
合计	200 000		560 000

根据分配结果结转本期制造费用,一方面使得产品生产费用增加 560 000 元(其中 A 产品生产成本增加 336 000 元,B 产品生产成本增加 224 000 元),另一方面使得制造费用减少560 000 元,涉及"生产成本"和"制造费用"两个账户。编制的会计分录如下:

借:生产成本——A 产品 336 000
　　　　——B 产品 224 000
　　贷:制造费用 560 000

(四)完工产品生产成本的计算与结转

将制造费用结转分配至各种产品成本之后,"生产成本"账户的借方归集了各种产品所发生的直接材料费用、直接人工费用、其他直接支出和制造费用的全部内容。如果月末某种产品全部完工,该种产品生产成本明细账所归集的费用总额,就是该种完工产品的总成本,除以该种产品的完工总产量即可计算出该种产品的单位成本。如果月末某种产品全部未完工,该种产品生产成本明细账所归集的费用总额,就是该种在产品的总成本。如果月末某种产品一部分完工,这时应采取适当的分配方法将归集在产品成本明细账中的费用总额在完工产品和在产品之间进行分配,然后才能计算出完工产品的总成本和单位成本。生产费用如何在完工产品和在产品之间进行分配,是成本计算中一个既重要而又复杂的问题,在此暂不做讨论。

【例 4-31】假设 A、B 两种产品月初在产品成本为零,华康电子有限公司生产车间本月生产完工 A、B 两种产品。A、B 产品现已验收入库,月末结转生产成本。

产品生产完工入库结转成本时,一方面使得公司的库存商品、产品成本增加,其中 A 产品成本增加 1 918 400(123 200+1 280 000+179 200+336 000)元,B 产品成本增加 1 535 360(144 000+1 024 000+143 360+224 000)元。另一方面,结转入库商品实际成本使生产过程中占用的资金减少 3 453 760(1 918 400+1 535 360)元,涉及"生产成本"和"库存商品"两

个账户。应编制的会计分录如下：

借：库存商品——A 产品   1 918 400

     ——B 产品   1 535 360

 贷：生产成本——A 产品   1 918 400

      ——B 产品   1 535 360

第五节　销售过程的业务核算

经过产品生产过程，企业生产出合格商品，形成商品存货，然后进入销售过程。销售过程是企业产品价值实现的过程。产品制造企业在销售过程中，通过销售产品，按照销售价格收取产品价款，形成商品销售收入，在销售过程中结转商品销售成本以及发生的运输、包装、广告等销售费用，并按照税法的规定计算应交纳的各种销售税金等。企业在销售过程中除了发生销售商品等主营业务外，还可能发生一些其他业务，如销售材料、出租包装物、出租固定资产等，所以，在这一节中主要介绍企业主营业务收支和其他业务收支的核算。

一、收入的含义及内容

(一) 含义

收入是指企业在日常活动中所形成的、会导致所有者权益增加的、与所有者投入资本无关的经济利益的总流入。收入从企业的日常活动中产生，而不是从偶发的交易或事项中产生。其中"日常活动"，是指企业为完成其经营目标所从事的经常性活动以及与之相关的活动。

(二) 内容

制造业企业制造并销售产品、商品流通企业销售商品、保险公司签发保单、咨询公司提供咨询服务、软件企业为客户开发软件、安装公司提供安装服务、商业银行对外贷款、租赁公司出租资产等，均属于企业为完成其经营目标所从事的经常性活动，由此产生的经济利益的总流入构成收入。

制造业企业转让无形资产使用权、出售不需要使用的原材料等，属于与经常性活动相关的活动，由此产生的经济利益的总流入也构成收入。

二、销售收入的确认与计量

企业生产经营活动所获得的收入应当以权责发生制原则为基础，根据收入实现原则加以确认与计量。商品销售收入是制造业企业收入的重要组成部分，作为企业经营业绩的重要表现形式，对商品销售收入到底应该如何确认与计量，直接关系到企业经营成果和财务状况能否得到准确报告的问题。

1. 确认

按照《企业会计准则第 14 号——收入》的要求,企业销售商品,应当在企业履行了合同中的履约义务,即在客户取得相关商品控制权时确认收入。商品控制权转移判断,详见第二章收入要素的阐述,此处不再赘述。

2. 计量

企业应当按照分摊至各单项履约义务的交易价格计量收入。交易价格,是指企业因向客户转让商品而预期有权收取的对价金额。企业代第三方收取的款项以及企业预期将退还给客户的款项,应当作为负债进行会计处理,不计入交易价格。

在计量销售商品的收入时,要注意在销售过程中发生的销售退回、销售折让和现金折扣的内容。销售商品涉及现金折扣的,应当按照扣除现金折扣前的金额确定销售商品收入金额。现金折扣在实际发生时计入当期损益。销售商品涉及商业折扣的,应当按照扣除商业折扣后的金额确定销售商品收入金额。企业已经确认销售商品收入的售出商品发生销售折让的,应当在发生时冲减当期销售商品收入。企业已经确认销售商品收入的售出商品发生销售退回的,应当在发生时冲减当期销售商品收入。

三、销售过程的主要核算环节

(一)销售商品业务需设置的主要账户

销售商品业务属于企业的主营业务,为了核算这种主营业务收入的实现、销售成本的结转、销售税金的计算等内容,在会计上,一般需要设置"主营业务收入""主营业务成本""税金及附加""销售费用"等账户。对于货款的结算,还应设置"应收账款"等往来账户。具体说明其核算过程如下。

1. 主营业务收入的核算

为了反映和监督企业销售商品和提供劳务所实现的收入以及因销售商品和提供劳务而与购买单位之间发生的货款结算业务等,应设置下列账户。

(1)"主营业务收入"账户

该账户属于损益类账户,用于核算企业销售商品和提供劳务等主营业务所实现的收入。账户贷方登记企业实现的主营业务收入,借方登记发生销售退回和销售折让时应冲减的本期主营业务收入以及期末转入"本年利润"账户的主营业务收入额(按净额结转),结转后该账户应没有期末余额。"主营业务收入"账户应按照主营业务的种类设置明细账,进行明细分类核算。其结构如图 4-21 所示。

借方	主营业务收入	贷方
(1)发生销售退回等应冲减的本期主营业务收入 (2)期末转入"本年利润"账户的净收入	实现的主营业务收入 (增加)	

图 4-21　"主营业务收入"账户的结构

（2）"应收账款"账户

该账户属于资产类账户,用于核算因销售商品和提供劳务等而应向购货单位和接受劳务单位收取货款的结算情况,代购买单位垫付的各种款项也在该账户中核算。账户借方登记由于销售商品和提供劳务等而发生的应收账款,包括应收取的价款、税款和代垫款等,贷方登记已经收回的应收账款。期末余额在借方,表示尚未收回的应收账款。企业出于简化核算的目的,也可能将向客户多收而形成的预收款项,直接在此账户核算。因此,该账户期末余额也可能在贷方,表示预收的账款。该账户应按不同的购货单位或接受劳务单位设置明细账户,进行明细分类核算。其结构如图4-22所示。

借方	应收账款	贷方
发生的应收账款 （增加）	收回的应收账款 （减少）	
期末余额： 应收未收款项	期末余额： 预收款项	

图4-22 "应收账款"账户的结构

（3）"应收票据"账户

该账户属于资产类账户,用于核算企业销售商品而收到购买单位开出并承兑的商业承兑汇票或银行承兑汇票的增减变动及结余情况。账户借方登记企业收到购买单位开出并承兑的汇票,表明企业应收票据的增加;贷方登记到期票据应收款,表明企业应收票据的减少。期末余额在借方,表示尚未到期的应收票据款项的结余额。该账户可以按开出票据的单位设置明细账户,进行明细分类核算。其结构如图4-23所示。

借方	应收票据	贷方
本期收到的汇票的增加	到期（或提前贴现）票据应收款的减少	
期末余额： 应收未收的票据款		

图4-23 "应收票据"账户的结构

（4）"预收账款"账户

该账户属于负债类账户,用于核算企业按照合同的规定预收购买单位订货款的增减变动及结余情况。账户贷方登记预收购买单位订货款的增加,借方登记销售实现时冲减的预收货款。期末余额在贷方,表示企业预收款的结余额。期末余额也可能出现在借方,表示购货单位应补付给本企业的款项。该账户应按照购货单位设置明细账户,进行明细分类核算。其结构如图4-24所示。

借方	预收账款	贷方
预收货款的减少	预收货款的增加	
期末余额： 应收未收的货款	期末余额： 预收货款的结余额	

图4-24 "预收账款"账户的结构

对于正常的销售商品活动实现的收入,应按照收入确认的条件进行确认和计量,然后对计量的结果进行会计处理。按确认的收入金额与应收取的增值税税额,借记"银行存款""应收账款""应收票据""预收账款"等账户,按确认的收入金额,贷记"主营业务收入"账户,按应收取的增值税税额,贷记"应交税费——应交增值税(销项税额)"账户。

2.主营业务成本的核算

企业在销售商品过程中,一方面取得销售收入,另一方面库存商品也减少了,表明企业发生了费用,我们把这项费用称为主营业务成本。应遵循配比原则的要求,将销售发出的商品成本转为主营业务成本。

为了核算主营业务成本的发生和结转情况,应设置"主营业务成本"账户。该账户是损益类账户,用于核算企业经营主营业务而发生的实际成本及结转情况。账户借方登记主营业务发生的实际成本,贷方登记期末转入"本年利润"账户的主营业务成本。经过结转之后,该账户期末没有余额。"主营业务成本"账户应按照主营业务的种类设置明细账户,进行明细分类核算。其结构如图4-25所示。

借方	主营业务成本	贷方
发生的主营业务成本	期末转入"本年利润"账户的主营业务成本	

图 4-25　"主营业务成本"账户的结构

3.税金及附加的核算

企业在销售商品以及提供劳务的过程中,会发生一系列税费,包括消费税、资源税、城市维护建设税以及教育费附加等。企业按期进行税费计算时,一方面形成企业的一项负债,另一方面形成企业的一项费用支出。

为了核算企业销售商品的税费情况,需要设置"税金及附加"账户。该账户属于损益类账户,用于核算企业在销售商品、提供劳务等业务中应负担的各种税费的计算及结转情况。其借方登记按照有关的计税依据计算出的各种税金及附加额,贷方登记期末转入"本年利润"账户的税金及附加额。经过结转之后,该账户期末没有余额。其结构如图4-26所示。

借方	税金及附加	贷方
按照计税依据计算出的消费税、城市维护建设税等	期末转入"本年利润"账户的税金及附加额	

图 4-26　"税金及附加"账户的结构

4.销售费用的核算

企业在销售商品以及提供劳务等的过程中,除了会发生主营业务成本、税金及附加等费用之外,还会发生其他各种费用,如销售过程中发生的运杂费、装卸费、包装费、保险费、展览费和广告费、商品维修费以及专设销售机构所发生的职工薪酬、业务费、折旧费等各种销售费用。

为了核算企业销售费用的情况,应设置"销售费用"账户。该账户属于损益类账户,用于核算企业在销售商品、提供劳务过程中发生的各种销售费用。该账户借方登记实际发生的各项销售费用,贷方登记期末转入"本年利润"账户的销售费用。其结构如图4-27所示。

借方	销售费用	贷方
发生的销售费用(销售费用的增加)	期末转入"本年利润"账户的销售费用	

图 4-27 "销售费用"账户的结构

(二)销售商品主要经济业务的会计处理

销售商品过程中发生的主要经济业务是销售商品、办理货款结算、收回货款、支付销售费用、结转销售成本、计算销售税金及附加等。

【例 4-32】 华康电子有限公司向某工厂销售 A 产品 1 000 件,发票注明该批 A 产品的价款为 580 000 元,增值税税额为 75 400 元,全部款项已经通过银行收讫。

这笔经济业务的发生,一方面使得公司的银行存款增加 655 400(580 000＋75 400)元,另一方面使得公司的主营业务收入增加 580 000 元,应交增值税销项税额增加 75 400 元,涉及"银行存款""主营业务收入""应交税费——应交增值税"三个账户。应编制的会计分录如下:

借:银行存款   655 400
 贷:主营业务收入——A 产品   580 000
   应交税费——应交增值税(销项税额)   75 400

【例 4-33】 华康电子有限公司赊销给奔达制药有限公司 A 产品 800 件,发票注明的价款为 480 000 元,增值税税额为 62 400 元。另外,公司用银行存款代奔达制药有限公司垫付 A 产品运费 10 000 元。

这笔经济业务的发生,一方面使得公司的应收款增加 552 400(480 000＋62 400＋10 000)元(注意:为对方单位代垫的运费计入应收账款),另一方面使得公司的主营业务收入增加 480 000 元,增值税销项税额增加 62 400 元,银行存款减少 10 000 元,涉及"应收账款""主营业务收入"和"应交税费——应交增值税""银行账户"四个账户。应编制的会计分录如下:

借:应收账款——奔达公司   552 400
 贷:主营业务收入——A 产品   480 000
   应交税费——应交增值税(销项税额)   62 400
   银行存款   10 000

本例中,若华康电子有限公司收到对方单位开出的商业承兑汇票以支付货款,则将借方账户"应收账款"改为"应收票据"即可。应编制的会计分录如下:

借:应收票据——奔达公司   552 400
 贷:主营业务收入——A 产品   480 000
   应交税费——应交增值税(销项税额)   62 400
   银行存款   10 000

【例 4-34】 华康电子有限公司按照合同规定预收新兴工厂订购 B 产品的货款 600 000 元,存入银行。

这笔经济业务的发生,一方面使得公司的银行存款增加 600 000 元,另一方面使得公司的预收款增加 600 000 元,涉及"银行存款"和"预收账款"两个账户。预收账款的增加是负

债的增加,应计入"预收账款"账户的贷方。应编制的会计分录如下:

```
借:银行存款                                          600 000
    贷:预收账款——新兴工厂                                 600 000
```

【例 4-35】华康电子有限公司预收新兴工厂货款的 B 产品 2 000 件,现已发货,发票注明的价款为 1 100 000 元,增值税销项税额为 143 000 元。原预收款不足,其差额部分当即收到对方单位款项,存入银行。

发货产品的价税款合计 1 243 000(1 100 000+143 000)元,不足款项为 643 000(1 243 000-600 000)元。这笔经济业务的发生,一方面使得公司的预收款减少 600 000 元,银行存款减少 643 000 元,另一方面使得公司的主营业务收入增加 1 100 000 元,增值税销项税额增加 143 000 元,涉及"预收账款""银行存款""主营业务收入"和"应交税费——应交增值税"四个账户。应编制的会计分录如下:

```
借:预收账款——新兴工厂                                1 243 000
    贷:主营业务收入——B 产品                              1 100 000
        应交税费——应交增值税(销项税额)                      143 000
借:银行存款                                          643 000
    贷:预收账款——新兴工厂                                 643 000
```

【例 4-36】华康电子有限公司以银行存款支付本月产品广告费用 60 000 元。

这笔经济业务的发生,一方面使得公司的销售费用增加 60 000 元,另一方面使得公司的银行存款减少 60 000 元,涉及"销售费用"和"银行存款"两个账户。应编制的会计分录如下:

```
借:销售费用                                          60 000
    贷:银行存款                                          60 000
```

【例 4-37】华康电子有限公司在月末结转本月已销售的 A、B 产品的销售成本。其中 A 产品的成本合计 720 000 元,B 产品的成本合计 800 000 元。

这笔经济业务的发生,一方面使得公司的主营业务成本增加 1 520 000(720 000+800 000)元,另一方面使得公司的库存商品成本减少 1 520 000 元,涉及"主营业务成本"和"库存商品"两个账户。主营业务成本的增加是费用的增加,应计入"主营业务成本"账户的借方,库存商品成本的减少是资产的减少,应计入"库存商品"账户的贷方。应编制的会计分录如下:

```
借:主营业务成本——A 产品                              720 000
            ——B 产品                                  800 000
    贷:库存商品——A 产品                                  720 000
            ——B 产品                                      800 000
```

【例 4-38】华康电子有限公司生产的 A 产品为应税消费品,经计算,本月销售 A 产品应交纳的消费税为 106 000 元。

这笔经济业务的发生,一方面使得公司的税金及附加增加 106 000 元,另一方面使得公司的应交税费增加 106 000 元,涉及"税金及附加"和"应交税费"两个账户。税金及附加的增加是费用的增加,应计入"税金及附加"账户的借方;应交税费的增加是负债的增加,应计入"应交税费"账户的贷方。应编制的会计分录如下:

借:税金及附加 106 000
　贷:应交税费——应交消费税 106 000

四、其他业务收支的核算

其他业务收入是指企业在经营过程中发生的除主营业务以外的其他经营活动取得的收入,例如制造业企业销售生产用原材料、出租包装物、出租固定资产、出租无形资产等活动。企业在实现其他业务收入的同时也会发生一系列其他业务支出。企业除主营业务活动以外的其他业务活动产生的支出,为其他业务支出,包括销售材料的成本、出租包装物的成本或者摊销、出租固定资产的累计折旧、出租无形资产的累计摊销等。对于不同的企业而言,主营业务和其他业务的内容划分并不是绝对的,一个企业的主营业务可能是另一个企业的其他业务,即便在同一个企业里,不同期间的主营业务和其他业务的内容也不是固定不变的。

核算其他业务收入,需设置以下几个账户。

1."其他业务收入"账户

该账户属于损益类账户,用于核算企业除主营业务以外的其他业务收入的实现及结转情况。账户贷方登记其他业务收入的实现,借方登记期末转入"本年利润"账户的其他业务收入额,经结转后,期末没有余额。该账户应按照其他业务的种类设置明细账户,进行明细分类核算。其结构如图 4-28 所示。

借方	其他业务收入	贷方
期末转入"本年利润"账户的其他业务收入	其他业务收入的实现(增加)	

图 4-28　"其他业务收入"账户的结构

2."其他业务成本"账户

该账户属于损益类账户,用于核算企业除主营业务以外的其他业务成本的发生及转销情况。账户借方登记其他业务成本包括材料销售成本、提供劳务的成本费用、出租固定资产的累计折旧、出租无形资产的累计摊销等的发生即其他业务支出的增加,贷方登记期末转入"本年利润"账户的其他业务成本,经结转后,期末没有余额。企业除主营业务活动以外的其他经营业务活动发生的相关税费,在"税金及附加"科目核算,不在该账户中核算。本账户应按照其他业务的种类设置明细账户,进行明细分类核算。其结构如图 4-29 所示。

借方	其他业务成本	贷方
其他业务成本的发生(增加)	期末转入"本年利润"账户的其他业务成本	

图 4-29　"其他业务成本"账户的结构

【例 4-39】华康电子有限公司销售一批生产用的甲材料,价款为 100 000 元,增值税为 13 000 元,款项收到并存入银行。

这笔经济业务的发生,一方面使得公司的银行存款增加 113 000(100 000＋13 000)元,另一方面使得公司的其他业务收入增加 100 000 元,增值税销项税额增加 13 000 元,涉及"银行存款""其他业务收入"和"应交税费——应交增值税"三个账户。应编制的会计分录如下:

```
借:银行存款                                                    113 000
    贷:其他业务收入——甲材料                                   100 000
        应交税费——应交增值税(销项税额)                        13 000
```

【例 4-40】华康电子有限公司月末结转本月销售甲材料的成本 72 000 元。

这笔经济业务的发生,一方面使得公司的其他业务成本增加 72 000 元,另一方面使得公司的库存甲材料成本减少 72 000 元,涉及"其他业务成本"和"原材料"两个账户。应编制的会计分录如下:

```
借:其他业务成本——甲材料                                      72 000
    贷:原材料——甲材料                                         72 000
```

第六节　利润形成与利润分配过程的业务核算

企业作为一个独立的经济实体,其经营活动的主要目的就是要不断地提高盈利水平,增强获利能力。利润是反映企业获利能力的一个核心指标,是企业在竞争激烈的市场环境下生存与发展的前提、利润分配的依据、资本趋利性流动的指示器。利润水平的高低不仅反映企业的盈利水平,同时又是各有关方面对本企业进行财务预测和投资决策的重要依据之一。

所谓利润,是指企业在一定会计期间所实现的最终经营成果,也就是企业所实现的盈利或亏损总额。利润是按照配比原则的要求,将一定时期内存在因果关系的收入与费用进行配比而产生的结果,收入大于费用支出的差额部分为利润,反之则为亏损。利润是综合反映企业一定时期生产经营成果的重要指标。

一、利润的构成与计算

由于利润是一个综合指标,它综合了企业在经营过程中的所费与所得,因而对于利润的确认与计量,要以企业生产经营活动过程中所实现的收入和发生的费用的确认与计量为基础,同时还要包括通过投资活动获得的投资收益、公允价值变动收益、资产处置收益以及与生产经营活动没有直接关系的营业外收支等。由此可见,反映企业财务成果的利润,就其构成内容来看,既有通过生产经营活动获得的,也有通过投资活动获得的,还有那些与生产经营活动没有直接关系的各项收入和支出等。

按照我国《企业会计准则》的规定,企业的利润一般包括营业利润、利润总额和净利润三个部分。

(一)营业利润

营业利润是指企业从事各种经营活动所实现的毛利润扣除期间费用后的利润,是企业利润的主要来源。营业利润由营业收入减去营业成本,再减去有关的期间费用等损益项目计算得来,其计算公式如下:

营业利润＝营业收入－营业成本－税金及附加－销售费用－管理费用－财务费用
　　　　　－资产减值损失＋其他收益＋资产处置收益＋公允价值变动收益＋投资收益

其中,营业收入包含主营业务收入和其他业务收入,营业成本包含主营业务成本和其他业务成本。

资产减值损失、其他收益、资产处置收益、公允价值变动收益以及投资收益将在中级财务会计课程中阐述,此处不再展开。

(二)利润总额

利润总额是企业在一定时期进行生产经营活动所实现的交纳所得税前的利润,也称会计利润。它包括营业利润和营业外收支净额。其计算公式为

$$利润总额＝营业利润＋营业外收入－营业外支出$$

也即

$$利润总额＝营业利润＋营业外收支净额$$

(三)净利润

企业实现了利润总额之后,首先应向国家交纳所得税,交纳所得税后的利润就是净利润,也就是说,净利润是企业当期利润总额减去企业所得税费用后的净额,也称税后利润。其计算公式为

$$净利润＝利润总额－所得税费用$$

二、营业外收支业务的核算

(一)营业外收支的核算

企业的营业外收支是指与企业正常的生产经营活动没有直接关系的各项收入和支出,包括营业外收入和营业外支出。

营业外收入是指与企业生产经营活动没有直接关系的各种收入。营业外收入并不是由企业经营资金耗费所产生的,不需要企业付出代价,实际上是一种纯收入,不可能也不需要与有关费用进行配比。营业外收入主要包括固定资产盘盈、债务重组利得、与企业日常活动无关的政府补助、捐赠利得、罚款收入等。

营业外支出是指与企业正常的生产经营活动没有直接关系的各项支出。这种支出不属于企业的生产经营费用。与营业外收入类似,营业外支出也不可能、不需要与有关收入进行配比。营业外支出包括盘亏支出、非常损失、罚款支出、债务重组损失、公益性捐赠支出、非流动资产毁损报废损失等。

(二)账户设置

按照《企业会计准则》的要求,对营业外收入和营业外支出应分别核算,需要设置以下账户。

1.“营业外收入”账户

该账户属于损益类账户,用于核算企业各项营业外收入的实现及结转情况。账户贷方登记营业外收入的实现,借方登记会计期末转入“本年利润”账户的营业外收入,经结转后,

期末没有余额。营业外收入账户应按照收入的具体项目设置明细账户,进行明细分类核算。其结构如图 4-30 所示。

借方	营业外收入	贷方
期末转入"本年利润"账户的营业外收入	营业外收入的实现(增加)	

图 4-30 "营业外收入"账户的结构

2."营业外支出"账户

该账户属于损益类账户,用于核算企业各项营业外支出的发生及转销情况。账户借方登记营业外支出的发生,贷方登记期末转入"本年利润"账户的营业外支出,经结转后,期末没有余额。营业外支出账户应按照支出的具体项目设置明细账户,进行明细分类核算。其结构如图 4-31 所示。

借方	营业外支出	贷方
营业外支出的发生(增加)	期末转入"本年利润"账户的营业外支出	

图 4-31 "营业外支出"账户的结构

(三)会计处理

【例 4-41】华康电子有限公司收到强盛公司的合同违约金罚款收入 50 000 元,存入银行。

罚款收入属于企业的营业外收入。这笔经济业务的发生,一方面使得公司的银行存款增加 50 000 元,另一方面使得公司的营业外收入增加 50 000 元,涉及"银行存款"和"营业外收入"两个账户。应编制的会计分录如下:

借:银行存款　　　　　　　　　　　　　　　　　　　　　50 000
　贷:营业外收入　　　　　　　　　　　　　　　　　　　　　　50 000

【例 4-42】华康电子有限公司用银行存款 80 000 元支付税收滞纳金。

企业的税收滞纳金属于营业外支出。这笔经济业务的发生,一方面使得公司的银行存款减少 80 000 元,另一方面使得公司的营业外支出增加 80 000 元,涉及"银行存款"和"营业外支出"两个账户。应编制的会计分录如下:

借:营业外支出　　　　　　　　　　　　　　　　　　　　　80 000
　贷:银行存款　　　　　　　　　　　　　　　　　　　　　　80 000

三、净利润形成的核算

如前所述,企业的净利润是利润总额减去所得税后的余额,利润总额的各个构成项目已在前面做了全面的阐述,由此可以计算确定企业的利润总额。因此,计算出企业的所得税之后,就能计算确定企业的净利润。

(一)所得税费用的核算

所得税是企业按照税法的有关规定,对企业某一经营年度实现的经营所得和其他所得,

按照规定的所得税税率计算交纳的一种税款。其计算公式为

$$应纳所得税税额 = 应纳税所得额 \times 所得税税率$$

应纳税所得额一般由会计上的利润总额调整而来,在本书中为了简化核算,我们一般假设纳税调整项目为零,因而就可以以会计上的利润总额为基础计算所得税税额。企业的所得税税率通常为 25%。

为了核算所得税费用的发生情况,需要设置"所得税费用"账户,该账户属于损益类账户,用于核算企业按照有关规定应在当期损益中扣除的所得税费用的计算及结转情况。账户借方登记按照税法规定计算出的所得税费用,贷方登记期末转入"本年利润"账户的所得税费用额,经结转后,期末没有余额。其结构如图 4-32 所示。

借方	所得税费用	贷方
计算出的所得税费用	期末转入"本年利润"账户的所得税费用	

图 4-32 "所得税费用"账户的结构

【例 4-43】华康电子有限公司计算确定本年度 12 月份实现的利润总额为 2 000 000 元,按照 25% 的税率计算本期的所得税费用(假设该公司没有纳税调整项目)。

本期应纳所得税税额为 500 000(2 000 000×25%)元。所得税税额计算出来之后,一般不在当期实际交纳,所以在形成所得税费用的同时也产生了企业的一项负债。这笔经济业务的发生,一方面使得公司的所得税费用增加 500 000 元,另一方面使得公司的应交税费增加 500 000 元,涉及"所得税费用"和"应交税费——应交所得税"两个账户。应编制的会计分录如下:

借:所得税费用　　　　　　　　　　　　　　　　　　　　500 000

　　贷:应交税费——应交所得税　　　　　　　　　　　　　　　500 000

(二)净利润的核算

通过前述有关账户的介绍,我们已经将企业在整个经营过程中实现的各项收入以及发生的各项支出,在各有关损益类账户中予以反映。而从利润的计算过程来看,企业的利润总额、净利润是由企业的收益和与其相关的支出进行配比、抵减而确定的。会计期末,企业未结转各种损益类账户之前,本期实现的各项收入以及与之相配比的成本费用是分散反映在不同的损益类账户上的,根据配比原则,为了计算利润总额、净利润,需要将相关的收入和支出结转到一个账户上,以便于核算配比的结果。

为了核算企业一定时期内财务成果的具体形成情况,需要设置"本年利润"账户,该账户属于所有者权益类账户,用于核算企业一定时期内净利润的形成或亏损的发生情况。账户贷方登记会计期末转入的各项收入,包括主营业务收入、其他业务收入、营业外收入等,借方登记会计期末转入的各项支出,包括主营业务成本、其他业务成本、税金及附加、管理费用、财务费用、销售费用、营业外支出和所得税费用等。该账户期末余额如果在贷方,表示实现的累计净利润,如果在借方,表示累计发生的亏损。年末应将该账户的余额转入"利润分配"账户,经结转后,该账户没有余额。其结构如图 4-33 所示。

借方	本年利润	贷方
期末转入的各项支出:	期末转入的各项收入:	
(1)主营业务成本	(1)主营业务收入	
(2)其他业务成本	(2)其他业务收入	
(3)税金及附加	(3)营业外收入	
(4)管理费用		
(5)财务费用		
(6)销售费用		
(7)营业外支出		
(8)所得税费用		
期末余额:	期末余额:	
累计亏损	累计净利润	

图 4-33 "本年利润"账户的结构

【例 4-44】华康电子有限公司本年度 12 月份实现的各项收入有:主营业务收入 4 580 000元、其他业务收入 288 000 元、营业外收入 52 000 元,结转相关各收入项目。

这笔经济业务的发生,一方面使得公司的损益类账户所记录的各种收入减少,另一方面使得公司的利润额增加,涉及"主营业务收入""其他业务收入""营业外收入"和"本年利润"四个账户。各项收入的结转是收入的减少,应计入相关账户的借方,利润的增加是所有者权益的增加,应计入"本年利润"账户的贷方。应编制的会计分录如下:

```
借:主营业务收入                                    4 580 000
    其他业务收入                                      288 000
    营业外收入                                          52 000
    贷:本年利润                                      4 920 000
```

【例 4-45】华康电子有限公司本年度 12 月份发生的各项支出有:主营业务成本 3 280 000 元、其他业务成本 180 000 元、税金及附加 176 000 元、管理费用 326 800 元、财务费用 7 500 元、销售费用 158 000 元、营业外支出 27 000 元,结转相关各支出项目。

这笔经济业务的发生,一方面使得公司的损益类账户中的各项支出减少,另一方面使得公司的利润减少,涉及"本年利润""主营业务成本""其他业务成本""税金及附加""管理费用""财务费用""销售费用""营业外支出"八个账户。各项支出的结转是费用支出的减少,应计入相关账户的贷方,利润的减少是所有者权益的减少,应计入"本年利润"账户的借方。应编制的会计分录如下:

```
借:本年利润                                        4 155 300
    贷:主营业务成本                                  3 280 000
        其他业务成本                                    180 000
        税金及附加                                      176 000
        管理费用                                        326 800
        财务费用                                          7 500
        销售费用                                        158 000
        营业外支出                                        27 000
```

通过上述收入和支出的结转,本月的各项收入和支出都汇集于"本年利润"账户,遵循配比原则将收入与费用进行抵减,我们就可以根据"本年利润"账户的借、贷方的记录确定利润总额。

【例4-46】根据【例4-44】和【例4-45】计算华康电子有限公司本年度12月份的利润总额,并计算本期应纳所得税税额,并进行相应的会计处理。

营业利润＝营业收入－营业成本－税金及附加－销售费用－管理费用－财务费用

营业利润＝(4 580 000＋288 000)－(3 280 000＋180 000)－176 000－158 000 －326 800 －7 500＝739 700(元)

利润总额＝营业利润＋营业外收入－营业外支出

利润总额＝739 700＋52 000－27 000＝764 700(元)

应纳所得税税额＝应纳税所得额×所得税税率

应纳所得税税额＝764 700×25％＝191 175(元)

净利润＝利润总额－所得税费用

净利润＝764 700－191 175＝573 525(元)

计提本期所得税费用191 175元。这笔经济业务的发生,一方面使得公司的所得税费用增加191 175元,另一方面使得公司的应交税费增加191 175元。应编制的会计分录如下:

借:所得税费用   191 175

    贷:应交税费——应交所得税   191 175

结转本期计算出的所得税费用191 175元。这笔经济业务的发生,一方面使得公司的所得税费用减少191 175元,另一方面使得公司的利润减少191 175元。应编制的会计分录如下:

借:本年利润   191 175

    贷:所得税费用   191 175

所得税费用转入"本年利润"账户之后,"本年利润"账户的本期贷方净增加金额为573 525元,也表示该公司12月份的净利润为573 525元。

四、利润分配业务的核算

利润分配就是企业根据法律、董事会或类似权力机构提请股东大会或类似批准机构批准的,按照国家财务制度规定的分配形式和分配顺序,对于税后利润在各有关方面进行合理的分配。利润分配的过程和结果不仅关系到每个股东的权益是否得到保障,而且还关系到企业能否长期、稳定地发展,所以,必须做好企业利润分配工作。

(一)利润分配的顺序

根据《中华人民共和国公司法》以及税法等有关法律法规的规定,企业当期实现的净利润,应按照下列顺序进行分配。

1. 提取盈余公积金

法定盈余公积金应按照本年实现净利润的一定比例提取,《中华人民共和国公司法》规定,公司制企业按净利润的 10％提取;其他企业可以根据需要确定提取比例,但不得低于10％。企业提取的法定盈余公积金累计额超过注册资本 50％以上的,可以不再提取。除此之外,企业还可以按照股东大会等机构的决议提取任意盈余公积金。外商投资企业还应提取储备基金、企业发展基金等。

2.向投资者分配利润或股利

本年实现的净利润在扣除上述项目后,再加上年初未分配利润(减年初未弥补亏损)和其他转入数(公积金弥补的亏损等),形成可供投资者分配的利润,应按下列顺序进行分配。

(1)支付优先股股利,是指企业按照利润分配方案分配给优先股股东的现金股利,优先股股利是按照约定的股利率计算支付的。

(2)支付普通股股利,是指企业按照利润分配方案分配给普通股股东的现金股利,普通股股利一般按各股东持有股份的比例进行分配。如果是非股份制企业则为分配给投资人的利润。

(3)转作资本(或股本)的普通股股利,是指企业按照利润分配方案以分派股票股利的形式转作的资本(或股本)。

3.结转全年实现的各项利润分配额

年度终了,企业应对本年度实现的净利润或者净亏损和已经分配的利润进行结算。同时,还需要将“利润分配”账户下除“未分配利润”明细账户以外的其他明细账户的期末余额转入“利润分配——未分配利润”账户。

(二) 利润分配业务的核算

为了核算企业利润分配的具体过程及结果,需要设置以下几个账户。

1.“利润分配”账户

该账户属于所有者权益类账户,用于核算企业一定时期内净利润的分配或亏损的弥补以及历年结存的未分配利润(或未弥补亏损)的情况。账户借方登记实际分配的利润额,包括提取的盈余公积金和分配给投资人的利润以及年末从“本年利润”账户转入的全年累计亏损额;贷方登记年末从“本年利润”账户转入的全年实现的净利润以及用盈余公积金弥补的亏损额等其他转入数。期末余额如果在借方,表示未弥补亏损;期末余额如果在贷方,表示未分配利润。

“利润分配”账户一般应设置以下几个主要的明细账户:“未分配利润”“提取法定盈余公积”“提取任意盈余公积”“应付股利”“其他转入”等。年末,应将“利润分配”账户下除“未分配利润”明细账户以外的其他明细账户的余额转入“利润分配——未分配利润”明细账户,经过结转后,除“未分配利润”明细账户有余额外,其他各个明细账户均无余额。“利润分配——未分配利润”账户年末贷方余额,表示未分配利润;借方余额,表示未弥补亏损。

“利润分配”账户的结构如图 4-34 所示。

借方	利润分配	贷方
已分配的利润额： (1)提取盈余公积 (2)应付股利 (3)年末转入的亏损	(1)年末从"本年利润"账户转入的全年净利润 (2)盈余公积补亏	
期末余额： 未弥补亏损	期末余额： 未分配利润	

图 4-34 "利润分配"账户的结构

2."盈余公积"账户

该账户属于所有者权益类账户，用于核算企业从税后利润中提取的法定盈余公积、法定公益金和任意盈余公积的增减变动及其结余情况。账户贷方登记提取的盈余公积金，借方登记实际使用的盈余公积金。期末余额在贷方，表示结余的盈余公积金。"盈余公积"应设置"法定盈余公积""任意盈余公积"等明细账户。"盈余公积"账户的结构如图 4-35 所示。

借方	盈余公积	贷方
实际使用的盈余公积金（减少）	年末提取的盈余公积金（增加）	
	期末余额： 结余的盈余公积金	

图 4-35 "盈余公积"账户的结构

3."应付股利"账户

该账户属于负债类账户，用于核算企业按照董事会或股东大会决议分配给投资人的股利（现金股利）或利润的增减变动及结余情况。账户贷方登记计算出的应付给投资人现金股利或利润的增加，借方登记实际支付给投资人的现金股利或利润。期末余额在贷方，表示尚未支付的现金股利或利润。"应付股利"账户的结构如图 4-36 所示。

借方	应付股利	贷方
实际支付的现金股利或利润（减少）	应付未付的现金股利或利润（增加）	
	期末余额： 尚未支付的现金股利或利润	

图 4-36 "应付股利"账户的结构

【**例 4-47**】华康电子有限公司经董事会决议，决定按全年净利润的 10％提取法定盈余公积，按全年净利润的 5％提取任意盈余公积。

承【例 4-46】业务，华康电子有限公司 12 月份实现的净利润为 573 525 元，假设 1—11 月份华康电子有限公司实现净利润 7 626 475 元，即 12 月初"本年利润"账户的期初余额为 7 626 475元。因此，华康电子有限公司年末"本年利润"账户的贷方余额为8 200 000(7 626 475＋573 525)元，即全年净利润为 8 200 000 元。因而，提取的法定盈余公积金为 820 000(8 200 000×10％)元，提取的任意盈余公积金为410 000(8 200 000×5％)元。

　　提取盈余公积金后，一方面使得已分配利润增加 1 230 000（820 000＋410 000）元，另一方面使得盈余公积金也增加 1 230 000 元，涉及"利润分配"和"盈余公积"两个账户。该笔经济业务在编制会计分录时，应注意涉及"利润分配"和"盈余公积"两个账户的明细账户的运用，将提取法定盈余公积金和法定公益金分别计入对应的明细账户进行核算。应编制的会计分录如下：

```
借：利润分配——提取法定盈余公积                          820 000
         ——提取任意盈余公积                          410 000
    贷：盈余公积——法定盈余公积                          820 000
             ——任意盈余公积                          410 000
```

　　【例 4-48】华康电子有限公司按照董事会及股东大会决议，决定按照全年净利润的 20%给股东分配现金股利。

　　对现金股利的分配，一方面使得公司的已分配利润增加 1 640 000（8 200 000×20%）元，另一方面，虽然已决定将现金股利分配给股东，但在此时并未实际支付，所以形成公司的一项负债，即使得公司的应付股利增加 1 640 000 元，涉及"利润分配"和"应付股利"两个账户。该笔业务同样应注意相关账户的明细账户的运用。应编制的会计分录如下：

```
借：利润分配——应付股利                              1 640 000
    贷：应付股利                                    1 640 000
```

　　【例 4-49】华康电子有限公司在年末结转本年实现的净利润。

　　由【例 4-47】可知，华康电子有限公司年末"本年利润"账户的贷方余额为 8 200 000 元，即全年净利润为 8 200 000 元。结转净利润，一方面使得"本年利润"账户的累计净利润减少 8 200 000元，另一方面使得公司可供分配的利润增加 8 200 000 元，涉及"本年利润"和"利润分配"两个账户。结转净利润时，应将净利润从"本年利润"账户的借方转入"利润分配"账户的贷方（如果结转亏损，则进行相反的处理）。且注意，转入时，应转入"利润分配——未分配利润"这个明细账户。应编制的会计分录如下：

```
借：本年利润                                       8 200 000
    贷：利润分配——未分配利润                          8 200 000
```

　　【例 4-50】华康电子有限公司在会计期末结清利润分配账户的各有关明细科目。

　　通过前述有关经济业务的处理，可以确定华康电子有限公司"利润分配"账户各有关明细科目的记录："提取法定盈余公积"明细科目的借方余额为 820 000 元，"提取任意盈余公积"明细科目的借方余额为 410 000 元，"应付股利"明细科目的借方余额为 1 640 000 元。结清时，应将各个明细科目的余额从其相反方向分别转入"未分配利润"明细科目。该笔经济业务中，应将各个明细科目的余额从贷方转入"未分配利润"科目的借方，所以应编制的会计分录如下：

```
借：利润分配——未分配利润                             2 870 000
    贷：利润分配——提取法定盈余公积                       820 000
             ——提取任意盈余公积                       410 000
             ——应付股利                           1 640 000
```

本年实现的净利润经过上述分配之后，就可以确定本年新增的未分配利润：

　　本年新增的未分配利润＝8 200 000－2 870 000＝5 330 000（元）

第七节　财产清查过程的业务核算

企业单位发生日常经济业务之后,要填制和审核凭证,并登记相关的会计账簿。账簿记录能够反映企业各项财产物资的增减变动和结存情况。但客观原因或者人为因素会造成一个企业账实不符的情况出现,客观原因所造成的有:财产物资在保管过程中由于自然条件的变化而产生的数量或质量上的变化,日常会计核算中没能及时加以反映;自然灾害造成财产物资的意外损失,暂时没有在会计资料中反映等。人为因素所造成的有:财产物资收发过程中相关人员粗心大意造成计量、验收不准而多收或少收、多发或少发的差错;制度不严、管理不善造成财产的毁损、丢失等;有关人员的贪污、挪用、舞弊等行为造成的财产物资的损失;有关凭证未到造成的账实不符;记账错误造成的账实不符。会计账簿记录结果是否能正确、如实地反映各项财产物资的增减变动和结存情况,不仅关系到据以编制的会计报表是否真实、可靠,也关系到单位的财产物资是否安全、完整。因此,为保证账实相符,保证会计报表的质量,必须进行财产清查。

一、财产清查的概念

财产清查,就是通过对货币资金、实物资产及债权、债务的实地盘点和核对,确定其实存数,查明账存数与实存数是否相符的一种会计核算专门方法。

财产清查是会计核算的专门方法之一,是保证企业对外提供的会计信息真实性、正确性的重要手段,任何企业都要定期或不定期地进行财产清查。

二、财产清查的种类

财产清查的种类有很多,可以按以下不同的标准加以分类。

(一)按清查的范围划分

按清查的范围不同,财产清查可分为全面清查和局部清查。

1. 全面清查

全面清查是指对企业所有的财产物资进行的全面盘点与核对。清查对象主要包括:原材料、在产品、自制半成品、库存商品、库存现金、短期存(借)款、有价证券及外币、在途物资、委托加工物资、往来款项、固定资产等。

全面清查具有范围广、内容多、时间长、参与人员多等特征。常见的全面清查情形包括:①年终决算前;②单位合并、撤销以及改变隶属关系前;③中外合资、国内合资前;④企业股份制改革前;⑤开展全面的资产评估、清产核资时;⑥企业主要领导调离工作前。

2. 局部清查

局部清查也称重点清查,是指根据需要只对财产中某些重点部分进行的清查。

局部清查主要是对货币资金、存货及其他流动性较强的财产物资进行的清查。

局部清查与全面清查相比,具有以下特点:清查范围小、内容少、时间短、参与人员少,但专业性较强。局部清查主要包括以下内容:①库存现金应每日清点一次;②银行存款每月至少同银行核对一次;③债权债务每年至少核对一次;④应有计划、有重点地抽查各项存货;⑤贵重物品每月应清查一次。

(二)按清查的时间划分

按清查的时间不同,财产清查可分为定期清查和不定期清查。

1. 定期清查

定期清查是指根据计划安排或财务制度规定的时间对财产物资进行的清查。定期清查一般在月末、季度末、年末结账时进行。定期清查可以是全面清查,如年终决算之前进行的清查;也可以是局部清查,如季度末、月末结账前的清查。定期清查可以保证会计信息资料的真实可靠。

2. 不定期清查

不定期清查是指根据实际需要对财产物资进行的临时性清查。不定期清查一般是局部清查,如改换财产物资保管人员所进行的有关财产物资的清查、发生意外灾害等非常损失时进行的损失情况的清查、有关部门进行的临时性检查、其他需要进行临时性清查的情况等;也可以是全面清查,如合资、改制、撤销前的清查。不定期清查有利于保护企业财产物资的安全、完整。

三、财产清查的准备工作和财产物资的盘存制度

(一)财产清查的准备工作

财产清查是一项涉及面广、工作量大、政策性强、内容复杂的工作。为保证财产清查工作顺利进行,在财产清查前,应做好各项准备工作。

1. 组织上的准备

(1)成立由总会计师或企业主要领导负责,相关部门负责人参加的财产清查专门机构或清查领导小组,配备必要的清查人员;

(2)制订财产清查计划,确定清查对象、范围,明确清查任务。

2. 业务上的准备

(1)财会人员应在清查前将所有的经济业务登记入账,结出余额,并核对有关账项记录,做到账证相符、账账相符,为财产清查提供准确的账面结存数额。

(2)保管人员应将所要清查的财产物资整理清楚,码放整齐,标注标签,以便进行查对。

(3)财产清查人员应准备好各种度量衡器并校验准确,以减少误差,同时还应准备好各种空白的清查盘点报告表,以便及时准确地反映清查结果。

(二)财产物资的盘存制度

财产物资的盘存制度,又称财产物资数量的盘存方法,它既是财产物资的一种管理制度,也是财产物资账面结存数量的确定方法。财产物资的盘存制度包括永续盘存制和实地盘存制。

1. 永续盘存制

永续盘存制又称账面盘存制,该制度下企业需要设置详细的财产物资明细账,根据会计凭证逐日或逐笔在账簿中连续记录财产物资的增减变化,并随时在账面上结出财产物资数量。财产物资账面结存数的计量公式为

财产物资账面结存数＝期初结存数＋本期增加数－本期减少数

永续盘存制的优点是加强了对财产物资的管理。财产物资明细账可以随时反映每种财产物资的收入、发出及结存情况,并在数量、金额两方面进行控制。明细账的结存数量,可以通过实地盘点与实存数量进行核对。但是,永续盘存制下会计核算工作量较大,尤其是月末一次结转销售成本或耗用成本时,存货结存成本及销售或耗用成本的计算工作比较集中;另外采用这种制度还需要将财产清查的结果同账面结存数进行核对,在账实不符的情况下需要对账面记录进行调整。

从加强财产物资的管理、提供管理所需会计信息的角度出发,除特殊情况采用实地盘存制外,一般应尽量采用永续盘存制。

2. 实地盘存制

实地盘存制又称定期盘存制,该制度下对于企业的各项财产物资,平时只根据会计凭证在账簿中登记增加数而不登记减少数,到月末结账时,根据实地盘点的结存数倒推出本月的发出数,并据以登记入账。采用这一制度,由于平时对财产物资只登记增加数,而不登记其减少数,所以财产物资的结存数只能通过期末实地盘点来确定,本期减少数采用倒推方法求得,其公式为

本期减少数＝期初结存数＋本期增加数－期末实际结存数

在实地盘存制下,对各项财产物资进行盘点的结果,只是作为登记财产物资账减少数的依据,而不能用来核对账实是否相符。

实地盘存制的优点是核算工作比较简单,工作量较小。但其手续不够严密,账簿记录不能随时反映和监督各项财产物资的收、发及结存情况,反映的数字不准确,而且倒推出发出数,容易隐瞒财产物资管理中存在的问题。

实地盘存制一般适用于单位价值较低、品种杂的财产物资的清查,适用于商品流通企业。

四、财产清查的方法和内容

(一)财产清查的方法

财产物资的种类繁多,各有特点,在清查过程中,针对不同的清查对象应采用不同的清查方法。

1. 实地盘点法

它是指在财产物资存放现场通过逐一清点数量或用计量仪器确定实存数的一种财产物

资清查方法。这种方法适用范围广,大多数财产物资都可以采用这种方法。

2.技术推算法

它是通过技术方法来推算财产物资实存数的财产清查方法。这种方法适用于某些价值低、量大、难以逐一清点的财产物资,可以先通过量尺、称重等方法确定其总体积或总重量,然后根据单位体积或重量,推算总数,如露天煤堆、矿石等的清查。

3.函证核对法

它是通过调查询证的方法,取得必要的资料,以查明财产物资的实有数。这种方法适用于债权债务、委托代销、委托加工及出租出借等财产物资的清查。

4.抽样盘存法

它是指对数量多、重量均匀的实物财产,可以采用抽样盘点的方法,确定其实有数。

(二)财产清查的内容

1.货币资金的清查

(1)库存现金的清查

库存现金是指通常存放于企业财会部门、由出纳人员经管的货币。库存现金是企业流动性最强的资产,企业应当按规定进行库存现金的清查。库存现金的清查包括两种情况:一是定期清查,由出纳人员每日清点库存现金实有数,并与库存现金日记账所结余额核对;二是不定期清查,由清查人员会同现金出纳人员对库存现金进行清查。

库存现金的清查一般采用实地盘点法,首先盘点库存现金的实存数,然后与现金日记账的账面余额核对,确定账存与实存是否相符以及盈亏情况。具体清查步骤如下:

①盘点前:由出纳人员将涉及库存现金的凭证全部登记入账,并结出余额。

②盘点中:由出纳人员核实库存现金的实有数,清查人员监督;然后清查人员认真审核库存现金收付款凭证和有关账簿,检查账务处理是否合理合法,账簿记录有无错误;同时清查人员还要查明有无违反现金管理制度方面的情况,如挪用现金、白条抵库等。

③盘点结束:根据盘点结果编制库存现金盘点报告表,并由清查人员和出纳人员签名或盖章,作为调整现金日记账账面记录的依据。

表4-4 库存现金盘点报告表

20××年××月××日

单位名称:

实存金额	账存金额	盈亏情况		备注
		盘盈数	盘亏数	
处理意见:				

主管: 会计: 出纳:

(2)银行存款的清查

银行存款是指企业存入银行或其他金融机构的各种款项,银行存款的清查采用核对法,即定期将企业银行存款日记账与其开户银行转来的银行对账单核对,至少每月核对一次,以查明银行存款的实有数额。核对前,出纳人员应详细检查本单位银行存款日记账的正确性与完整性;核对时,应逐笔检查银行存款日记账与银行对账单所记录的经济业务是否对得上,企业银行存款日记账与银行对账单余额之间如有差额,要及时查找原因,属于记账差错的,应立即更正。除记账错误外,还可能是由"未达账项"引起的。

所谓未达账项,是指企业与银行之间,由于凭证传递的时间与程序不一致,造成一方已登记入账,另一方尚未登记入账的事项。造成未达账项的事项,主要有以下几种:

①企业已收款入账,而银行尚未收款入账。如企业送存转账支票,并已登记银行存款增加,但银行尚未记账。

②企业已付款入账,而银行尚未付款入账。如企业开出转账支票,但持票单位尚未到银行办理转账,银行尚未记账。

③银行已收款入账,而企业尚未收款入账。如企业委托银行代收某些款项,银行已收妥并登记入账,但企业尚未接到收款通知,尚未记账。

④银行已付款入账,而企业尚未付款入账。如某些委托银行代为支付的款项,银行已登记企业银行存款减少,但企业未接到银行付款通知,尚未记账。

对于所发生的未达账项,应编制银行存款余额调节表进行调节。银行存款余额调节表的编制,以双方账面余额为基础,分别各自加上对方已收而己方尚未收讫的款项,减去对方已付而己方尚未支付的款项,从而达到消除未达账项的目的。

【例 4-51】华康电子有限公司 12 月 31 日银行存款日记账的余额为 249 000 元,银行对账单的余额为 187 500 元。经逐笔核对,发现以下未达账项:

(1)公司送存转账支票 195 500 元,并已登记银行存款增加,但银行尚未记账。

(2)公司开出转账支票 23 000 元,但持票单位尚未到银行办理转账,银行尚未记账。

(3)公司委托银行代收某公司购货款 117 000 元,银行已收妥并登记入账,但公司尚未接到收款通知,尚未记账。

(4)银行代公司支付电话费 6 000 元,银行已登记企业银行存款减少,但公司未接到银行付款通知,尚未记账。

根据以上资料,编制银行存款余额调节表(见表 4-5)。

表 4-5　银行存款余额调节表

20××年 12 月 31 日

单位:元

项目	金额	项目	金额
银行对账单余额	187 500	企业银行存款日记账余额	249 000
加:企业已收,银行未收	195 500	加:银行已收,企业未收	117 000
减:企业已付,银行未付	23 000	减:银行已付,企业未付	6 000
调节后的存款余额	360 000	调节后的存款余额	360 000

从编制的银行存款余额调节表可以看出,若银行、企业双方记账均不发生错误,则调整后的银行存款日记账余额与银行对账单余额应该相等,且该数额就是企业银行存款在期末

的实际数额,若调整后的余额不相符,则表明企业与银行一方或双方在记账时存在错误,应进一步查明原因,按照错账的更正方法及时加以更正。

需要说明的是:银行存款余额调节表只是用来核对企业与银行之间是否存在未达账项的工具,并不能作为调整银行存款账面余额的记账依据,对于企业与银行间因未达账项造成的余额不等的情况,企业只有在收到有关凭证后才能进行相应的账务处理,并登记入账。

2.存货的清查

存货的清查是指通过对存货的实地盘点,确定存货的实有数量,并与账面结存数核对,从而确定存货实存数与账面结存数是否相符的一种专门方法。

企业存货种类繁多、收发频繁,在日常收发过程中可能发生计量错误、计算错误、自然损耗、损坏变质甚至贪污、盗窃等情况,造成账实不符。

为了加强对存货的管理和控制,企业必须对各种存货进行定期或不定期的盘点清查,确定各种存货的实际库存数量。存货清查是企业财产清查的重点。

存货清查可以采用实地盘点法和技术推算法,存货清查的具体步骤如下:

①由保管人员将所有的存货整理清楚,码放整齐,将各存货明细账登记完整,并结出结存数。

②清查人员与存货保管人员共同进行存货的清点,在清点中不仅要确定各项存货的实际数量,同时还要检查其质量情况。

③将盘点结果如实登记在实物盘存单(见表4-6)上,并由清查人员与保管人员共同签章。盘存单既是证实存货盘点结果的书面资料,又是反映存货实有数的原始单据。

④盘点结束后,清查人员应将实物盘存单和相应的存货明细账的记录进行核对,并在此基础上编制存货盘点报告表,如实存账存对比表(见表4-7),作为会计处理的相关依据。

表4-6 实物盘存单

单位名称: 　　　　　　　　　　　盘点时间: 　　　　　　　编号:
财产类别: 　　　　　　　　　　　存放地点:

编号	名称	计量单位	数量	单价	金额	备注

清查人员: 　　　　　　　　　　　保管人员:

表4-7 实存账存对比表

单位名称: 　　　　　　　　20××年××月××日

编号	类别及名称	计量单位	单价	实存		账存		差异				备注
				数量	单价	数量	单价	盘盈		盘亏		
								数量	单价	数量	单价	

对于存货盘盈、盘亏的情况,应及时查明原因,按规定程序报批处理。存货盘点报告表

不仅是调整账簿记录的原始依据,也是分析盘盈、盘亏发生的原因,明确经济责任的重要依据。

3.固定资产的清查

固定资产是一种单位价值较高、使用年限较长的有形资产,企业应定期或者至少于每年年末对固定资产进行清查盘点,以保证固定资产核算的真实性。固定资产的清查应采用实地盘点法。为了做好固定资产的清查工作,清查前,会计人员和固定资产的管理人员应将各自负责的有关固定资产的账簿记录核对正确;清查中,不仅要核实固定资产的实有数量,还要查明固定资产的使用、保管等情况,以保证固定资产核算的正确和使用的安全。在固定资产清查过程中,如果发现盘盈、盘亏的固定资产,应填制固定资产盘盈盘亏报告表(见表4-8),详细列明盘盈或盘亏的固定资产的名称、数量、金额及折旧等相关内容,并以此作为固定资产清查会计处理的依据。

表 4-8　固定资产盘盈盘亏报告表

单位名称:　　　　　　　　　　20××年××月××日

资产名称		规格型号	
计量单位及数量		所在地	
原值、评估值		开始使用日期	
已计提折旧		会计折旧年限	
净值		实际使用年限	
盘盈、盘亏原因			
使用部门意见		技术部门意见	
管理部门意见		财务部门意见	

4.往来款项的清查

往来款项的清查主要指的是对应收款、应付款、预收款、预付款等款项的清查。对企业往来款项的清查一般采用函证核对法进行。清查前,财会人员要将本单位的往来账款核对清楚,确认总分类账与明细分类账的余额相等;在保证往来账户记录完整正确的基础上,按每一个往来单位编制往来款项对账单,该对账单一式两联,其中一联交往来单位核对,一联留存;对方单位核对相符后,在回单上加盖公章退回;如有数字不符,对方单位应在对账单中注明情况并退回本单位,作为进一步核对的依据;核对结束后,由清查小组根据清查结果,编制往来款项清查报告单(见表4-9)。

表 4-9　往来款项清查报告单

单位名称:　　　　　　　　　　20××年××月××日

明细分类账户		清查结果		不符原因分析				
单位名称	金额	相符	不符	未达款项	拖欠款项	争执款项	无法收回	其他

五、财产清查结果的处理

财产清查的结果有三种：实存数大于账存数，即盘盈；实存数小于账存数，即盘亏；实存数等于账存数，即账实相等。

财产清查结果的处理一般指的是对盘盈、盘亏财产的处理，也包括对财产毁损情况的处理。

(一)财产清查结果处理的步骤

(1)认真核实财产清查中发现的各种差异，查明账实不符的原因，明确经济责任，并按规定程序将盘盈、盘亏情况及处理意见报请有关部门或领导审批处理。

(2)积极处理财产清查中发现的问题，处理积压的物资，挖掘财产物资的潜力，解决长期拖欠的债权、债务及发生争执的款项等问题，提高财产物资的使用效率，加速资金周转。

(3)总结财产物资管理中的经验教训，建立健全财产物资的管理制度，保证财产物资的安全、完整。

(4)调整账簿记录，即根据盘点的具体情况和相关的账簿记录，对有关账簿进行调整，使各项财产物资账实相符。在此基础上，根据有关部门或领导审批的处理意见，进行相关的账务处理。

(二)财产清查结果的账务处理

1.账户的设置

为了反映和监督清查过程中各种财产物资盘盈、盘亏和毁损的价值及其处理情况，企业应设置"待处理财产损溢"科目。"待处理财产损溢"是资产类会计科目，但从结构上看，该科目具有双重性质。账户借方登记各种财产物资的盘亏、毁损金额及盘盈的转销金额，贷方登记各种财产物资的盘盈金额及盘亏、毁损的转销金额。对于企业财产物资的损溢，应查明原因，在期末结账前处理完毕，处理后该账户应无余额。"待处理财产损溢"账户可按盘盈、盘亏的资产种类和项目进行明细核算。该账户的结构如图4-37所示。

借方　　　　待处理财产损溢　　　　贷方	
(1)清查时发生的盘亏、毁损数 (2)经批准后盘盈转销数	(1)清查时发生的盘盈数 (2)经批准后盘亏、毁损转销数

图4-37　"待处理财产损溢"账户的结构

2.库存现金清查结果的账务处理

在清查过程中，发现库存现金有短缺或溢余，除应查明原因外，还应及时根据库存现金盘点报告表，通过"待处理财产损溢"科目进行处理。

在对库存现金的财产清查中，如果发现账实不符，会有两种情况：一是账面财产金额小于实存金额，发生现金长款(溢余)；二是账面金额大于实存金额，发生现金短款(短缺)。库存现金长、短款在批准前的处理是：以实际存在的库存现金为准，当库存现金长款时，增加库存现金账户的记录,以保证账实相符,同时将长款计入"待处理财产损溢"账户贷方,等待批准处理;当库存现金短款时,冲减库存现金账户的记录,以保证账实相符,同时将短款计入"待处理财产损溢"账户借方,等待批准处理。

库存现金长、短款在批准后应视不同的原因采取不同的方法进行处理。一般来说,对于无法查明原因的库存现金长款,应增加营业外收入;对于应付其他单位或个人的长款,应计入"其他应付款——××单位或个人"账户。对于库存现金短款,如果是应由责任人赔偿或由保险公司赔偿的,应转入"其他应收款——××赔偿人"或"其他应收款——应收保险款"账户;如果是由于经营管理不善造成的、非常损失或无法查明原因,应增加企业的管理费用。

【例 4-52】华康电子有限公司在 11 月期末财产清查中发现库存现金溢余 3 000 元,无法查明原因。

(1)批准处理前,根据库存现金盘点报告表中的溢余数,做以下会计处理。

借:库存现金　　　　　　　　　　　　　　　　　　　　　　　3 000
　　贷:待处理财产损溢　　　　　　　　　　　　　　　　　　　　　　3 000

(2)经核查,发现少付某单位款 1 500 元,另 1 500 元未查明原因,经批准作营业外收入处理。

借:待处理财产损溢　　　　　　　　　　　　　　　　　　　　　3 000
　　贷:其他应付款　　　　　　　　　　　　　　　　　　　　　　　1 500
　　　　营业外收入　　　　　　　　　　　　　　　　　　　　　　　1 500

【例 4-53】华康电子有限公司在 12 月期末财产清查中发现库存现金短缺 2 000 元,无法查明原因。

(1)批准处理前,根据库存现金盘点报告表中的短缺数,做以下会计处理。

借:待处理财产损溢　　　　　　　　　　　　　　　　　　　　　2 000
　　贷:库存现金　　　　　　　　　　　　　　　　　　　　　　　　2 000

(2)经反复核查发现,500 元为出纳人员工作失误造成,应由出纳人员赔偿,其余未查明原因,经批准核销。

借:其他应收款　　　　　　　　　　　　　　　　　　　　　　　500
　　管理费用　　　　　　　　　　　　　　　　　　　　　　　1 500
　　贷:待处理财产损溢　　　　　　　　　　　　　　　　　　　　　2 000

3. 存货清查结果的账务处理

企业财产清查过程中盘盈、盘亏及毁损的存货,在报经有关部门批准前,先根据盘点报告表,通过"待处理财产损溢"科目进行处理。对于盘盈的存货,借记"原材料""库存商品"等科目,贷记"待处理财产损溢"科目。报经批准后,盘盈的存货冲减"管理费用"科目;对于盘亏和毁损的存货,借记"待处理财产损溢"科目,贷记"原材料""库存商品"等科目。报经批准后,分以下情况进行处理:对于入库的残料价值,计入"原材料"等科目;对于保险公司和过失人的赔款,计入"其他应收款——××赔偿人"或"其他应收款——应收保险款"账户;扣除残料价值和应由保险公司、过失人赔款后的净损失,属于一般经营损失的部分,计入"管理费用"科目,属于非常损失的部分,计入"营业外支出"科目。

【例 4-54】华康电子有限公司在 12 月期末财产清查中发现盘盈 A 材料 1 000 千克,其单位成本为 80 元。

(1)报经批准前,根据盘点报告表,做以下会计处理。

借:原材料 80 000

　　贷:待处理财产损溢 80 000

(2)经查,盘盈的材料是收发计量方面的错误造成的,经批准冲减管理费用。

借:待处理财产损溢 80 000

　　贷:管理费用 80 000

【例 4-55】华康电子有限公司在 12 月期末财产清查中发现盘亏 B 材料 400 千克,其单位成本为 200 元。

(1)批准处理前,根据盘点报告表,做以下会计处理。

借:待处理财产损溢 80 000

　　贷:原材料 80 000

(2)经查,盘亏的材料中,20 000 元是自然损耗造成的一般经营损失,60 000 元是台风造成的毁损,按保险合同规定,应由保险公司赔偿 45 000 元,残料已办理入库手续,价值为 8 000元。经批准做以下会计处理。

借:管理费用 20 000

　　原材料 8 000

　　其他应收款 45 000

　　营业外支出 7 000

　　贷:待处理财产损溢 80 000

4.固定资产清查结果的账务处理

企业财产清查过程中盘亏的固定资产,同样通过"待处理财产损溢"科目进行处理,并应及时查明原因,按规定程序报批处理。企业财产清查中盘盈的固定资产,作为前期差错处理。企业财产清查中盘亏的固定资产,按盘亏的账面价值,借记"待处理财产损溢"科目,按已计提的累计折旧,借记"累计折旧"科目,按固定资产的原价,贷记"固定资产"科目。按管理权限报经批准后,按可收回的保险赔偿或过失人赔偿,借记"其他应收款"科目,按应计入营业外支出的金额,借记"营业外支出"科目,贷记"待处理财产损溢"科目。

【例 4-56】华康电子有限公司在 12 月期末财产清查中,盘亏设备一台,该设备账面价值为 50 000 元,已提折旧 6 000 元。

(1)盘亏时,根据固定资产盘盈盘亏报告表,编制如下会计分录。

借:待处理财产损溢 44 000

　　累计折旧 6 000

　　贷:固定资产 50 000

(2)经批准予以转销,做如下会计处理。

借:营业外支出 44 000

　　贷:待处理财产损溢 44 000

5.往来款项清查结果的账务处理

企业在财产清查中,发现确实无法收回的应收款项和确实无法支付的应付款项时,不必通过"待处理财产损溢"科目处理,应按照规定程序报经批准,直接转账冲销。对无法收回的应收账款,若企业已提取了坏账准备,应冲减已提取的"坏账准备";对确实无法支付的款项,经批准后,直接转入"营业外收入"科目。

【例 4-57】华康电子有限公司在 12 月期末财产清查中,发现一笔因对方单位已撤销而确实无法支付的账款 20 000 元,经批准做销账处理。

借:应付账款　　　　　　　　　　　　　　　　　　　　　　20 000
　　贷:营业外收入　　　　　　　　　　　　　　　　　　　　　　20 000

思考题

1. 企业资金筹集的渠道有哪些? 企业资金筹集常见业务有哪些?
2. 制造业企业在供应过程中主要核算内容是什么? 需要设置哪些主要的资产账户?
3. 材料采购成本包含哪些内容? 采购费用应该如何分配?
4. 为什么要分别设置"生产成本"和"制造费用"账户归集生产费用?
5. 直接生产费用和间接生产费用的含义是什么?
6. 完工产品的成本如何结转?
7. 制造业企业在销售过程中的主要业务包括哪些? 如何进行核算?
8. "本年利润"账户的用途和结构如何? 其余额的含义是什么?
9. 进行利润和利润分配的核算,应设置哪几个主要账户? 如何进行账户的结转?
10. 利润总额由哪几部分组成?
11. 企业的净利润需要分哪些步骤来计算?
12. 利润分配的原则与顺序是什么?
13. 什么是财产清查? 常见的财产清查内容有哪些?

实务题

1. 练习资金筹集业务的核算。

资料:齐盛股份有限公司本月发生下列有关资金筹集的经济业务。

(1)接受大力公司货币投资 800 000 元,存入银行。投资后大力公司享有该公司注册资本金的份额为 600 000 元。

(2)收到华美公司投资,其中设备估价 140 000 元交付使用,材料价值 300 000 元,增值税 39 000 元,验收入库。所投资金额全部作为华美公司占该公司注册资本金份额。

(3)取得期限为 6 个月的银行借款 600 000 元用于日常支出,款项已存入银行。

(4)上述借款年利率为 8%,计算提取本月的借款利息。

(5)用银行存款 80 000 元偿还到期的银行短期借款。

(6)取得期限为 5 年的银行借款 5 000 000 元用于购建新厂房,款项已存入银行。

要求:根据上述经济业务编制会计分录。

2. 练习固定资产购置业务的核算。

资料:齐盛股份有限公司本月发生下列固定资产购置业务。

(1)企业购入生产用不需要安装的甲设备一台,买价为 320 000 元,增值税为 41 600 元,运杂费为 6 000 元,保险费为 3 000 元,全部款项已用银行存款支付,设备已投入使用。

(2)企业购入生产用需要安装的乙设备一台,买价为 250 000 元,增值税为 32 500 元,运杂费为 2 000 元。款项已用银行存款支付,设备已随即投入安装。

(3)企业对上述需要安装的设备进行安装,耗用材料 2 500 元,用银行存款支付安装公司安装费 3 500 元。

(4)上述设备安装完毕,经验收合格交付使用。

要求:根据上述经济业务编制会计分录(假设工程耗用的原材料不考虑增值税)。

3.练习有关原材料业务的核算。

资料:齐盛股份有限公司原材料按实际成本组织收发核算,本月公司发生下列经济业务。

(1)公司购入甲材料 7 000 千克,单价为 16 元,增值税进项税额为 14 560 元,款项未付,材料尚未入库。

(2)用银行存款 3 500 元支付上述甲材料的外地运杂费。

(3)购入乙材料 240 吨,单价为 840 元,增值税进项税额为 26 208 元,款项均通过银行存款付清,材料尚未入库。

(4)公司购入甲材料 3 600 千克,单价为 16 元,丙材料 3 000 千克,单价为 10 元,增值税税率为 13%,款项均已通过银行存款付清,另外已支付运费 6 600 元(按重量分配)。

(5)本月初用银行存款 100 000 元预付订购丁材料的货款。

(6)订购的丁材料本月下旬完工发货,价款为 144 000 元,增值税进项税额为 18 720 元,该公司同时开出商业汇票一张,以支付差额款项。

(7)本月末购入的甲、乙、丙、丁材料均已验收入库,结转其实际成本。

要求:根据上述经济业务编制会计分录。

4.练习产品生产业务的核算。

资料:齐盛股份有限公司本月发生下列产品生产业务。

(1)开出转账支票 860 000 元,用于发放工人工资。

(2)用银行存款 180 000 元支付第三季度车间用房的房租,并相应摊销应由本月负担的部分。

(3)仓库发出材料,用途如下:生产产品耗用 240 000 元(其中 A 产品耗用 100 000 元,B产品耗用 140 000 元),车间一般耗用 84 000 元,行政部一般耗用 30 000 元。

(4)用现金 1 500 元购买行政部办公用品。

(5)摊销应由本月负担的车间保险费 800 元。

(6)摊销应由本月负担的车间设备大修理费用 12 000 元。

(7)计提本月固定资产折旧,其中车间折旧额 22 000 元,行政部折旧额 10 000 元。

(8)月末分配工资费用,其中生产工人工资 680 000 元(A 产品耗用 300 000 元,B 产品耗用 380 000 元),车间管理人员工资 82 000 元,行政管理人员工资 160 000 元。

(9)按各工资额的 14% 提取福利费。

(10)将本月发生的制造费用按照 2∶3 的比例分别转入 A 产品和 B 产品的"生产成本"账户。

(11)本月生产的 A 产品和 B 产品全部完工,验收入库,结转成本(假设没有期初、期末在产品)。

要求:根据上述经济业务编制会计分录。

5.练习产品销售业务的核算。

资料:齐盛股份有限公司本月发生下列销售业务。

(1)销售 A 产品 360 台,单价为 4 000 元,增值税税率为 13%,价税款暂未收到。

(2)用银行存款 80 000 元支付销售产品的本月广告费。

(3)预收某公司订货款 400 000 元并存入银行。

(4)企业销售 B 产品 400 台,单价为 3 200 元,增值税税率为 13%,收到一张已承兑的商业汇票。

(5)结转本月已销产品成本,其中 A 产品成本 800 000 元,B 产品成本 700 000 元。

(6)销售生产不需用原材料一批,售价为 10 000 元,增值税为 1 300 元,材料实际成本为 8 000 元。

(7)月末计算本月销售产品应交纳的消费税及城市维护建设税等合计 32 000 元。

要求:根据上述经济业务编制会计分录。

6.练习利润形成的核算。

资料:齐盛股份有限公司本月发生下列有关利润形成的业务。

(1)用银行存款 12 000 元支付行政罚款支出。

(2)收到合同罚款收入 64 000 元并存入银行。

(3)结转本月实现的各项收入,其中主营业务收入 296 000 元,其他业务收入 20 000 元,营业外收入 64 000 元。

(4)结转本月发生的各项费用,其中主营业务成本 180 000 元,其他业务成本 14 000 元,税金及附加 15 000 元,销售费用 3 000 元,管理费用 67 200 元,财务费用 9 000 元,营业外支出 12 000 元。

(5)根据(3)(4)项业务确定的利润总额按 25% 的税率计算所得税费用,并予以结转。

要求:根据上述经济业务编制会计分录。

7.练习利润分配业务的核算。

资料:齐盛股份有限公司按年度结转利润,本年 12 月 31 日结转利润前,"本年利润"账户余额为贷方 658 000 元,本年年初"利润分配——未分配利润"账户余额为贷方 126 000 元。本年度,公司利润分配业务如下。

(1)结转"本年利润"账户。

(2)按本年度税后利润的 10% 提取法定盈余公积金。

(3)按本年度税后利润的 5% 提取任意盈余公积金。

(4)将本年度剩余利润的 40% 分配给投资人。

(5)结清利润分配的有关明细科目。

要求:编制上述业务的会计分录,并计算年末未分配利润额。

8.练习财产清查业务的核算。

资料:齐盛股份有限公司年末进行财产清查。

(1)库存现金清查业务

①企业进行库存现金清查,发现长款 90 元,原因待查。

②经反复核查,仍无法查明现金长款 90 元的具体原因,经单位领导批准,将其转入当期损益。

③库存现金清查中,发现有无法查明具体原因的现金短款 40 元。

④经核查,上述现金短款系出纳人员责任,应由出纳人员赔偿,向出纳人员发出赔偿通知书。

(2)库存材料清查业务

①甲材料账面余额为 4 800 千克,单价为 5 元/千克,实存为 4 790 千克,盘亏 10 千克,经查系材料定额内损耗。

②乙材料账面余额为 4 800 千克,单价为 6 元/千克,实存为 4 890 千克,盘盈 90 千克,经查系材料收发过程中计量误差累计所致。

③丙材料账面余额 398 千克,单价为 45 元/千克,清查时发现全部毁损,废料估价 148 元验收入库,经查系暴风雨袭击仓库所致。

④丁材料账面余额 365 千克,单价为 16 元/千克,实存 315 千克,盘亏 50 千克,经查系保管人员责任心不强所致,经批准责令其赔款,赔款尚未到位。

(3)固定资产清查业务

盘亏机器设备一台,账面原值为 65 000 元,已提折旧为 4 000 元。无法查明原因,已提交审批。

要求:编制上述业务的会计分录。

参考答案

■■■ **自测题**

本章自测

第五章

会计实践操作的工具和手段

■■■ **学习目标**

- ☐ 了解会计凭证的种类和填制、审核要求
- ☐ 了解会计账簿的种类和适用范围
- ☐ 掌握会计凭证和会计账簿之间的关系
- ☐ 掌握会计凭证和会计账簿的基本内容
- ☐ 掌握如何填制会计凭证以及如何登记会计账簿
- ☐ 掌握会计循环的基本步骤和各种账务处理程序的基本步骤
- ☐ 了解各种账务处理程序的优缺点以及适用范围

■■■ **案例导读**

　　小李刚刚毕业于某大学中文系,就职于一个中资企业,从事行政工作。一日,小李接到通知,需要出差一周去外地参加业务培训。小李根据公司的安排,外出进行了一周的培训。回来时,小李拿出一沓发票来到出纳员处,要求报销外出培训的费用。出纳员小王认真地检查了小李出示的每一张发票,然后抽出其中的两张发票对小李说:"按照会计制度的规定,您这两张发票我们是不能接收并给您报销的。这一张餐饮发票的付款人处写错了我们公司的名称,这一张培训费发票大写金额和小写金额不对应。需要您去开票单位进行更正或者重新开具正确的发票。"小李急了,说:"公司名称写错了,您改一下不就可以了嘛。这张培训费发票的大写金额是正确的,我是按照这个金额付款的,您按照这个算就可以了嘛。"小王听后笑了,然后认真地和小李解释了发票的严肃性。作为经济业务的原始凭证,发票是不能被随意涂改的。在会计上处理相关经济业务时,必须依据合法合规的凭证。小李这才恍然大悟,怪自己过于粗心,没有仔细核对发票,结果给自己造成了这么大的麻烦。

　　那么什么样的原始凭证才会被财务人员接收呢?财务人员在接收了这些原始凭证之后,又会进行一些怎样的处理呢?我们平常所见的财务人员手里的一本本会计账簿,又是如何形成的呢?第四章中的经济业务核算和本章又有什么关系呢?本章通过介绍会计凭证、会计账簿和会计组织核算程序,对上述问题进行解答。

第一节　会计实践操作概述

　　会计的基本职能是对企业经济活动进行核算和反映。整个核算过程在实践中表现为两个基本的流程。

首先是对一项经济业务进行识别,看其是否属于会计核算的内容,并判断其属于哪个会计主体、什么会计期间,以及属于什么会计要素和具体会计科目,并确定按照多少金额进行记录。这个步骤也称作会计确认,需要凭借会计人员的专业知识和判断来完成。

其次是运用专门的会计工具对需要计量的经济业务进行及时、规范的记录,即会计记录。这个流程使得企业的会计信息以书面成果的形式表现出来。而这种书面的表现形式又可以具体分为会计凭证、会计账簿和会计报表等会计资料。

上述两个实践操作流程,在会计实务中又可以细分为如下具体步骤:

第一,根据原始凭证或原始凭证汇总表编制记账凭证。

第二,根据收款凭证、付款凭证登记现金、银行存款日记账。

第三,根据记账凭证和原始凭证登记各种明细账。

第四,选用记账凭证核算组织程序、汇总记账凭证核算组织程序、科目汇总表核算组织程序中的一种登记总账。

第五,根据总账、明细账和其他有关资料编制会计报表。

会计人员在进行实务操作时,一般按照上述步骤逐步进行。本章我们主要阐述会计凭证和会计账簿的基本格式和填制方法,并辅以介绍常见的账务处理程序。

第二节 会计凭证

一、会计凭证的概念、作用与种类

(一)会计凭证的概念

在会计核算中,每一笔经济业务的发生都必须有根据,这也就要求在每一笔经济业务发生时,企业都形成相应的书面文件来记录和证明相关经济业务的内容、数量和金额,以保证会计信息的真实性、可靠性和可稽核性,如实地反映每一笔经济业务对企业诸会计要素的影响情况。同时,为了对书面文件所反映的有关内容的合法性、合理性和真实性负责,还需要经办人员在这些书面文件上签字盖章。这些书面文件就是会计凭证,是重要的会计资料。例如,在实际工作中,企业购买物品时应由供货单位开出销售发票,列明经济业务的发生情况,相关人员在凭证上签名盖章,明确责任。

会计凭证就是用来记录经济业务发生和完成情况,明确经济责任,并作为登记账簿依据的书面证明文件。会计人员必须对已取得的会计凭证进行严格的审核,只有准确无误的会计凭证才能作为登记账簿的依据。因此,填制和审核会计凭证是会计核算工作的起点和基础,也是会计核算的专门方法之一。

(二)会计凭证的作用

根据相关法律法规的规定,会计账簿中的每一笔记录,会计报表中的每一项经济信息,都必须以真实合法的会计凭证为依据。因此,在整个会计核算过程中,会计凭证具有非常重要的作用。

1. 会计凭证作为一种载体,可以及时、正确地反映各项经济业务的发生和完成情况

经济业务发生后,有关经办人员按规定填制或取得合法的会计凭证。会计凭证能够真实、具体地反映经济业务的内容。填制或取得会计凭证,将企业发生的经济业务信息及时记录下来,为登记账簿和编制报表提供了客观的会计信息资料。

2. 填制和审核会计凭证,可以更有效地发挥会计的监督作用,使经济业务合理合法

通过对会计凭证的审核,可以查明各项经济业务是否符合法规、制度的规定,是否符合经济管理的要求,及时纠正所发现的问题,从而发挥会计的监督作用,有效地保护各会计主体所拥有资产的安全、完整,维护投资者、债权人和有关各方的合法权益。

3. 填制和审核会计凭证,便于分清经济责任,加强经营管理中的岗位责任制

会计凭证记录了每笔经济业务的内容,同时还要求有关部门和经办人员签章,要求经办部门和经办人员对经济活动的真实性、正确性、合法性负责,明确经济责任。这就防止了舞弊行为的发生,强化了企业的内部控制。即使发现了问题,也可借助会计凭证确定各有关部门和经办人员所负的经济责任,从而加强了经营管理中的岗位责任制。

(三)会计凭证的种类

由于各个企业经济业务是复杂多样的,因而其所使用的会计凭证种类繁多,用途、格式、填制的程序等都因经济业务的需要不同而具有多样性。按照不同的标志可以对会计凭证进行不同的分类。最基本的分类是按会计凭证填制的程序和用途不同,将其分为原始凭证和记账凭证两大类。具体的分类如图 5-1 所示。

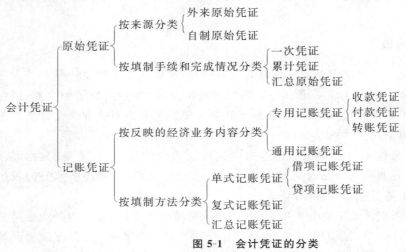

图 5-1 会计凭证的分类

二、原始凭证

(一)原始凭证的概念

原始凭证是在经济业务发生或完成时取得或填制的,用以记录或证明经济业务的发生

或完成情况的书面证明。它不仅能用来记录经济业务的发生或完成情况,还可以明确经济责任,是进行会计核算工作的原始资料和重要依据,是会计资料中最具法律效力的一种文件。一般而言,在会计核算过程中,凡是能够证明某项经济业务已经发生或完成情况的书面单据都可以作为原始凭证,如购货发票、收款收据、银行结算凭证、收料单、发料单等。

(二)原始凭证的种类

1. 按来源分类

原始凭证按来源的不同,可以分为自制原始凭证和外来原始凭证。

(1)自制原始凭证

自制原始凭证是指本单位经办业务的部门或人员,根据有关经济业务的执行和完成情况自行填制的凭证,如收料单、领料单、制造费用分配表(见表 5-1)等。

表 5-1　制造费用分配表

车间:　　　　　　　　　　　　年　　　月

分配对象 (产品名称)	分配标准 (生产工时等)	分配率	分配金额
合计			

会计主管:　　　　　　　　审核:　　　　　　　　制表:

(2)外来原始凭证

外来原始凭证是指在同其他单位发生经济业务往来时,从对方单位取得的凭证。外来原始凭证一般都属于一次凭证。例如,从供应单位取得的购货发票(包括增值税专用发票和普通发票)、上交税费的收据、乘坐交通工具的票据等。增值税专用发票、普通发票如图 5-2、图 5-3 所示。

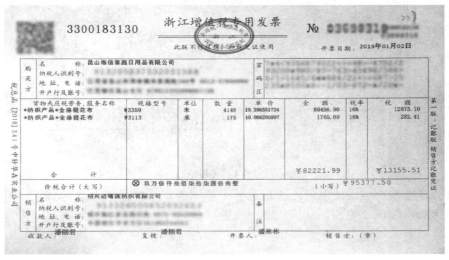

图 5-2　增值税专用发票

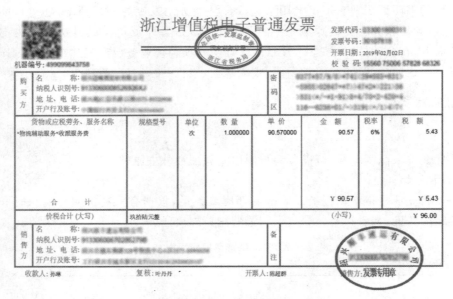

图 5-3　增值税普通发票

2.按填制手续和完成情况分类

原始凭证按填制手续和完成情况的不同,可以分为一次凭证、累计凭证、汇总原始凭证三种。

一次凭证是指只反映一项经济业务或同时反映若干项同类性质的经济业务,填制手续一次完成的凭证,也叫一次有效凭证,如收料单、领料单(见图 5-4)等。

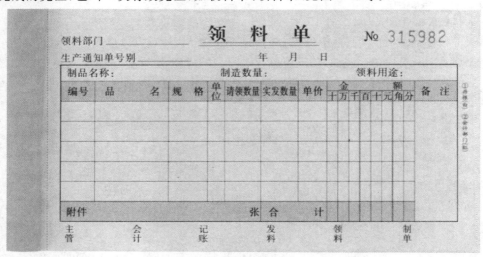

图 5-4　领料单

累计凭证是指在一定时期内连续记载若干项同类性质的经济业务,填制手续随着经济业务的发生分次完成的凭证,如限额领料单(见图 5-5)等。

材料科目：
领料车间（部门）：
用途

限额领料单

年　　月

材料类别：
编号：
仓库：

材料编号	材料名称	规格	计量单位	领用限额	实际领用			备注
					数量	单位成本	金额	

日期	请领		实发			退回			限额结余
	数量	领料单位	数量	发料人签章	领料人签章	数量	领料人签章	退料人签章	
合计									

第二联　财务核算联

图 5-5　限额领料单

汇总原始凭证是指将一定时期内若干份记录同类经济业务的原始凭证加以汇总编制，用以集中反映某项经济业务发生情况的会计凭证，如发料凭证汇总表（见表 5-2）等。

表 5-2　发料凭证汇总表

年　　月　　　　　　　　　　　　编号

领料部门		原材料	包装物	低值易耗品	合计
生产成本	一车间				
	二车间				
	小计				
制造费用	一车间				
	二车间				
	小计				
管理费用	行政部门				
销售费用	销售部门				

（三）原始凭证的填制与审核

1. 原始凭证的基本内容

每一张原始凭证所记录的具体业务内容不同，具体格式也有差异，但作为经济业务数据的特有载体，无论哪一种原始凭证，都应具备如下基本内容，这些基本内容通常可以称为原始凭证的基本要素：

（1）原始凭证的名称；

（2）填制原始凭证的日期和编号；

（3）填制原始凭证的单位或个人名称；

(4)接受凭证的单位名称;

(5)经济业务的具体内容;

(6)经济业务的数量、单价和金额;

(7)填制单位及有关人员的签字或盖章。

2.原始凭证的填制

原始凭证是具有法律效力的证明文件,是进行会计信息加工处理过程中所涉及的最基本的原始资料,所以正确填制原始凭证这个环节是至关重要的。原始凭证的填制必须符合以下要求:

(1)原始凭证填制要及时,反映的具体内容要真实可靠。经济业务一经完成,就应及时填制原始凭证,不得任意拖延,以免造成差错,延误工作。原始凭证必须根据实际发生的经济业务内容进行填列,不得弄虚作假,不得匡算、估算和随意填写。经办业务的相关部门或人员都要在原始凭证上签字或盖章,对凭证的真实性和正确性负责。

(2)原始凭证所反映的内容要完整,填列的项目要齐全,不得遗漏或随意省略,填制手续要完备。

(3)原始凭证的书写要简洁、清楚,易于辨认,不得使用未经国务院公布的简化字,大小写要符合会计基础规范的要求。

①原始凭证只能用蓝色或者黑色墨水笔填写,支票只能用黑色碳素墨水笔填写。原始凭证一律不得用圆珠笔或铅笔填写。

②阿拉伯数字应当一个一个写,不得连笔写。阿拉伯数字前面应书写货币币种符号或者货币名称简称和币种符号,如人民币"￥"。币种符号与阿拉伯数字之间不得留空白,凡阿拉伯数字前面有币种符号的,数字后面不再写货币单位。

③所有以元为单位的阿拉伯数字,除表示单价等情况外,一律填写到角、分,无角、分的要以"0"补位,或者书写符号"—"。有角无分的,分位必须写"0",不得以符号"—"代替。

④汉字大写金额数字,一律用正楷体或行书体书写,如零、壹、贰、叁、肆、伍、陆、柒、捌、玖、拾、佰、仟、万、亿、元、角、分、整(正),不得用○、一、二、三、四、五、六、七、八、九、十等代替,不得随意自造简化字。大写金额最后为"元"的应加写"整"(或"正")字断尾。大写金额数字有分的,分字后面不得加写"整"(或"正")。

⑤大写金额前未印货币名称的,应当加填货币名称,货币名称与金额数字之间不得留空白。

⑥阿拉伯金额数字中间有"0"时,汉字大写金额要写"零"字;阿拉伯金额数字中间连续有几个"0"时,汉字大写金额中可以只写一个"零"字;阿拉伯金额数字元位是"0",或者数字中间连续有几个"0",元位也是"0",汉字大写金额中可以只写一个"零"字,也可以不写"零"字,如￥107 000.53,应写成人民币壹拾万柒仟元零伍角叁分或者人民币壹拾万零柒仟元伍角叁分。

⑦原始凭证不得随意涂改、刮擦、挖补。原始凭证上的金额错误,则不得在原始凭证上更改,而应由出具单位重开。支票等重要的原始凭证如果填写错误,一律不得在凭证上更正,应加盖"作废"戳记,重新填写。

3.原始凭证的审核

填制和审核原始凭证作为会计工作的起点,其质量影响着整个会计工作,必须认真对原始凭证进行审核。企业会计人员对原始凭证的审核,主要是审核原始凭证的真实性、完整性和合法性三个方面,要点如下。

(1)审核原始凭证的真实性

审核原始凭证所记载的经济业务是否真实发生,原始凭证的填制日期、经济业务内容、数量以及金额是否与实际情况相符,有无刮擦、涂改和伪造凭证等情况。

(2)审核原始凭证的完整性

审核原始凭证填制的内容是否完整,应该填列的项目有无遗漏,有关手续是否齐全,特别是有关签字或盖章是否都已具备,等等。

(3)审核原始凭证的合法性

审核原始凭证所反映的经济业务内容是否符合国家政策、法律法规、财务制度和合同等的规定,成本费用列支的范围、标准是否按规定执行,有无违法乱纪的行为发生,等等。

对于不真实、不合法的原始凭证,会计人员有权不予受理,并向单位负责人报告。对于不合法、不合规定的一切开支,会计人员有权拒绝付款和报销;对于记载不准确、不完整的原始凭证,应予以退回,并要求经办人员按照国家统一的会计制度的规定进行更正、补充。

三、记账凭证

原始凭证记录了经济业务发生的原始数据,但其本身不能明确表明经济业务应记入的账户名称和方向,难以达到记账的要求,所以,会计人员必须根据审核无误的原始凭证编制记账凭证,将原始凭证中的零散内容转换为账簿所能接受的语言,以便登记有关的会计账簿。

(一)记账凭证的概念

所谓记账凭证,是指由会计人员根据审核无误的原始凭证编制的,用来反映经济业务内容,确定会计分录,并直接作为记账依据的会计凭证。原始凭证是记账凭证的基础,记账凭证是根据原始凭证编制的。原始凭证附在记账凭证后面作为记账凭证的附件,记账凭证是对原始凭证内容的概括和说明。

(二)记账凭证的种类

1.按反映的经济业务内容分类

记账凭证根据反映的经济业务内容的不同,可以分为专用记账凭证和通用记账凭证。

(1)专用记账凭证

专用记账凭证是适用于某特定种类经济业务的记账凭证。按其所反映的经济业务是否与货币资金收付有关,又可以进一步分为收款凭证、付款凭证和转账凭证三种。

收款凭证是为了记录现金和银行存款收款业务而编制的记账凭证。它是根据记录现金和银行存款等收款业务的原始凭证编制的记账凭证。收款凭证的格式如表 5-3 所示。

表 5-3　收款凭证　　　　　　　　附件＿＿＿＿＿张

借方科目：　　　　　　　　　　年　　月　　日　　　　　　　收字第＿＿＿＿＿号

摘要	贷方科目		金额								记账
	总账科目	明细科目	百	十	万	千	百	十	元	角	
合计											

会计主管人员：　　　　　记账：　　　　　复核：　　　　　制单：　　　　　出纳：

付款凭证是为了记录现金和银行存款付款业务而编制的记账凭证。它是根据记录现金和银行存款等付款业务的原始凭证编制的记账凭证。付款凭证的格式如表 5-4 所示。

表 5-4　付款凭证　　　　　　　　附件＿＿＿＿＿张

贷方科目：　　　　　　　　　　年　　月　　日　　　　　　　付字第＿＿＿＿＿号

摘要	借方科目		金额								记账
	总账科目	明细科目	百	十	万	千	百	十	元	角	
合计											

会计主管人员：　　　　　记账：　　　　　复核：　　　　　制单：　　　　　出纳：

收、付款凭证既是登记现金、银行存款日记账和有关总账、明细账的依据，也是出纳员办理收、付款项业务的依据。

转账凭证是为了反映不涉及货币资金增减变动的经济业务而编制的记账凭证，即登记现金、银行存款的收付款业务以外的转账业务的凭证，是登记有关总账和明细账的依据。转账凭证的具体格式有两种类型，见表 5-5 和表 5-6。

表 5-5　转账凭证　　　　　　　　附件＿＿＿＿＿张

年　　月　　日　　　　　　　字第＿＿＿＿＿号

摘要	借方科目		贷方科目		金额								记账
	总账科目	明细科目	总账科目	明细科目	百	十	万	千	百	十	元	角	
合计													

会计主管人员：　　　　　记账：　　　　　复核：　　　　　制单：

表 5-6 转账凭证 附件＿＿＿＿张

年 月 日 字第＿＿＿＿号

摘要	总账科目	明细科目	借方金额									√	贷方金额									√
			百	十	万	千	百	十	元	角	分		百	十	万	千	百	十	元	角	分	
合计																						

（2）通用记账凭证

通用记账凭证是采用一种通用格式记录各种经济业务的记账凭证，既可以反映收、付款业务，也可以反映转账业务。记账凭证的格式如表 5-7 所示。

表 5-7 记账凭证 附件＿＿＿＿张

年 月 日 字第＿＿＿＿号

摘要	借方科目		贷方科目		金额								记账
	总账科目	明细科目	总账科目	明细科目	百	十	万	千	百	十	元	角	
合计													

会计主管人员： 记账： 复核： 出纳： 制单：

2. 按填制方法分类

记账凭证按填制方法不同可分为单式记账凭证、复式记账凭证和汇总记账凭证。

（1）单式记账凭证

单式记账凭证，又称单项记账凭证，是指一张记账凭证只反映一个会计科目，一笔经济业务涉及几个会计科目就要填制几张记账凭证。填列借方科目的称为借项记账凭证；填列贷方科目的称为贷项记账凭证。由于一张单式记账凭证只填列一个会计科目，因此，使用单式记账凭证便于汇总每个会计科目的发生额和分工记账，但一张凭证上反映不出经济业务的全貌，也不便于查账。单式记账凭证在商业银行中使用比较广泛。

（2）复式记账凭证

复式记账凭证，又称多科目凭证，是将一项经济业务所涉及的所有会计科目都在一张记账凭证上填制。复式记账凭证能够集中体现账户对应关系，便于了解某项经济业务的全貌。相对于单式记账凭证而言，其能减少记账凭证的数量。但复式记账凭证不便于汇总和会计人员分工记账。通用记账凭证和专用记账凭证都是复式记账凭证。

（3）汇总记账凭证

汇总记账凭证是将同类经济业务或者一定时期的全部记账凭证进行汇总后编制的记账

凭证,如将一定时期的全部记账凭证汇总之后编制的记账凭证汇总表(称为会计科目汇总表)、根据一定时期的收款凭证汇总编制的汇总收款凭证等。

(三)记账凭证的填制与审核

1. 记账凭证的基本内容

作为对原始凭证归类和整理的结果,作为登记账簿的直接依据的记账凭证,虽然种类不同,格式各异,但须具备以下基本内容:

(1)记账凭证的名称;

(2)记账凭证的填制日期;

(3)记账凭证的编号;

(4)经济业务的内容摘要;

(5)经济业务所涉及的会计科目、记账方向及金额;

(6)所附原始凭证的张数;

(7)记账标记;

(8)有关人员的签字或者盖章。

2. 记账凭证的填制方法

(1)收款凭证的填制方法

收款凭证是用来记录货币资金收款业务的凭证,它是由出纳人员根据审核无误的原始凭证收款后填制的。在借贷记账法下,在收款凭证左上方所填列的借方科目,应是"库存现金"或"银行存款"科目。在凭证内所反映的贷方科目,应填列与"库存现金"或"银行存款"相对应的科目。在金额栏内填列经济业务实际发生的数额,在凭证的右侧(或右上角)填写所附原始凭证的张数,并在出纳及制单等处签名或盖章。付款凭证的填制与收款凭证的填制相同,在此不再赘述。

对于现金和银行存款之间相互划转的业务,一般只编制付款凭证,无须再编制收款凭证,这样可以避免重复记账。

(2)转账凭证的填制方法

转账凭证是用来记录与货币收支业务无关的业务的记账凭证,由会计人员根据审核无误的原始凭证填制。在填制时,将业务涉及的全部会计科目按借贷方分别填列在"借方科目"和"贷方科目"之下;将借贷方金额分别填列在对应的金额栏内,并填写所附原始凭证的张数。最后,制单人等相关责任人在凭证上签字或者盖章。

(3)通用记账凭证的填制方法

通用记账凭证是以一种凭证格式记录全部经济业务的记账凭证,其填制方法与转账凭证的填制方法基本相同。在经济业务比较简单的企业里,一般用通用记账凭证记录所发生的各项经济业务,包括收款、付款以及转账业务。

3. 记账凭证的填制要求

(1)必须根据审核无误的原始凭证填制记账凭证,并在记账凭证中注明所附原始凭证的张数。如果一张原始凭证同时涉及几张记账凭证,应将其附在一张主要的记账凭证后面,并在其他记账凭证中加以说明。填制更正错账、编制结账分录和按权责发生制要求编制的调整分录的记账凭证可以不附原始凭证。

（2）必须采用科学的方法对记账凭证进行连续编号。使用通用凭证的单位,可按经济业务发生的先后顺序分月按自然数顺序编号;使用收、付款凭证和转账凭证的单位,可以采用"字号编号法",即按照收、付、转三种凭证类别分别进行连续编号,例如:收字第×号、付字第×号、转字第×号等。也可采用"双重编号法",即按总字顺序编号与按类别顺序编号相结合,例如:某收款凭证为"总字第×号,收字第×号"。一笔经济业务,如果需要编制多张记账凭证,可采用"分数编号法",例如:一笔经济业务需要编制两张转账凭证,凭证的顺序号为 8 号,其编号可为转字第 $8\frac{1}{2}$ 号、转字第 $8\frac{2}{2}$ 号。

4.记账凭证的审核

记账凭证作为登记账簿的直接依据,其正确与否直接关系到账簿记录的正确性,更影响到整个会计信息的质量。因此,必须对记账凭证进行严格、认真的审核。审核的主要内容有以下几个方面:

（1）记账凭证是否附有原始凭证,记账凭证的内容与所附原始凭证的内容是否相符,记账凭证上填写的附件张数与实际原始凭证张数是否相符。

（2）应借应贷会计科目和金额的计算是否正确,会计科目的对应关系是否清晰。

（3）记账凭证中有关项目是否填列齐全,有关人员是否签字或盖章,等等。

在记账凭证的审核过程中,如果发现差错,应查明原因,按照规定的办法及时处理和更正。只有经过审核无误的记账凭证,才能作为登记账簿的直接依据。

对于实行会计电算化的单位,对审核无误的记账凭证要定期打印,并由相关人员签字或盖章后按规定保存。

（四）记账凭证填制案例

【例 5-1】华康电子有限公司 2018 年 5 月 4 日销售乙产品一批,增值税专用发票注明商品价款 10 000 元,增值税销项税款 1 300 元,收到购货单位开出的金额为 11 300 元的转账支票,填写银行存款收款凭证,如表 5-8 所示。

表 5-8　收款凭证　　　　　　　　　　附件 ____2____ 张

借方科目:银行存款　　　　　　2018 年 5 月 4 日　　　　　　收字第 ____1____ 号

摘要	贷方科目		金额									记账
	总账科目	明细科目	百	十	万	千	百	十	元	角	分	
销售乙产品	主营业务收入	乙产品			1	0	0	0	0	0	0	
	应交税费	应交增值税				1	3	0	0	0	0	
合计					¥	1	1	3	0	0	0	0	

会计主管人员:张××　　　记账:李××　　　复核:王××　　　制单:孙××　　　出纳:赵××

【例 5-2】华康电子有限公司 2018 年 6 月 1 日支付职工李丁预借的差旅费 3 000 元,填制现金付款凭证,如表 5-9 所示。

表 5-9 付款凭证 　　　　　　　　　附件　　1　　张

贷方科目:库存现金　　　　　　2018 年 6 月 1 日　　　　　　　　付字第　　1　　号

摘要	借方科目		金额									记账
	总账科目	明细科目	百	十	万	千	百	十	元	角	分	
李丁预借差旅费	其他应收款	李丁				3	0	0	0	0	0	
合计					¥	3	0	0	0	0	0	

会计主管人员:张××　　　记账:李××　　　复核:王××　　　制单:孙××　　　出纳:赵××

【例 5-3】华康电子有限公司 2018 年 8 月 10 日从 B 工厂购入甲材料一批,增值税专用发票上注明价款 20 000 元,增值税进项税额 2 600 元,材料已验收入库,货款尚未支付,编制转账凭证,如表 5-10 所示。

表 5-10 转账凭证 　　　　　　　　　附件　　2　　张

2018 年 8 月 10 日　　　　　　　　　转字第　　1　　号

摘要	借方科目		贷方科目		金额								记账
	总账科目	明细科目	总账科目	明细科目	十	万	千	百	十	元	角	分	
购入原材料甲	原材料	甲材料				2	0	0	0	0	0	0	
	应交税费	应交增值税					2	6	0	0	0	0	
			应付账款	B 工厂		2	2	6	0	0	0	0	
合计					¥	2	2	6	0	0	0	0	

会计主管人员:张××　　　记账:李××　　　复核:王××　　　制单:钱××

四、会计凭证的传递与保管

(一)会计凭证的传递

会计凭证的传递是指凭证从取得或填制时起到归档保管为止,在单位内部各有关部门和人员之间,按规定的程序、时间进行传递的过程。

科学、合理地组织会计凭证的传递,对于及时反映各项经济业务、提供会计信息、加强会计监督具有重要作用。会计凭证的传递主要包括传递程序和传递时间两个方面的内容。

会计凭证的传递程序,是每一张会计凭证从取得或者填制开始到归档保管为止整个流程的顺序。各个单位应根据自己的特点、各项经济业务的实际情况、内部机构的设置以及人员配备和分工等情况,制定会计凭证传递程序,保证会计凭证有条不紊并且及时有效地传递。

会计凭证的传递时间,是指各种凭证在各经办部门、环节所停留的时间。应根据各部门实际经济业务量和有关人员配备情况以及正常情况下办理经济业务所需时间合理确定会计凭证的传递时间。明确会计凭证的传递时间,能防止拖延处理和积压凭证,保证会计工作的正常秩序,提高工作效率。

(二)会计凭证的保管

会计凭证的保管是指会计凭证的装订、编号、存档、按规定办理调阅手续和到期销毁的全过程。会计凭证是重要的经济档案，在办理好各项业务手续的过程中，会计部门根据会计凭证记账后还应对其整理、归类，并送交档案部门妥善保管。具体要求如下。

1.会计凭证的整理与归类

每月完毕，会计部门应对会计凭证加以整理、归类，在确保记账凭证及其所附原始凭证完整无缺后，将其折叠整齐，加上封面、封底，装订成册。在封面上要注明单位名称、凭证种类、所属年月和起讫日期、起讫号码、凭证张数等。最后在装订处贴上封签，会计主管或指定装订人员要在装订线封签处签名或盖章，然后入档保管。

某些原始凭证数量过多或者需要随时查阅，可以单独装订保管，并在有关记账凭证和原始凭证上注明。如各种经济合同和重要的涉外文件等凭证，应另编目录，单独登记保管。

2.会计凭证的借阅

会计凭证原则上不得出借，如有特殊需要，须经单位领导批准调阅，并应限期归还。需要查阅已入档的会计凭证时，必须办理借阅手续。其他单位因特殊原因需要使用原始凭证时，经本单位领导批准，可以复制。

3.会计凭证的归档与销毁

年末会计部门按照归档的要求，将会计凭证编造清册并移交本单位档案部门保管。会计凭证的保管期限一般为 30 年。保管期满，按规定销毁会计凭证时，必须开列清单，报经批准后，由档案部门和会计部门共同派员监销。

第三节　会计账簿

一、会计账簿的含义与种类

(一)会计账簿的含义

会计账簿是由具有一定格式的若干账页组成，并按照会计科目开设有关账户，用来序时、分类地记录和反映经济业务的簿籍，是会计资料的主要载体之一。

前已述及，企业发生的经济业务都需要在记账凭证上进行记录和反映。但是由于会计凭证的数量繁多，每张凭证只能提供有限的、缺乏联系的信息，因此，为了对经济业务进行连续、系统、全面的核算，从分散的数据中提取系统、有用的会计信息，就必须采用登记会计账簿的方法，对会计凭证上的原始数据进行归类、加工和整理，从而为企业的经营管理提供系统的会计信息资料。因此，设置和登记会计账簿就成为会计核算的一种重要方法。

设置和登记会计账簿，是会计核算的重要环节，在会计核算过程中具有重要的作用：

首先，会计账簿能够将分散在会计凭证上的核算资料加以归类、整理，为企业的经济管理提供系统、完整的会计信息,为改善经营管理、合理使用资金提供必要的资料。

其次,会计账簿记录的资料是定期编制会计报表的主要的、直接的依据。会计账簿的设置与登记过程是否正确,直接影响到会计报表的质量。

最后,会计账簿为考核企业的经营成果、分析计划和预算的完成情况提供数据资料。利用账簿资料可以有效地开展会计检查和会计分析。

(二)会计账簿的种类

会计账簿按照不同的标志可以划分为不同的类别。

1. 按用途分类

会计账簿按用途不同可以分为序时账簿、分类账簿和备查账簿。

(1)序时账簿,也称日记账,是按照经济业务发生时间的先后顺序逐日、逐笔登记的账簿。序时账簿包括普通日记账和特种日记账。目前,在实际工作中应用比较广泛的是特种日记账,如现金日记账、银行存款日记账等。

(2)分类账簿,是指对全部经济业务按照总分类账户和明细分类账户进行分类登记的账簿。按照总分类账户开设、登记的账簿称为总分类账簿,简称总账。按照明细分类账户开设、登记的账簿称为明细分类账,简称明细账。

在实际工作中,根据需要也可以将序时账簿和分类账簿结合在一起,设置一种联合账簿,如日记总账。

(3)备查账簿,是指对某些在序时账簿和分类账簿中未能记载或记载不全的事项进行补充登记的账簿,如反映票据内容的应付(收)票据备查簿、租入固定资产登记簿等。

2. 按外表形式分类

会计账簿按外表形式不同可以分为订本式账簿、活页式账簿和卡片式账簿。

(1)订本式账簿,是指在启用之前就已将账页装订成册并按顺序编号的账簿。这种账簿能够防止账页散失和人为抽换账页,但需要事先估计每个账户所需的账页张数。实际工作中,对于那些比较重要的内容或者账页需求变化不大的内容,一般采用订本式账簿,如总账、现金日记账和银行存款日记账。

(2)活页式账簿,是指在账簿登记完毕之前,账页不固定装订成册,而是装在活页账夹内,随时可以取放的账簿。当账簿登记完毕之后,才将账页装订成册并按顺序编号。各种明细分类账一般采用活页式账簿。

(3)卡片式账簿,是指账页由具有一定格式的硬制卡片组成并存放在卡片箱内的账簿。从本质上看,卡片式账簿也是一种活页式账簿。在我国一般只有固定资产的核算采用卡片式账簿。

3. 按账页格式分类

会计账簿按账页格式不同可以分为三栏式账簿、多栏式账簿和数量金额式账簿。

(1)三栏式账簿是设有借方、贷方和余额三个基本栏目的账簿。各种日记账、总分类账以及资本、债权债务明细账都可以采用三栏式账簿。

(2)多栏式账簿是在账簿的两个基本栏目借方和贷方下面按需要分别设置若干专栏的账簿。收入、费用类明细账一般采用这种格式的账簿。

(3)数量金额式账簿是在账簿的借方(收入)、贷方(发出)和余额(结存)三个栏目内分别设置数量、单价和金额三个小栏,以反映财产物资的实物数量和价值量。原材料、库存商品等一般采用数量金额式账簿。

二、会计账簿的设置与登记方法

(一)会计账簿的基本内容

由于管理的要求不同,所设置的账簿也不同,各种账簿所记录的经济业务也不同,其形式也多种多样,但从构造上看,会计账簿一般由三大部分组成。

(1)封面,标明账簿名称,如现金日记账。

(2)扉页,标明会计账簿的使用信息,主要包括账簿启用登记表和账户目录等。账簿启用登记表和账户目录的格式见图 5-6、表 5-11。

图 5-6　账簿启用登记表

表 5-11　账户目录

编号	科目	页数	编号	科目	页数	编号	科目	页数
1001	库存现金	1	2001	短期借款	31			
1002	银行存款	3	2201	应付票据	33			
1022	其他货币资金	5	2202	应付账款	35			
1101	交易性金融资产	7	2241	其他应付款	37			
1121	应收票据	9	2211	应付职工薪酬	39			
1122	应收账款	11	2221	应交税费	41			
1123	预付账款	13	2231	应付利息	43			
1221	其他应收款	15	2232	应付股利	45			
1401	材料采购	17	2501	长期借款	47			
1403	原材料	19	4001	股本	49			
1411	周转材料	21	4101	盈余公积	51			
1405	库存商品	23	4104	利润分配	53			
1511	长期股权投资	25	4103	本年利润	55			
1601	固定资产	27		本账簿共使用页数	56			
1602	累计折旧	29		空白页数	44			

（3）账页，是账簿的主要组成部分。账页根据反映的具体经济业务的不同，格式也各异，但基本内容都包括：账户的名称（一级科目、二级科目）、记账日期、凭证种类和号数栏、摘要栏、金额栏、总页次和分户页次等。

（二）日记账的设置与登记方法

一般企业通常需要设置现金日记账和银行存款日记账，以加强现金、银行存款收入、付出和结余的核算与管理。

1. 现金日记账的格式与登记方法

现金日记账是用来核算和监督库存现金每日收、付、结余情况的序时账簿。现金日记账的格式主要有三栏式和多栏式两种，并且必须使用订本式账簿。

（1）三栏式现金日记账的格式与登记方法

三栏式现金日记账由出纳人员根据与库存现金收付有关的记账凭证，按照现金经济业务发生时间的先后顺序逐日逐笔登记。每日终了，出纳人员根据"上日余额＋本日收入－本日支出＝本日余额"的公式结出当日现金余额，并对库存现金实有数进行核对。月末应分别结出本月借方、贷方发生额及期末余额和累计发生额，做到日清月结。三栏式现金日记账的一般格式见表5-12。

表5-12　现金日记账　　　　　　　　第　　页

年		凭证		摘要	对方科目	借方（收入）							贷方（支出）							余额（结余）							对账
月	日	字	号			万	千	百	十	元	角	分	万	千	百	十	元	角	分	万	千	百	十	元	角	分	

在登记现金日记账时，根据现金收、付实际发生的记账凭证的日期登记日期；根据记账凭证的编号登记凭证字号；在"摘要"栏填写经济业务的简要内容；在"对方科目"栏填写与"库存现金"账户发生对应关系的账户名称；在"借方"和"贷方"栏填写每笔业务对应的收、付金额，并结出当日余额，填写在"余额"栏内。

（2）多栏式现金日记账的格式与登记方法

在三栏式现金日记账的借方和贷方两个栏目下，按照现金收、付的对应科目分别设置专栏，形成多栏式现金日记账。采用多栏式日记账，能够清楚地了解现金的收入来源和付出去向，能够为企业的经济活动分析和财务收支分析提供详细、具体的资料。但是，在使用会计科目较多的情况下，多栏式日记账的账页过宽，不便于分工登记。为此，在实际工作中可以将多栏式现金日记账分设两本，即分为多栏式现金收入日记账和多栏式现金支出日记账。

多栏式日记账的登记方法是：根据现金收入和现金付出的有关记账凭证，分别逐日逐笔登记现金收入和付出的对应科目专栏；每日营业终了时，分栏加计本日发生额，结出当日余额。其余内容的登记方法与三栏式现金日记账的登记方法相同。

2.银行存款日记账的格式与登记方法

银行存款日记账是用来核算和监督银行存款每日收入、支出和结余情况的账簿。银行存款日记账应根据企业在银行开立的账户和币种分别设置账簿。每个银行账户设置一本日记账。银行存款日记账的格式与现金日记账基本相同，通常需要在三栏式现金日记账的基础上，通过增设结算方式等栏目设置银行存款日记账。三栏式银行存款日记账的一般格式见表5-13。

表5-13 银行存款日记账

账号：＿＿＿＿＿＿＿＿＿＿　户名：＿＿＿＿＿＿＿＿＿＿

年		凭证		摘要	对方科目	结算凭证号	借方（收入）							贷方（支出）							余额（结余）							对账
月	日	字	号				万	千	百	十	元	角	分	万	千	百	十	元	角	分	万	千	百	十	元	角	分	

银行存款日记账由出纳员根据银行存款的收款凭证、付款凭证以及现金的付款凭证（从银行提取现金业务）逐日逐笔登记。登记银行存款日记账时，除了登记银行结算凭证号之外，其余内容的登记方法与现金日记账的登记方法基本相同，在此不再赘述。

银行存款日记账根据需要也可以采用多栏式。在银行存款日记账的借方和贷方栏目下根据对应科目分设专栏进行登记；每日营业终了时，分栏加计本日发生额，结出当日余额。同时，也可以将银行存款日记账分设两本，即多栏式银行存款收入日记账和多栏式银行存款支出日记账。

（三）总分类账的格式与登记方法

总分类账简称总账，是按照一级会计科目的编码顺序分别开设，并分类、连续地登记全部经济业务的账簿。

总分类账一般都采用订本式账簿，因此，在启用时应根据每个科目发生业务的多少适当预留若干账页。

为了总括、全面地反映经济活动和财务收支情况，对明细账起到控制和核对的作用，并为编制会计报表提供资料，每个单位必须设置总分类账。

根据会计核算组织程序的不同，总分类账的登记依据和方法也有所不同。总分类账一般有三栏式和多栏式两种格式。总分类账可以直接根据记账凭证逐笔登记，也可以把记账凭证先汇总，编制成汇总记账凭证或科目汇总表，再根据汇总的记账凭证定期登记。三栏式总分类账的格式见表5-14。

表 5-14　总分类账

会计科目：_____　　　　　　　　　　　　页次：_____

年		凭证		摘要	对方科目	借方								贷方								借或贷	余额								对账
月	日	字	号			万	千	百	十	元	角	分	万	千	百	十	元	角	分		万	千	百	十	元	角	分		

　　无论何种格式的总分类账，每月都应将本月已完成的经济业务全部登记入账，并于月末结出各总分类账户的本期发生额和期末余额，与其他有关账簿核对相符之后，作为编制会计报表的主要依据。

（四）明细分类账的格式与登记方法

　　明细分类账是根据明细科目设置账户，并登记某一具体经济业务全部内容的会计账簿。各种明细分类账可根据实际需要，按照明细科目开设账户，进行明细分类核算，以便提供资产、负债、所有者权益、收入、费用和利润等的详细信息。这些信息是会计报表的编制基础，也对明细账所属的总账起补充和说明的作用。

　　根据管理上的要求和各种明细分类账所记录经济业务的不同，明细分类账主要有三栏式明细账、数量金额式明细账和多栏式明细账三种。

1. 三栏式明细账

　　三栏式明细账的格式和三栏式总账的格式相同，即账页设有借方金额栏、贷方金额栏和余额金额栏三个栏目。一般适用于登记债权债务类经济业务，如应付账款、应收账款、其他应收款、其他应付款等。三栏式明细账的格式见表 5-15。

表 5-15　三栏式明细账

总账科目：_____

明细科目：_____　　　　　　　　　　　　页次：_____

年		凭证		摘要	对方科目	借方								贷方								借或贷	余额								对账
月	日	字	号			万	千	百	十	元	角	分	万	千	百	十	元	角	分		万	千	百	十	元	角	分		

三栏式明细账是根据记账凭证登记的,按照经济业务的发生顺序逐日逐笔登记,其各栏目的登记方法与三栏式总分类账的登记方法相同。

2.数量金额式明细账

数量金额式明细账又称存货明细账,要求在账页上对借方、贷方和余额(或收入、发出和结存)三个大栏下分别设置数量、单价和金额三个小栏,同时提供物资的价值量信息和实物量信息。该类明细账主要适用于既要进行金额核算又要进行实物量核算的财产物资类科目,如原材料、库存商品等明细账。数量金额式明细账的格式见表5-16。

表 5-16　数量金额式明细账

类别：＿＿＿＿＿＿＿　　　　　　　　　　　　编号：＿＿＿＿＿＿＿
品名：＿＿＿＿＿＿　　　　　　　　　　　　存放地点：＿＿＿＿＿＿＿

年		凭证		摘要	借方(收入)			贷方(发出)			余额(结存)		
月	日	种类	编号		数量	单价	金额	数量	单价	金额	数量	单价	金额

数量金额式明细账一般由会计人员和业务人员根据记账凭证及原始凭证,按照业务发生的时间顺序逐日逐笔登记。借方(收入)栏根据入库物资的单位成本、实际入库数量和总成本登记,贷方(发出)和余额(结存)栏的登记时间以及登记金额取决于所采用的存货计价方法。

3.多栏式明细账

多栏式明细账是根据经济业务的特点和经营管理的需要,在一张账页内按有关明细科目或项目分设若干专栏的账簿。按照所记录的经济业务内容的不同,多栏式明细账分为借方多栏式,如生产成本明细账等;贷方多栏式,如主营业务收入明细账等;借贷方多栏式,如本年利润明细账等。借方多栏式明细账的格式见表5-17。

表 5-17　生产成本明细账

产品名称：＿＿＿＿　　　　　　　　　　　　页次：＿＿＿＿＿＿＿

年		凭证号数	摘要	借方发生额					贷方	余额
月	日			直接材料	直接工资	其他直接支出	制造费用	合计		

借方多栏式明细账,平时根据记账凭证逐日逐笔登记费用、成本等的发生额。期末将借

方发生额一次转出时,如有贷方栏,在贷方登记相应数额;如没有贷方栏,应该用红字在借方多栏中登记,表示冲销。平时如发生贷方发生额,必须用红字在借方多栏中登记。贷方多栏式明细账登记方法与此类似。

(五)账簿登记例示

现金日记账如表 5-18 所示。

表 5-18　现金日记账

单位:元

| 2011 年 | | 凭证 | | 摘要 | 对方科目 | 借方 | 贷方 | 余额 | 对账 |
月	日	字	号						
3	1			月初余额				568	
	8	银付	1	提取现金	银行存款	3 000		3 568	
	12	现收	1	李某还差旅费	其他应收款	220		3 788	
	20	现付	1	支付房租	销售费用		1 200	2 588	
	27	现收	2	收到应收货款	应收账款	9 800		12 388	
	28	现付	2	将现金存银行	银行存款		9 800	2 588	
3	31			本月合计		13 020	11 000	2 588	

银行存款日记账如表 5-19 所示。

表 5-19　银行存款日记账

单位:元

| 2011 年 | | 凭证 | | 摘要 | 对方科目 | 结算凭证(略) | 借方 | 贷方 | 余额 | 对账 |
月	日	字	号							
3	1			月初余额					68 600	
	4	银收	1	收到应收货款	应收账款		30 000		98 600	
	8	银付	1	提取现金	库存现金			3 000	95 600	
	11	银付	2	购入材料	原材料			32 000	63 600	
					应交税费			5 440	58 160	
	22	银付	3	支付采购运费	原材料			400	57 760	
	28	现付	2	现金存入	库存现金		9 800		67 560	
	30	银付	4	支付厂部电费	管理费用			1 240	66 320	
3	31			本月合计			39 800	42 080	66 320	

总分类账如表 5-20 所示。

表 5-20　总分类账

账户名称:应收账款

单位:元

| 2011 年 | | 凭证 | | 摘要 | 借方 | 贷方 | 借或贷 | 余额 | 对账 |
月	日	字	号						
5	1			月初余额			借	27 794	
	10	银收	3	收到应收账款		14 000	借	13 794	
	16	转	4	销售产品	23 400		借	37 194	
	21	银收	5	收到应收账款		23 400	借	13 794	
	25	转	5	销售产品	35 100		借	48 894	
	31			本期发生额及期末余额	58 500	37 400	借	48 894	

三栏式明细账如表 5-21 所示。

表 5-21　应付账款明细账

单位名称:永胜公司　　　　　　　　　　　　　　　　　　　　　　　　　　　单位:元

200×年		凭证		摘要	借方	贷方	借或贷	余额	对账
月	日	字	号						
3	1			月初余额			贷	140 000	
	6	银付	1	归还欠款	140 000		平	0	
	13	转	2	购买材料		70 200	贷	70 200	
	24	银付	4	归还欠款	70 200		平	0	
	30	银付	6	预付货款	40 000		借	40 000	
3	31			本期发生额及期末余额	250 200	70 200	借	40 000	

数量金额式明细账如表 5-22 所示。

表 5-22　原材料明细账

材料名称:甲材料

2011 年		凭证	摘要	收入			发出			结存		
月	日	号数		数量/千克	单价/元	金额/元	数量/千克	单价/元	金额/元	数量/千克	单价/元	金额/元
5	1		月初余额							20 000	5	100 000
	2	转 1	验收入库	10 000	5	50 000				30 000	5	150 000
	6	转 3	生产领用				8 000	5	40 000	22 000	5	110 000
	8	转 6	车间领用				7 000	5	35 000	15 000	5	75 000
5	31		本期合计	10 000	5	50 000	15 000	5	75 000	15 000	5	75 000

多栏式明细账如表 5-23 所示。

表 5-23　生产成本明细账

产品名称:A 产品　　　　　　　　　　　　　　　　　　　　　　　　　　　　单位:元

2011 年		凭证	摘要	成本项目				合计
月	日	号数		直接材料	直接人工	燃料动力	制造费用	
11	1		月初余额	10 050	1 700	350	700	12 800
	3	转 1	生产领用材料	43 200				43 200
	30	转 3	分配工资		15 000			15 000
	30	转 4	分配动力费			3 000		3 000
	30	转 5	分配制造费用				6 000	6 000
	30	转 6	本月完工转出	53 250	16 700	3 350	6 700	80 000
11	30		期末余额	0	0	0	0	0

注:加框文字表示红字

三、对账与结账

(一)对账

1.对账的概念

所谓对账,简单地说就是在经济业务全部登记入账之后,于平时或月末、季度末、年末结账之前,对账簿记录所进行的核对工作。为了确保各种账簿记录的完整和正确,如实地反映和监督经济活动的状况,以便为编制会计报表提供真实可靠的数据资料,必须核对各种账簿记录,做好对账工作。

2.对账的内容

对账的内容,一般包括以下几个方面。

(1)账证核对,账证相符

账证核对,就是将各种账簿记录与有关记账凭证及其所附的原始凭证进行核对。这种核对通常在日常核算中进行,以便及时发现错账并纠正。

(2)账账核对,账账相符

账账核对,就是对各种账簿记录的内容所进行的核对工作。具体内容包括:

①总分类账中各账户的本期借、贷方发生额合计数,以及期末借、贷方余额合计数分别核对相符,以检查总分类账户的登记是否正确。

②总分类账中的库存现金账户、银行存款账户的记录与现金日记账、银行存款日记账的本期发生额合计数以及期末余额合计数分别核对相符,以检查日记账的登记是否正确。

③总分类账户本期借、贷方发生额及余额与其明细分类账户本期借、贷方发生额合计数及余额合计数核对相符,以检查总分类账户和明细分类账户登记是否正确。

④会计部门的各种财产物资明细分类账与财产物资保管或使用部门的有关保管账核对相符,以检查双方登记是否正确。

(3)账实核对,账实相符

账实核对,就是将各种账簿记录的账面余额与各项财产物资及各种往来款项的实存数核对。具体内容包括:

①现金日记账的账面余额与库存现金实际库存数核对相符。

②银行存款日记账的账面发生额及余额与银行对账单核对相符。

③各种应收、应付款项的账面记录与有关债务、债权单位或个人核对相符。

④各种财产物资明细账的账面结存数与财产物资的实存数核对相符。

(二)结账

1.结账的概念

结账是在将本期内所发生的经济业务全部登记入账的基础上,在期末按照规定的方法计算出本期内该账簿记录的累计发生额和期末余额,并将余额结转下期或者转入新账以及划出结账标志的过程。

通过结账,可以在会计期末时提供编制各种报表所需要的资料;也可以清楚地了解期末企业的财务状况和各项收益情况。因此,结账是会计核算程序中不可缺少的一个步骤。

2.结账的内容和要求

(1)结账前,务必确认本期发生的全部经济业务已经全部登记入账,再进行结账工作。

(2)实行权责发生制的企业,按照权责发生制的要求进行账项调整,并在此基础上,进行有关转账业务的处理,从而计算确定本期的成本、费用、收入和利润。

(3)结账时,计算出各账户的本期发生额合计数和期末余额,并将余额转为下一期的期初余额。

①月结。需要结出当月发生额的,应当在摘要栏内注明"本月合计"字样,并在月结下面通栏划单红线。如果没有余额,应在"借或贷"栏内写"平"字,并在余额栏内的"元"位上写上"0"。季结的方法同月结,在此不再赘述。

②年结。需要结出本年累计发生额的,应当在摘要栏内注明"本年累计"字样,并在全年累计发生额下面通栏划双红线,表示"封账"。本年各账户的年末余额转入下年,应在相关摘要栏内注明"结转下年"以及"上年结转"字样。

四、会计账簿的启用与登记规则

(一)会计账簿的启用规则

在启用新会计账簿时,应在账簿的有关位置记录相关信息。

(1)在启用新会计账簿时,首先应在扉页上印制的账簿启用登记表中填写启用说明,其中包括单位名称、账簿名称、账簿编号、起止日期、单位负责人、主管会计、审核人员和记账人员等项目,并加盖单位公章。在会计人员工作发生变更时,应办理交接手续并填写账簿启用登记表中的有关交接栏目。应在账簿的右上角粘贴印花税票,并且划线注销。

(2)填写账户目录,总账应按照会计科目顺序填写科目名称及启用页号。在启用活页式明细分类账时,应按照所属会计科目填写科目名称和页码,在年度结账后,撤去空白账页,填写使用页码。

(二)会计账簿的登记规则

会计人员应当根据审核无误的会计凭证登记会计账簿,规则如下。

(1)登记账簿时,应当将会计凭证日期、编号、摘要、金额和其他有关资料逐项记入账内,做到数字准确、摘要清楚、登记及时、字迹工整。

(2)登记完毕后,要在记账凭证上签名或者盖章,为了防止漏记或者重复记账,要注明已经登账的符号或画"√",表示已经记账。

(3)账簿中书写的文字和数字上面要留有适当空格,不要写满格,一般应占格距的二分之一,以便发生错误时更正。

(4)登记账簿要用蓝、黑墨水或者碳素墨水笔书写,不得使用圆珠笔(银行的复写账簿除外)或者铅笔书写,但下列情况可以用红色墨水笔:

①按照红字冲账的记账凭证,冲销错误记录;

②在不设借贷等栏的多栏式账页中,登记减少数;

③在三栏式账户的余额栏前,如未印明余额方向的,在余额栏内登记负数余额;

④采用红线划线注销或划线结账;

⑤根据国家统一会计制度的规定可以用红字登记的其他会计记录。

(5)各种账簿按页次顺序连续登记,不得跳行、隔页。如果发生跳行、隔页,应将空行、空页划线注销,注明"此行空白""此页空白"字样,并由记账人员签名或盖章。

(6)需要结出余额的账户,结出余额后,应当在借或贷栏内写明"借"或"贷"等字样。没有余额的账户,应当在借或贷栏内写"平"字,并在余额栏内写上"0"。

(7)每一账页登记完毕结转下页时,应当结出本页合计数及余额,写在本页最后一行有关栏内,并在摘要栏内注明"过次页"字样;同时将本页合计数及余额写在下页第一行有关栏内,并在摘要栏内注明"承前页"字样。

(8)账簿记录发生错误,不准涂改、挖补、刮擦或者用药水消除字迹,不准重新抄写,必须按照规定的方法进行更正。

五、错账更正方法

会计人员在记账过程中,由于种种原因可能会产生凭证的编制错误或账簿的登记错误,即发生错账。账簿记录发生错误,不得任意使用刮擦、挖补、涂改等方法更正,而应根据错误的具体情况,采用正确的方法予以更正。常用的错账更正方法有三种:划线更正法、红字更正法和补充登记法。

1. 划线更正法

划线更正法是指用红色墨水笔划线注销原有错误记录,然后在划线上方用蓝色墨水笔写上正确记录的方法。该种方法适用于在结账前,发现账簿记录有错误,而记账凭证没有错误,即纯属账簿记录中的笔误,可用划线更正法予以更正。

更正的方法是:先将账页上错误的文字或数字划一条红线,以表示予以注销,然后,将正确的文字或数字用蓝字写在被注销的文字或数字的上方,并由记账人员在更正处盖章,以明确责任。应当注意的是,更正时,必须将错误数字全部划销,而不能只划掉、更正其中个别错误的数字,并应保持原有字迹仍可辨认。

2. 红字更正法

红字更正法是指以红字冲销原有的错误记录,以更正或者调整记账错误的一种方法。这种方法一般适用于以下两种情形。

第一,根据记账凭证登记账簿以后,发现记账凭证的应借、应贷会计科目或者借贷方向发生错误,应采用红字更正法。更正时,先用红字填制一张与错误记账凭证内容完全相同的记账凭证,并据以红字登记入账,冲销账簿原有错误的记录;然后,再用蓝字填制一张正确的记账凭证,在摘要栏注明"更正某年某月某日第×号凭证错误",并据以用蓝字或黑字登记入账。

第二,根据记账凭证登记账簿以后,发现记账凭证中应借、应贷的会计科目和借贷方向正确,但所记金额大于应记的正确金额,对于这种错误应采用红字更正法予以更正。更正时,将多记的金额用红字填制一张与原错误凭证会计科目、记账方向相同的记账凭证,其金额是错误金额与正确金额的差额,然后登记入账,以冲销多记金额。

3.补充登记法

补充登记法是指记账以后,发现记账凭证和账簿的所记金额小于应记金额,而应借、应贷的会计科目并无错误时应采用的方法。更正时,按少记的金额用蓝字填制一张应借、应贷会计科目与原错误记账凭证相同的记账凭证,并用蓝字或黑字据以登记入账,以补记少记的金额。

六、会计账簿的更换与保管

(一)会计账簿的更换

为了保持账簿记录的连续性,在每个会计年度终了时,单位应按照规定对大多数账簿进行更换,建立新账。一般来说,总账、日记账以及大部分明细账,都要每年更换一次,只有少部分明细账还可以继续使用,如固定资产明细账等。

更换账簿时,应在上一年账簿中各账户年终余额的摘要栏内注明"结转下年"字样,同时在新账簿中相关账户的第一行摘要栏内注明"上年结转"字样,在新账簿各账户余额栏内记入上年余额。年度之间的余额结转时,不需要编制记账凭证,但应核对相符。

(二)会计账簿的保管

会计账簿是重要的经济档案,因此,每一个单位都应按照国家有关规定,做好会计资料管理工作,妥善保管,按期销毁。

1.会计账簿的日常管理

(1)会计账簿的保管,应该明确责任,专人保管,严防丢失和损坏;

(2)未经领导和会计负责人等有关人员批准,不许非经管人员翻阅、查看、摘抄和复制会计账簿;

(3)除非特殊需要或司法介入要求,一般不允许将会计账簿携带外出。

2.会计账簿的归档要求

年度终了,更换旧账簿,建立新账后,一般都要把旧账送交总账会计集中统一管理。会计账簿暂由本单位财务会计部门保管一年,期满之后,由财务会计部门编造清册移交本单位的档案部门保管。

所有的旧账对账完毕,所有的活页账装订完毕,加上封面,由主管人员签字或盖章之后,要及时地将所有的会计账簿交由档案管理人员造册归档。归档时,应编制会计账簿归档登记表,以明确责任。

会计账簿应有一定的保管期限,根据其特点,分为永久和定期两类。保管期满后,要按照《会计档案管理办法》的规定,由财会部门和档案管理部门共同鉴定,报经批准后进行销毁处理。

第四节　会计核算组织程序

一、会计核算组织程序概述

(一)会计核算组织程序的含义和作用

会计核算组织程序也称账务处理程序或会计核算形式,是指会计凭证、会计账簿、会计报表的种类、格式与记账程序有机结合的方法和步骤。不同种类、格式的会计凭证、会计账簿、会计报表与一定的记账程序相结合,就形成了不同的会计核算组织程序。

确定科学合理的会计核算组织程序,对于准确、及时地提供系统而完整的会计信息,具有十分重要的意义:①有利于规范会计核算组织工作;②有利于保证会计核算工作质量;③有利于提高会计核算工作效率;④有利于节约会计核算工作成本。

(二)设计会计核算组织程序的基本要求

设计会计核算组织程序时,一般要考虑以下基本要求:

(1)结合本单位经济活动的性质、规模的大小、经济业务的繁简程度以及会计机构和会计人员的设置等因素,会计核算组织程序要与本单位会计核算工作相适应。

(2)要确保能够准确、及时、完整地提供系统而全面的会计信息资料,以满足企业内外部人员对会计信息使用的需求。

(3)在保证会计核算工作质量、提高会计核算工作效率的前提下,力求简化核算手续,降低核算成本。

(4)要有利于会计部门和会计人员的分工与合作,有利于建立会计工作的岗位责任制。

(三)会计核算组织程序的种类

常用的会计核算组织程序主要有记账凭证核算组织程序、汇总记账凭证核算组织程序、科目汇总表核算组织程序等。

二、记账凭证核算组织程序

(一)记账凭证核算组织程序的含义和特点

记账凭证核算组织程序是指经济业务发生以后,根据原始凭证填制各种记账凭证,再根据记账凭证直接逐笔登记总分类账的一种会计核算组织程序。其主要特点是:直接根据记账凭证逐笔登记总分类账。它是最基本的核算组织程序,其他核算组织程序都是在此基础上发展形成的。

在记账凭证核算组织程序下,记账凭证一般采用收款凭证、付款凭证和转账凭证三种专用记账凭证。会计账簿一般应设置三栏式现金日记账和银行存款日记账,各总分类账均采用三栏式,明细分类账可根据核算需要采用三栏式、数量金额式或多栏式。

(二)记账凭证核算组织程序的基本步骤

在记账凭证核算组织程序下,对经济业务进行账务处理的基本步骤可归纳如下:

(1)根据有关的原始凭证或原始凭证汇总表填制各种记账凭证;

(2)根据收款凭证和付款凭证逐笔登记现金日记账和银行存款日记账;

(3)根据记账凭证并结合原始凭证或原始凭证汇总表,逐笔登记各种明细分类账;

(4)根据各种记账凭证逐笔登记总分类账;

(5)月末,将日记账、明细分类账的余额与总分类账中对应账户的余额进行核对;

(6)月末,根据总分类账和明细分类账的资料编制会计报表。

记账凭证核算组织程序的基本步骤如图 5-7 所示。

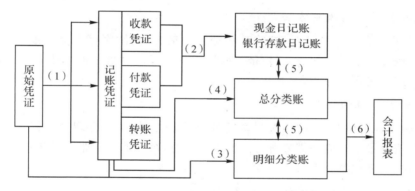

图 5-7 记账凭证核算组织程序的基本步骤

(三)记账凭证核算组织程序的优缺点及适用范围

1.记账凭证核算组织程序的优点

(1)在记账凭证核算组织程序下,日记账、明细分类账和总分类账均采用逐笔登记的方法,因此,账簿资料能够详细登记所发生的经济业务的情况。

(2)根据记账凭证直接登记账户是最为简单的一种登记方法,易于掌握。

2.记账凭证核算组织程序的缺点

对发生的每一笔经济业务都要根据记账凭证逐笔在总分类账中以及日记账和明细分类账中登记,是一种简单的重复登记,登记总分类账的工作量大,在经济业务量比较大的情况下更是如此。

3.记账凭证核算组织程序的适用范围

记账凭证核算组织程序一般只适用于规模较小、经济业务比较少的单位。

三、汇总记账凭证核算组织程序

(一)汇总记账凭证核算组织程序的含义和特点

汇总记账凭证核算组织程序是指根据各种记账凭证定期编制汇总记账凭证,然后根据汇总记账凭证登记总分类账的一种会计核算组织程序。其主要特点是:定期将所有的记账凭证按照科目对应关系汇总编制成汇总记账凭证,再根据汇总记账凭证登记账簿。

在汇总记账凭证核算组织程序下,记账凭证除了要设置收款凭证、付款凭证和转账凭证之外,还要分别设置汇总收款凭证、汇总付款凭证和汇总转账凭证。使用的会计账簿与记账凭证核算组织程序基本相同,在此不再赘述。

(二)汇总记账凭证的编制方法

1.汇总收款凭证的编制方法

汇总收款凭证的编制方法是:按收款凭证上的借方科目"库存现金""银行存款"分设汇总收款凭证,按分录中对应的贷方科目定期进行汇总,每月编制一张。月末结出汇总收款凭证的合计数,据以登记总分类账。

2.汇总付款凭证的编制方法

汇总付款凭证的编制方法是:按付款凭证上的贷方科目"库存现金""银行存款"分设汇总付款凭证,按分录中对应的借方科目定期进行汇总,每月编制一张。月末结出汇总付款凭证的合计数,据以登记总分类账。

3.汇总转账凭证的编制方法

汇总转账凭证的编制方法是:按转账凭证上的贷方科目分别设置汇总转账凭证,按它们对应的借方科目定期进行汇总,每月编制一张。月末结出汇总转账凭证的合计数,据以登记总分类账。

由于汇总转账凭证是按贷方科目设置的,为便于汇总转账凭证的编制,在日常编制转账凭证时,会计分录的形式最好是一借一贷、一贷多借,不宜一借多贷或多借多贷。

(三)汇总记账凭证核算组织程序的基本步骤

在汇总记账凭证核算组织程序下,对经济业务进行账务处理的基本步骤可归纳如下:

(1)根据有关的原始凭证或原始凭证汇总表填制收款凭证、付款凭证和转账凭证;

(2)根据收款凭证和付款凭证逐笔登记现金日记账和银行存款日记账;

(3)根据记账凭证并结合原始凭证或原始凭证汇总表,逐笔登记各种明细分类账;

(4)根据各种记账凭证分别编制汇总收款凭证、汇总付款凭证和汇总转账凭证;

(5)根据各种汇总记账凭证汇总登记总分类账;

(6)月末,将日记账、明细分类账的余额与总分类账中相应账户的余额进行核对;

(7)月末,根据总分类账和明细分类账的记录编制会计报表。

汇总记账凭证核算组织程序的基本步骤如图 5-8 所示。

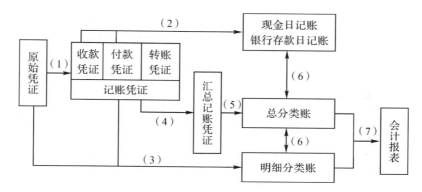

图 5-8　汇总记账凭证核算组织程序的基本步骤

（四）汇总记账凭证核算组织程序的优缺点及适用范围

1.汇总记账凭证核算组织程序的优点

（1）汇总记账凭证是按会计科目对应关系进行分类汇总的，能够清晰反映有关会计账户之间的对应关系。

（2）根据汇总记账凭证上有关账户的汇总发生额，定期或月末一次性登记总分类账，大大减轻了登记总分类账的工作量。

2.汇总记账凭证核算组织程序的缺点

对发生的经济业务在填制专用记账凭证的基础上，还需要定期分类汇总，编制汇总记账凭证，增加了编制汇总记账凭证的工作量。而且汇总记账凭证本身不能体现出有关数字之间的平衡关系，即使存在汇总错误也很难发现。

3.汇总记账凭证核算组织程序的适用范围

汇总记账凭证核算组织程序一般只适用于规模较大、经济业务比较多的大中型企业。

四、科目汇总表核算组织程序

（一）科目汇总表核算组织程序的含义和特点

科目汇总表核算组织程序是指根据各种记账凭证先定期汇总编制科目汇总表，然后根据科目汇总表登记总分类账的一种会计核算组织程序。其主要特点是：定期根据所有记账凭证汇总编制科目汇总表，再根据科目汇总表上的汇总数字登记总分类账。

在科目汇总表核算组织程序下，采用的记账凭证与记账凭证核算组织程序相同。独特的做法是编制"科目汇总表"这种具有汇总性质的记账凭证。使用的会计账簿与前两种会计核算组织程序基本相同。

（二）科目汇总表的格式与编制方法

根据一定时期内的全部记账凭证，按照相同的会计科目进行归类，定期分别汇总每一个账户借、贷方的发生额，并将其填列在科目汇总表的相应栏内，借以反映全部账户的借、贷方发生额。根据科目汇总表登记总分类账时,将该表中汇总起来的各科目本期借、贷方发生额合计数,分次或月末一次记入相应总分类账的借方或贷方。科目汇总表的基本格式如表 5-24 所示。

表 5-24　科目汇总表

年　　月　　日至　　日　　　　　　　　第　　号

会计科目	1—10 日		11—20 日		21—31 日		合计		总账页数
	借方	贷方	借方	贷方	借方	贷方	借方	贷方	
合计									

(三)科目汇总表核算组织程序的基本步骤

在科目汇总表核算组织程序下,对经济业务进行账务处理的基本步骤可归纳如下:

(1)根据有关的原始凭证或原始凭证汇总表填制收款凭证、付款凭证和转账凭证;

(2)根据收款凭证和付款凭证逐笔登记现金日记账和银行存款日记账;

(3)根据记账凭证并结合原始凭证或原始凭证汇总表,逐笔登记各种明细分类账;

(4)根据各种记账凭证汇总编制科目汇总表;

(5)根据科目汇总表汇总登记总分类账;

(6)月末,将日记账、明细分类账的余额与总分类账中相应账户的余额进行核对;

(7)月末,根据总分类账和明细分类账的记录编制会计报表。

科目汇总表核算组织程序的基本步骤如图 5-9 所示。

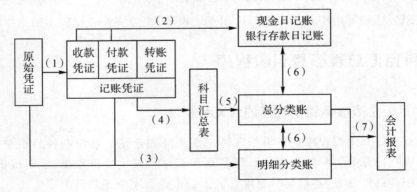

图 5-9　科目汇总表核算组织程序的基本步骤

(四)科目汇总表核算组织程序的优缺点及适用范围

1.科目汇总表核算组织程序的优点

(1)科目汇总表上的汇总结果体现了一定会计期间内所有账户的借方发生额和贷方发生额之间的相等关系,可以进行全部账户记录的试算平衡,在一定程度上能够保证总分类账登记的正确性。

(2)根据科目汇总表上有关账户的汇总发生额,在月中或月末一次性登记总分类账,大大减轻了登记总分类账的工作量。

2.科目汇总表核算组织程序的缺点

(1)编制作为登记总分类账依据的科目汇总表,增加了工作量。

(2)科目汇总表不能够清晰地反映账户之间的对应关系。

3.科目汇总表核算组织程序的适用范围

科目汇总表核算组织程序广泛应用于规模较大、经济业务较多的单位。

■■■ **思考题**

1.什么是会计凭证? 会计凭证的作用有哪些?

2.为什么要取得或填制原始凭证? 原始凭证的作用是什么? 如何对原始凭证进行分类?

3.为什么要编制记账凭证? 它与原始凭证的关系是怎样的?

4.为什么要设置账簿? 账簿的作用是什么?

5.明细分类账有哪几种格式? 各种格式的明细分类账的适用条件各是什么?

6.会计人员在记账过程中可能发生哪些错误?

7.三种错账更正方法的适用条件各是什么? 分别怎样应用?

8.什么叫会计核算组织程序? 科学的会计核算组织程序有什么作用?

9.各种会计核算组织程序分别有什么特点、优缺点? 其适用范围是怎样的?

■■■ **错账更正题**

某公司在账证核对中,发现下列错误,要求按有关错账更正规则进行更正。

1.从银行提取库存现金16 000元,备发工资。

记账凭证为

借:库存现金 16 000

　　贷:银行存款 16 000

账簿误记录为1 600元。

2.预付红光公司购货款25 000元。

记账凭证误为

借:预收账款 25 000

　　贷:银行存款 25 000

3.以银行存款支付公司行政部门用房的租金2 300元。

记账凭证误为

借:管理费用 3 200

　　贷:银行存款 3 200

4.开出现金支票1张,支付公司购货运杂费540元。

记账凭证误为

借:原材料 450

　　贷:银行存款 450

■■■ 实务题

目的:掌握会计凭证的编制和审核,掌握会计账簿的登记方法。

资料:某企业 12 月份发生下列业务。

(1)1 日,向甲公司购进钢材 1 000 吨,每吨价格为 5 380 元,材料已经验收入库,货款尚未支付。

(2)2 日,职工小赵出差,预借差旅费 500 元,以银行存款付讫。

(3)4 日,发出钢材 200 吨用于生产 A 产品,每吨价格为 5 380 元。

(4)6 日,销售 A 产品 15 件,每件售价为 2 500 元,货款已收讫并存入银行。

(5)10 日,从银行提取现金 2 000 元备用。

(6)16 日,小赵出差回公司,报销差旅费 800 元,余款以现金付清。

(7)20 日,收到东方公司前欠货款 6 700 元,存入银行。

(8)23 日,销售原材料,取得现金收入 780 元。

(9)24 日,股东张某增加投资一台设备,价值 250 000 元。

该公司当年 12 月份期初余额如下:库存现金 500 元,银行存款 69 500 元,应收账款 6 700元,原材料 500 000 元,库存商品 20 000 元,固定资产 413 300 元,短期借款 10 000 元,应付账款 10 000 元,实收资本 990 000 元。

要求:

(1)根据上述业务编制收款凭证、付款凭证和转账凭证,并指出一般应该附上的原始凭证。

(2)根据期初余额开设账簿,并登记期初余额。

(3)根据记账凭证登记会计账簿。

(4)结算本期有关总分类账的发生额和期末余额,并进行试算平衡。

参考答案

■■■ 自测题

本章自测

第六章

财务会计报告

■■■ **学习目标**

- □ 了解会计报表的种类以及编制要求
- □ 掌握会计报表的基本结构
- □ 掌握资产负债表和利润表的编制

■■■ **案例导读**

新能源汽车巨头比亚迪利润暴跌的原因

国家为培育战略性新兴产业,加强节能减排工作,在 2015 年 4 月由财政部、科技部、工业和信息化部、国家发展改革委四部委联合新发布了《关于 2016—2020 年新能源汽车推广应用财政支持政策的通知》,明确在"十三五"期间由中央财政对购买新能源汽车给予补助,新能源汽车生产企业在销售新能源汽车产品时按照扣减补助后的价格与消费者进行结算,中央财政将企业垫付的补助资金再拨付给生产企业。补助标准依据节能减排效果、生产成本、规模效应和技术进步等因素,每年各不相同,逐步退坡并于 2020 年全面取消。2018 年,受退坡政策和市场竞争的影响,汽车行业出现大面积业务滑坡。4 月 27 日,新能源汽车巨头比亚迪发布了 2018 年第一季度财报,报告期内,比亚迪实现净利润 1.02 亿元,同比下降 83.09%,扣除非经常性损益后的净利润则亏损 3.29 亿元,同比大跌超过 173%。政府补贴是企业净利润的来源之一,在企业利润表中计入"营业外收入"项目列示。但行业和企业的良性成长和发展,不能仅仅靠政策刺激,还需要从研发成本、技术、市场拉动等方面下功夫。

资料来源:拿到 6 亿补贴却利润暴跌 83%　比亚迪成了行业里的一面镜子[EB/OL].(2018-05-20)[2019-08-01]. http://www.sohu.com/a/232269888_413748.

第一节　财务报告概述

一、财务报告的定义与种类

(一)财务报告的定义

财务报告,是指会计主体对外提供的、用来综合反映该会计主体在某一特定日期的财务状况,以及在某一特定会计期间的经营成果和现金流量等相关信息的书面文件。

企业通过编制财务报告,向现有的以及潜在的投资者、债权人、政府部门及其他机构等信息使用者提供企业的财务状况、经营成果和现金流量信息,有利于其正确地进行经济决策。

(二)财务报告的种类

财务报告的分类存在着不同的标准,因此产生了不同的分类结果。常见的分类标准有以下几种。

1.按照财务报告编报的会计期间分类

按照财务报告编报的会计期间不同,可以将财务报告划分为年度财务报告和中期财务报告。年度财务报告是指反映企业在一个完整的会计年度结束日期的财务状况,以及在该会计年度内的经营成果、现金流量等相关信息的报告。中期财务报告包括半年度财务报告、季度财务报告和月度财务报告等,分别反映的是企业在半年度末、一个季度末或一个月末的财务状况,以及在该半年度、季度或月度内的经营成果、现金流量等相关信息的报告。

2.按照财务报告所反映的资金运动状态分类

按照财务报告所反映的资金运动状态不同,可以将财务报告划分为静态的财务报告和动态的财务报告。静态的财务报告是指仅反映企业在某一个特定时间点上的财务信息的会计报告,如资产负债表及其相应说明。动态的财务报告是反映企业在某一特定时期的相关财务信息的会计报告,如利润表、现金流量表及其附注等。

3.按照负责编制财务报告的主体分类

按照负责编制财务报告的主体不同,可以将财务报告划分为个别财务报告和合并财务报告。个别财务报告是指由每一个独立核算的企业针对本企业的财务状况与经营成果及现金流量等情况编制的财务报告。合并财务报告是由母公司编制的,用于反映母公司及其直接或间接控股的子公司所形成的企业集团整体的财务状况、经营成果及现金流量等情况的财务报告。

二、财务报告的构成

财务报告包括会计报表及附注和其他应当在财务报告中披露的相关信息、资料。

(一)会计报表

会计报表是财务报告的主要部分,是根据日常会计核算资料定期编制的,综合反映企业某一特定日期财务状况和某一会计期间经营成果、现金流量的总结性书面文件,主要包括资产负债表、利润表、现金流量表和所有者权益(股东权益)变动表等内容。

(二)会计报表附注

会计报表附注是财务报告不可或缺的组成部分。会计报表附注是以文字的形式,对会计报表的编制基础、编制依据、编制原则和方法及主要报表项目等做出解释,对明细资料等进行进一步说明,以便报表使用者全面、正确地理解会计报表。

（三）财务情况说明书

财务情况说明书是对企业一定会计期间内生产经营、资金周转、利润实现及分配等情况的综合性分析报告，是年度财务报告的重要组成部分，是会计信息使用者了解和考核企业生产经营和业务活动开展情况的重要资料。

三、财务报告的作用

企业日常活动中发生大量的经济业务。会计部门根据反映经济业务情况的原始凭证编制记账凭证，并根据记账凭证在有关账簿中进行登记，形成总账、明细账以及日记账等各种详细资料，以反映企业经济活动的情况。会计账簿中所反映的信息虽然具有一定的系统性和连续性，但仍然是分散的。所以，为了集中地反映企业的经济活动状况和经营成果，必须定期编制财务报告。具体而言，财务报告的作用可以概括为如下几方面。

第一，有助于企业管理者综合了解企业经营状况，加强经营管理。企业管理者通过对本单位财务报告的阅读与分析，可以较为全面、系统地了解企业的财务现状，肯定成绩，总结经验，并及时发现不足，采取措施，不断改进；同时，通过财务报告分析，可提高经营、投资、融资等相关决策的科学性和正确性，最终达到严控风险、实现资本保值增值的目的。

第二，有助于国家相关行政管理部门全面了解各行各业的经济动态与经济现状，掌握微观主体的经营状况，加强对企业的监督检查，以便在此基础上通过制定相应的经济、金融与产业政策，保障国民经济持续、协调、稳定发展。

第三，有助于包括现实或潜在的股东、债权人、企业员工、关联方、客户甚至竞争对手等在内的各个相关利益主体了解企业情况，为投资、信贷、融资等决策提供依据；有利于通过优胜劣汰的市场竞争机制，将有限的资源投放于经济与社会效益比较高、环境污染非常少、能够实现资源循环利用、可持续发展的行业或企业中去。

四、财务报告的编制要求

为了保证财务报告所提供的信息能够及时、准确、完整地反映企业的财务状况和经营成果，满足信息使用者的需要，企业在编制财务报告时，必须符合以下要求。

（一）数据真实，内容完整

财务报告的编制应当以实际发生的交易或事项为依据，按照国家统一的要求披露信息，全面、如实地反映企业的财务状况、经营成果和现金流量。不得遗漏，不得弄虚作假。这是对会计工作的基本要求，如果会计信息不能全面、真实地反映企业的实际情况，就会误导会计信息使用者，导致其经济决策的失误。

（二）计算准确，报送及时

会计核算以及财务报告的编制，涉及大量的数字计算，要求编制财务报告必须以核对无误的账簿记录和其他有关资料为依据，不能使用估计或推算的数据。同时，及时性是信息的重要特征,只有及时地将财务报告信息传递给信息使用者,才能为使用者的决策提供依据。否则,就大大降低了会计信息的使用价值。

(三)手续完备,责任明确

企业对外提供的财务报告应加封面、装订成册、加盖公章。财务报告封面上应当注明企业名称、企业统一社会信用代码、组织形式、地址、报表所属年度或者月份、报出日期,并由企业负责人和主管会计工作的负责人、会计机构负责人(会计主管人员)签名并盖章;设置总会计师的企业,还应当由总会计师签名并盖章。

第二节　资产负债表

一、资产负债表的内容与结构

(一)资产负债表的内容

资产负债表是反映企业某一特定日期财务状况的报表,主要提供企业财务状况方面的信息,是一种静态报表。资产负债表利用"资产=负债+所有者权益"的平衡原理,将"资产、负债、所有者权益"相关科目分为"资产"和"负债及股东权益"两大部分列示。资产负债表可以提供企业在某一特定日期的资产总额及其分布情况;可以反映企业在某一特定日期的负债总额及其结构;还可以反映企业所有者在某一特定日期所拥有的权益,据以判断资本保值增值的情况以及对负债的保障程度。

(二)资产负债表的结构

资产负债表一般有表首、正表以及附注三部分内容。

表首的内容包括:报表名称,如"资产负债表";编制单位,是指编制该报表的主体,即编制资产负债表的企业等;编制日期,是指资产负债表报告期间的最后截止日,如 2×18 年度资产负债表的编制日期为 2×18 年 12 月 31 日;货币名称和计量单位,是指该报表编制的货币单位和金额单位,如人民币"元"等内容。

正表则列示了用以说明企业财务状况的各个报表项目,按"资产=负债+所有者权益"的原理排列。目前,我国所采用的是账户式资产负债表,其结构是左右结构,左边列示资产,右边列示负债和所有者权益。资产负债表左右双方平衡,即资产总额等于负债和所有者权益总额。

在资产负债表中,资产按照流动性分类分项列示,包括流动资产、长期投资、固定资产、无形资产及其他资产;负债按照流动性分类分项列示,包括流动负债、长期负债等;所有者权益按照实收资本(股本)、资本公积、盈余公积、未分配利润等项目分项列示。

此外,企业还需要提供不同时点的资产负债表,以便报表使用者通过比较不同时点的资产负债表的数据,掌握企业财务状况的变动情况及发展趋势。所以,资产负债表还应就各个项目分"上年年末余额"和"期末余额"两栏分别填列。

附注是对正表中未能说明的财务状况的影响事项或者明细项目提供辅助补充说明的内容。

资产负债表的具体结构见表 6-1。

表 6-1 资产负债表

企会 01 表

编制单位： ＿＿年＿＿月＿＿日 单位:元

资产	期末余额	上年年末余额	负债和所有者权益（或股东权益）	期末余额	上年年末余额
流动资产：			流动负债：		
货币资金			短期借款		
交易性金融资产			交易性金融负债		
衍生金融资产			衍生金融负债		
应收票据			应付票据		
应收账款			应付账款		
应收款项融资			预收账款		
预付账款			合同负债		
其他应收款			应付职工薪酬		
存货			应交税费		
合同资产			其他应付款		
持有待售资产			持有待售负债		
一年内到期的非流动资产			一年内到期的非流动负债		
其他流动资产			其他流动负债		
流动资产合计			流动负债合计		
非流动资产：			非流动负债：		
债权投资			长期借款		
其他债权投资			应付债券		
长期应收款			其中:优先股		
长期股权投资			永续债		
其他权益工具投资			租赁负债		
其他非流动金融资产			长期应付款		
投资性房地产			预计负债		
固定资产			递延收益		
在建工程			递延所得税负债		
生产性生物资产			其他非流动负债		
油气资产			非流动负债合计		
使用权资产			负债合计		
无形资产			所有者权益（或股东权益）：		

续 表

资产	期末余额	上年年末余额	负债和所有者权益（或股东权益）	期末余额	上年年末余额
开发支出			实收资本（或股本）		
商誉			其他权益工具		
长期待摊费用			其中:优先股		
递延所得税资产			永续债		
其他非流动资产			资本公积		
非流动资产合计			减:库存股		
			其他综合收益		
			专项储备		
			盈余公积		
			未分配利润		
			所有者权益（或股东权益）合计		
资产总计			负债和所有者权益（或股东权益）总计		

二、资产负债表的编制方法

（一）"上年年末余额"的填列方法

资产负债表中"上年年末余额"栏内各项目数字,应根据上年末资产负债表"期末余额"栏内所列数字填列。如果本年度资产负债表规定的各个项目的名称和内容同上年度不一致,则应按照本年度的规定对上年资产负债表中各项目的名称和数字进行调整,将调整后的数字填入本表"上年年末余额"栏内。

（二）"期末余额"的填列方法

"期末余额"是指某一会计期末的数字,即月末、季度末、半年末或年末的数字。资产负债表中各项目"期末余额"栏内的数字填列,主要包括以下方法。

1. 根据总账科目余额直接填列

资产负债表中的有些项目可以直接根据总账科目期末余额填列,主要包括以下各个报表项目。

资产类项目:其他权益工具投资、投资性房地产、递延所得税资产等项目。

负债类项目:短期借款、交易性金融负债、应付职工薪酬、应交税费、持有待售负债、递延所得税负债等项目。

所有者权益类项目:实收资本、资本公积和盈余公积项目。

应注意,当某些资产类总账账户出现贷方余额或者负债类总账账户出现借方余额时,应以"—"填列。

2.根据总账科目余额计算填列

资产负债表中某些项目需要根据若干个总账科目的期末余额计算填列。

如货币资金项目,需要根据"库存现金""银行存款""其他货币资金"科目的期末余额合计数填列。其他应付款项目,应根据"应付利息""应付股利"和"其他应付款"科目的期末余额合计数填列。

3.根据有关明细科目余额计算填列

交易性金融资产项目,应根据"交易性金融资产"科目的相关明细科目期末余额分析填列。自资产负债表日起超过一年到期且预期持有超过一年的以公允价值计量且其变动计入当期损益的非流动金融资产的期末账面价值,在"其他非流动金融资产"项目反映。

预付账款项目,应根据"应付账款""预付账款"两个科目的相关明细科目期末借方余额合计数填列。

预收账款项目,应根据"应收账款""预收账款"两个科目的相关明细科目期末贷方余额合计数填列。

应付账款项目,根据"应付账款"和"预付账款"科目的相关明细科目期末贷方余额合计数填列。

【例 6-1】2×18 年 12 月 31 日,某股份有限公司有关账户余额如下:

(1)应收账款——甲,借方余额 10 万元,应收账款——乙,贷方余额 20 万元;

(2)预收账款——丙,借方余额 30 万元,预收账款——丁,贷方余额 40 万元;

(3)应付账款——A,借方余额 50 万元,应付账款——B,贷方余额 60 万元;

(4)预付账款——C,借方余额 70 万元,预付账款——D,贷方余额 80 万元。

根据"应收账款"和"预收账款"两个科目的相关明细科目期末借方余额计算填列应收账款项目:应收账款项目期末余额＝10＋30＝40(万元),包括甲公司的 10 万元和丙公司的 30 万元。

根据"应收账款""预收账款"两个科目的相关明细科目期末贷方余额合计数填列预收账款项目:预收账款项目期末余额＝20＋40＝60(万元),包括乙公司的 20 万元和丁公司的 40 万元。

根据"应付账款"和"预付账款"两个科目的相关明细科目期末贷方余额计算填列应付账款项目:应付账款项目期末余额＝60＋80＝140(万元),包括 B 公司的 60 万元和 D 公司的 80 万元。

根据"应付账款""预付账款"两个科目的相关明细科目期末借方余额合计数填列预付账款项目:预付账款项目期末余额＝50＋70＝120(万元),包括 A 公司的 50 万元和 C 公司的 70 万元。

此外,其他债权投资项目应根据"其他债权投资"科目的相关明细科目期末余额分析填列。自资产负债表日起一年内到期的长期债权投资的期末账面价值,在"一年内到期的非流动资产"项目反映。企业购入的以公允价值计量且其变动计入其他综合收益的一年内到期的债权投资的期末账面价值,在"其他流动资产"项目反映。

4.根据总账科目和明细科目余额分析计算填列

长期借款、应付债券、长期应付款等长期资产或者长期负债项目,应根据相关账户的总账余额扣除其明细账户中将于一年内到期的长期资产和长期负债后的余额填列。对于将于一年内到期的长期资产和长期负债,应分别在流动资产和流动负债下单设"一年内到期的非流动资产"和"一年内到期的非流动负债"项目分别进行反映。

5.根据有关科目余额减去其备抵科目余额后的净额填列

固定资产项目,应根据"固定资产"科目的期末余额,减去"累计折旧"和"固定资产减值准备"科目期末余额后的金额,以及"固定资产清理"科目的期末余额填列。

无形资产项目,应根据"无形资产"科目的期末余额,减去"累计摊销"和"无形资产减值准备"科目期末余额后的金额填列。

在建工程项目,应根据"在建工程"科目的期末余额,减去"在建工程减值准备"科目期末余额后的金额,以及"工程物资"科目的期末余额,减去"工程物资减值准备"科目期末余额后的金额填列。

持有待售资产项目,应根据"持有待售资产"科目的期末余额,减去"持有待售资产减值准备"科目期末余额后的金额填列。

长期股权投资项目,应根据"长期股权投资"科目的期末余额,减去"长期股权投资减值准备"科目期末余额后的金额填列。

6.综合运用上述填列方法分析填列

应收账款项目,根据"应收账款"和"预收账款"两个科目的相关明细科目期末借方余额合计数,减去"坏账准备"科目中有关坏账准备期末余额后的金额填列。

存货项目,应根据"在途物资""原材料""库存商品""生产成本"等科目的期末余额合计数,减去"存货跌价准备"科目期末余额后的金额填列。

其他应收款项目,应根据"应收利息""应收股利"和"其他应收款"的期末余额合计数,减去"坏账准备"科目中相关坏账准备期末余额后的金额填列。

债权投资项目,应根据"债权投资"科目的相关明细科目期末余额,减去"债权投资减值准备"科目中相关减值准备期末余额后的金额分析填列。企业购入的以摊余成本计量的一年内到期的债权投资的期末账面价值,在"其他流动资产"项目反映。

长期应付款项目,应根据"长期应付款"科目的期末余额,减去相关的"未确认融资费用"科目期末余额后的金额,以及"专项应付款"科目的期末余额填列。

三、资产负债表编制举例

【例 6-2】蓝天公司 2×18 年 12 月 31 日的科目余额如表 6-2 所示。

表 6-2　科目余额表

2×18 年 12 月 31 日　　　　　　　　　　　　　　　　　　单位:元

账户名称	借方余额	账户名称	贷方余额
库存现金	24 000	短期借款	1 300 000
银行存款	4 500 000	应付票据	430 000
其他货币资金	2 000 000	应付账款	1 864 600
应收票据	450 000	预收账款	18 600
应收账款	3 300 000	应付利息	18 000
坏账准备	−18 000	应付职工薪酬	96 000

第六章 | 财务会计报告

账户名称	借方余额	账户名称	贷方余额
预付账款	600 000	应交税费	612 000
其他应收款	42 000	其他应付款	138 300
在途物资	2 880 000	长期借款	15 000 000
原材料	3 600 000	实收资本	30 000 000
包装物	970 200	盈余公积	3 000 000
低值易耗品	520 400	利润分配（未分配利润）	1 420 500
库存商品	1 880 000		
长期股权投资	1 524 600		
固定资产	34 227 000		
累计折旧	−7 203 000		
在建工程	2 400 000		
无形资产	1 830 000		
递延所得税资产	370 800		
合计	53 898 000	合计	53 898 000

根据表 6-2 编制蓝天公司的资产负债表，如表 6-3 所示。

表 6-3 资产负债表

企业 01 表

编制单位：蓝天公司　　　　　　　2×18 年 12 月 31 日　　　　　　　单位：元

资产	期末余额	上年年末余额（略）	负债和所有者权益（或股东权益）	期末余额	上年年末余额（略）
流动资产：			流动负债：		
货币资金	6 524 000		短期借款	1 300 000	
交易性金融资产	0		交易性金融负债	0	
衍生金融资产	0		衍生金融负债	0	
应收票据	450 000		应付票据	430 000	
应收账款	3 282 000		应付账款	1 864 600	
应收款项融资	0		预收账款	18 600	
预付账款	600 000		合同负债	0	
其他应收款	42 000		应付职工薪酬	96 000	
存货	9 850 600		应交税费	612 000	
合同资产	0		其他应付款	156 300	
持有待售资产	0		持有待售负债	0	
一年内到期的非流动资产	0		一年内到期的非流动负债	0	

173

续 表

资产	期末余额	上年年末余额(略)	负债和所有者权益(或股东权益)	期末余额	上年年末余额(略)
其他流动资产	0		其他流动负债	0	
流动资产合计	20 748 600		流动负债合计	4 477 500	
非流动资产:			非流动负债:		
债权投资	0		长期借款	15 000 000	
其他债权投资	0		应付债券		
长期应收款	0		其中:优先股	0	
长期股权投资	1 524 600		永续债	0	
其他权益工具投资	0		租赁负债		
其他非流动金融资产	0		长期应付款	0	
投资性房地产	0		预计负债	0	
固定资产	27 024 000		递延收益	0	
在建工程	2 400 000		递延所得税负债	0	
生产性生物资产	0		其他非流动负债	0	
油气资产	0		非流动负债合计	15 000 000	
使用权资产	0		负债合计	19 477 500	
无形资产	1 830 000		所有者权益(或股东权益):		
开发支出	0		实收资本(或股本)	30 000 000	
商誉	0		其他权益工具		
长期待摊费用	0		其中:优先股	0	
递延所得税资产	370 800		永续债	0	
其他非流动资产	0		资本公积	0	
非流动资产合计	33 149 400		减:库存股	0	
			其他综合收益	0	
			专项储备	0	
			盈余公积	3 000 000	
			未分配利润	1 420 500	
			所有者权益(或股东权益)合计	34 420 500	
资产总计	53 898 000		负债和所有者权益(或股东权益)总计	53 898 000	

第三节　利润表

一、利润表的内容与结构

(一)利润表的内容

利润表,也称为损益表或者收益表,是反映企业在一定会计期间经营成果的会计报表,主要提供有关企业经营成果方面的信息。由于它反映的是某一期间的情况,所以又称为动态报表。利润表利用"收入－费用＝利润"的原理,把同一时期的收入和相关费用进行配比,计算出企业一定时期的净利润。利润表可以反映企业一定会计期间的收入实现情况和费用耗费情况;也可以反映企业一定会计期间生产经营活动的成果,据以评价企业经营管理效率,判断资本保值增值情况。

(二)利润表的结构

利润表一般有表首、正表以及附注三部分内容。

表首的内容包括:报表名称,如"利润表";编制单位,是指编制该报表的主体,即编制利润表的企业等;编制日期,是指利润表所涵盖的会计期间,如 2×18 年 12 月利润表的编制日期为 2×18 年 12 月;货币名称和计量单位,是指该报表编制的货币单位和金额单位,如人民币"元"等。

正表反映形成经营成果的各个项目和计算过程。

利润表一般有单步式利润表和多步式利润表两种。在我国,利润表一般采用多步式。多步式利润表中,收入应当按照重要性分项列示;费用应当按照性质分项列示;按照营业利润、利润总额和净利润等利润的构成分步计算当期净损益并列示。

我国企业利润表的主要计算步骤如下:

第一步,以营业收入为基础,计算营业利润。以营业收入为基础,减去营业成本、税金及附加、销售费用、管理费用、研发费用、财务费用、资产减值损失、信用减值损失等,加上其他收益、投资收益(减去投资损失)、公允价值变动收益(减去公允价值变动损失)以及资产处置收益(减去资产处置损失)等,计算出营业利润。

第二步,以营业利润为基础,加上营业外收入,减去营业外支出,计算出利润总额。

第三步,以利润总额为基础,减去所得税费用,计算出净利润。

此外,为了使报表使用者了解企业不同时期的利润实现情况,掌握企业利润的变动情况及发展趋势,利润表还应就各个项目分"本期金额"和"上期金额"两栏分别填列。

附注是对正表中未能说明的经营成果的影响事项或者明细项目提供辅助补充说明的内容。

利润表的具体结构见表 6-4。

表 6-4　利润表

企会 02 表

编制单位：　　　　　　　　　　　　　　　 _____年____月　　　　　　　　　　　　　　 单位：元

项目	本期金额	上期金额
一、营业收入		
减：营业成本		
税金及附加		
销售费用		
管理费用		
研发费用		
财务费用		
其中：利息费用		
利息收入		
加：其他收益		
投资收益（损失以"－"号填列）		
其中：对联营企业和合营企业的投资收益		
以摊余成本计量的金融资产终止确认收益（损失以"－"号填列）		
净敞口套期收益（损失以"－"号填列）		
公允价值变动收益（损失以"－"号填列）		
信用减值损失（损失以"－"号填列）		
资产减值损失（损失以"－"号填列）		
资产处置收益（损失以"－"填列）		
二、营业利润（亏损以"－"号填列）		
加：营业外收入		
减：营业外支出		
三、利润总额（亏损总额以"－"号填列）		
减：所得税费用		
四、净利润（净亏损以"－"号填列）		
（一）持续经营净利润（净亏损以"－"号填列）		
（二）终止经营净利润（净亏损以"－"号填列）		
五、其他综合收益的税后净额		
（一）不能重分类进损益的其他综合收益		
（二）将重分类进损益的其他综合收益		
六、综合收益总额		
七、每股收益		
（一）基本每股收益		
（二）稀释每股收益		

二、利润表的编制方法

(一)"上期金额"的填列方法

利润表中"上期金额"栏内各项目数字,应根据上年该期的"本期金额"栏内所列数据填列。如果上年度利润表与本年度利润表的项目名称和内容不一致,应按本年度的规定对上年度利润表中项目的名称和数字进行调整,将调整后的数字填入本期"上期金额"栏内。

(二)"本期金额"的填列方法

利润表中的"本期金额"栏内各个数据,应根据损益类科目的发生额分析填列,主要项目的具体填列方法如下。

(1)营业收入项目,应根据"主营业务收入"和"其他业务收入"科目期末转入"本年利润"的贷方发生额分析填列。即营业收入应当是净收入,是扣除销售退回、销售折扣和销售折让等项目后的净额。

(2)营业成本项目,应根据"主营业务成本"和"其他业务成本"科目期末转入"本年利润"的借方发生额分析填列。即营业成本是净成本。

(3)税金及附加项目,反映企业经营主要业务应负担的消费税、城市维护建设税、资源税、土地增值税和教育费附加等。本项目应根据"税金及附加"科目期末转入"本年利润"的借方发生额分析填列。

(4)销售费用项目,应根据"销售费用"科目期末转入"本年利润"的借方发生额分析填列。

(5)管理费用项目,应根据"管理费用"科目期末转入"本年利润"的借方发生额,扣除研发费用明细科目发生额后的金额填列。

(6)研发费用项目,反映企业进行研究与开发过程中发生的费用化支出以及计入管理费用的自行开发无形资产的摊销。该项目应根据"管理费用"科目下的"研发费用"明细科目发生额以及"管理费用"科目下的"无形资产摊销"明细科目发生额分析填列。

(7)财务费用项目,应根据"财务费用"科目期末转入"本年利润"的借方发生额分析填列。

(8)利息费用项目,反映企业为筹集生产经营所需资金等而发生的应予费用化的利息支出。该项目应根据"财务费用"科目的相关明细科目发生额分析填列。

(9)利息收入项目,反映企业确认的利息收入。该项目应根据"财务费用"科目的相关明细科目发生额分析填列。

(10)营业外收入项目,应根据"营业外收入"科目期末转入"本年利润"的贷方发生额分析填列。

(11)营业外支出项目,应根据"营业外支出"科目期末转入"本年利润"的借方发生额分析填列。

(12)所得税费用项目,应根据"所得税费用"科目期末转入"本年利润"的借方发生额分析填列。

三、利润表编制举例

【例 6-3】华盛公司 2×18 年 12 月 31 日有关损益类账户的累计发生额如表 6-5 所示。

表 6-5 华盛公司 2×18 年 12 月 31 日有关损益类账户的累计发生额

单位：元

科目名称	借方发生额	贷方发生额
主营业务收入		1 500 000
其他业务收入		200 000
主营业务成本	800 000	
其他业务成本	120 000	
税金及附加	20 000	
销售费用	46 000	
管理费用	188 000	
其中：研发费用	80 000	
财务费用	62 000	
其中：利息费用	20 000	
利息收入	10 000	
营业外收入		76 800
营业外支出	20 000	
所得税费用	125 300	

根据上述资料编制利润表，如表 6-6 所示。

表 6-6 利润表

会企 02 表

编制单位：华盛公司   2×18 年 12 月   单位：元

项目	本期金额	上期金额（略）
一、营业收入	1 700 000	
减：营业成本	920 000	
税金及附加	20 000	
销售费用	46 000	
管理费用	108 000	
研发费用	80 000	
财务费用	62 000	
其中：利息费用	20 000	
利息收入	10 000	

项目	本期金额	上期金额（略）
加：其他收益	0	
投资收益（损失以"－"号填列）	0	
其中：对联营企业和合营企业的投资收益	0	
以摊余成本计量的金融资产终止确认收益（损失以"－"号填列）	0	
净敞口套期收益（损失以"－"号填列）	0	
公允价值变动收益（损失以"－"号填列）	0	
信用减值损失（损失以"－"号填列）	0	
资产减值损失（损失以"－"号填列）	0	
资产处置收益（损失以"－"号填列）	0	
二、营业利润（亏损以"－"号填列）	464 000	
加：营业外收入	76 800	
减：营业外支出	20 000	
三、利润总额（亏损总额以"－"号填列）	520 800	
减：所得税费用	125 300	
四、净利润（净亏损以"－"号填列）	395 500	
（一）持续经营净利润（净亏损以"－"号填列）	略	
（二）终止经营净利润（净亏损以"－"号填列）	略	
五、其他综合收益的税后净额	略	
（一）不能重分类进损益的其他综合收益	略	
（二）将重分类进损益的其他综合收益	略	
六、综合收益总额	略	
七、每股收益	略	
（一）基本每股收益	略	
（二）稀释每股收益	略	

第四节　现金流量表

一、现金流量表的定义与分类

（一）现金流量表的定义

现金流量表是反映企业一定会计期间现金和现金等价物流入和流出情况的报表，属于动态报表。现金流量表反映企业在一定期间内（一年）的经营活动、投资活动、筹资活动的动态情况,在评价企业经营业绩、衡量企业财务资源和财务风险以及预测企业未来前景方面起着十分重要的作用。

(二)现金流量表的分类

在现金流量表中,企业应当按照经营活动、投资活动和筹资活动的现金流量三项内容分类分项列示。

1.经营活动产生的现金流量

经营活动是指企业投资活动和筹资活动以外的所有交易和事项。企业经营活动主要包括销售商品、提供劳务、购买商品、接受劳务、支付税费等。

2.投资活动产生的现金流量

投资活动是指企业长期资产的购建和不在现金等价物范围内的投资及处置活动。

3.筹资活动产生的现金流量

筹资活动是指导致企业资本及债务规模和构成发生变化的活动。

二、现金流量表的格式与编制方法

(一)现金流量表的格式

现金流量表分为三部分,即表首、正表和补充资料。

表首概括地说明报表名称、编制单位、编制日期、报表编号、货币名称、计量单位等。

正表反映现金流量表的各个项目内容。正表有六项:一是经营活动产生的现金流量;二是投资活动产生的现金流量;三是筹资活动产生的现金流量;四是汇率变动对现金及现金等价物的影响;五是现金及现金等价物净增加额;六是期末现金及现金等价物余额。

补充资料有三项:一是将净利润调节为经营活动产生的现金流量;二是不涉及现金收支的投资和筹资活动;三是现金及现金等价物净增加情况。

现金流量表的基本格式见表6-7。

表6-7　现金流量表

会企03表

编制单位:　　　　　　　　　　　　　____年____月____　　　　　　　　　　　　单位:元

项目	本期金额	上期金额
一、经营活动产生的现金流量		
销售商品、提供劳务收到的现金		
收到的税费返还		
收到其他与经营活动有关的现金		
经营活动现金流入小计		
购买商品、接受劳务支付的现金		

项目	本期金额	上期金额
支付给职工以及为职工支付的现金		
支付的各项税费		
支付的其他与经营活动有关的现金		
经营活动现金流出小计		
经营活动产生的现金流量净额		
二、投资活动产生的现金流量		
收回投资收到的现金		
取得投资收益收到的现金		
处置固定资产、无形资产和其他长期资产收回的现金净额		
处置子公司及其他营业单位收到的现金净额		
收到的其他与投资活动有关的现金		
投资活动现金流入小计		
购建固定资产、无形资产和其他长期资产支付的现金		
投资支付的现金		
取得子公司及其他营业单位支付的现金净额		
支付的其他与投资活动有关的现金		
投资活动现金流出小计		
投资活动产生的现金流量净额		
三、筹资活动产生的现金流量		
吸收投资收到的现金		
取得借款收到的现金		
收到的其他与筹资活动有关的现金		
筹资活动现金流入小计		
偿还债务支付的现金		
分配股利、利润或偿付利息支付的现金		
支付的其他与筹资活动有关的现金		
筹资活动现金流出小计		
筹资活动产生的现金流量净额		
四、汇率变动对现金及现金等价物的影响		
五、现金及现金等价物净增加额		
加:期初现金及现金等价物余额		
六、期末现金及现金等价物余额		

(二)现金流量表的编制方法

现金流量表的编制方法有分析填列法、工作底稿法和 T 型账户法等。经营活动现金流量的编制方法有直接法和间接法两种。

分析填列法是直接根据资产负债表、利润表和有关会计科目明细账的记录,分析计算出现金流量表各项目的金额,并据以编制现金流量表的一种方法。

采用工作底稿法编制现金流量表,是以工作底稿为手段,以资产负债表和利润表中的数据为基础,对每一项目进行分析并编制调整分录,从而编制现金流量表。

采用 T 型账户法编制现金流量表,是以 T 型账户为手段,以资产负债表和利润表中的数据为基础,对每一项目进行分析并编制调整分录,从而编制现金流量表。

第五节 所有者权益变动表

一、所有者权益变动表的内容与结构

所有者权益变动表是反映所有者权益的各组成部分当期增减变动情况的报表。所有者权益变动表既可以为报表使用者提供所有者权益总量增减变动的信息,也能为其提供所有者权益增减变动的结构性信息。

所有者权益变动表以矩阵的形式列示:一方面,列示导致所有者权益变动的交易或事项,即所有者权益变动的来源,对一定时期所有者权益的变动情况进行全面反映;另一方面,按照所有者权益各组成部分(即实收资本、资本公积、盈余公积、未分配利润和库存股)列示交易或事项对所有者权益各部分的影响。

所有者权益变动表的具体格式见表 6-8。

二、所有者权益变动表的编制

所有者权益变动表各项目均需填列"本年金额"和"上年金额"两栏。

所有者权益变动表"上年金额"栏内各项数字,应根据上年度所有者权益变动表"本年金额"内所列数字填列。上年度所有者权益变动表规定的各个项目的名称和内容同本年度不一致的,应按照本年度的规定对上年度所有者权益变动表中各项目的名称和数字进行调整,将调整后的数字填入所有者权益变动表的"上年金额"栏内。

所有者权益变动表"本年金额"栏内各项数字一般应根据"实收资本(或股本)""其他权益工具""资本公积""盈余公积""利润分配""库存股""未分配利润"科目的发生额分析填列。

表6-8 所有者权益变动表

年度

编制单位:＿＿＿＿＿＿

会企04表
单位:元

项目	本年金额									上年金额								
	实收资本(或股本)	其他权益工具			资本公积	减:库存股	其他综合收益	盈余公积	未分配利润	所有者权益合计	实收资本(或股本)	其他权益工具			资本公积	减:库存股	其他综合收益	盈余公积	未分配利润	所有者权益合计
		优先股	永续债	其他								优先股	永续债	其他						
一、上年年末余额																				
加:会计政策变更																				
前期差错更正																				
其他																				
二、本年年初余额																				
三、本年增减变动金额(减少以"－"填列)																				
(一)综合收益总额																				
(二)所有者投入和减少资本																				
1.所有者投入的普通股																				
2.其他权益工具持有者投入资本																				
3.股份支付计入所有者权益的金额																				
4.其他																				
(三)利润分配																				
1.提取盈余公积																				
2.对所有者(或股东)的分配																				
3.其他																				
(四)所有者权益内部结转																				
1.资本公积转增资本(或股本)																				
2.盈余公积转增资本(或股本)																				
3.盈余公积弥补亏损																				
4.设定受益计划变动额结转留存收益																				
5.其他综合收益结转留存收益																				
6.其他																				
四、本年年末余额																				

第六节 会计报表附注

一、会计报表附注的含义与意义

会计报表附注是为便于会计报表使用者理解会计报表的内容而提供的对在资产负债表、利润表、现金流量表和所有者权益变动表等报表中列示的项目的文字描述或明细资料，以及对未能在这些报表中列示的项目的说明，如报表的编制基础、编制依据、编制原则和方法等。

附注是对会计报表的补充说明，是财务报告体系的重要组成部分。随着经济环境的复杂化以及人们对相关信息要求的提高，附注在整个财务报告体系中的地位日益突出。

二、会计报表附注的内容

根据《企业会计准则第30号——财务报表列报》(2014)第三十九条的规定，附注一般应当按照下列顺序披露：

（1）财务报表的编制基础。

（2）遵循《企业会计准则》的声明。

（3）重要会计政策的说明，包括财务报表项目的计量基础和会计政策的确定依据等。

（4）重要会计估计的说明，包括下一会计期间内很可能导致资产、负债账面价值重大调整的会计估计的确定依据等。

（5）会计政策和会计估计变更以及差错更正的说明。

（6）对已在资产负债表、利润表、现金流量表和所有者权益变动表中列示的重要项目的进一步说明，包括终止经营税后利润的金额及其构成情况等。

（7）或有和承诺事项、资产负债表日后非调整事项、关联方关系及其交易等需要说明的事项。

同时，企业应当在附注中披露在资产负债表日后、财务报告批准报出日前提议或宣布发放的股利总额和每股股利金额（或向投资者分配的利润总额）。

此外，下列各项未在财务报表中披露的，企业应当在附注中披露：企业注册地、组织形式和总部地址，企业的业务性质和主要经营活动，母公司以及集团最终母公司的名称，等等。

▪▪▪ 思考题

1．财务报告体系包括哪些内容？

2．什么是资产负债表？它有何作用？结构如何？

3．如何编制资产负债表？

4．什么是利润表？它有何作用？结构如何？

5．如何编制利润表？

6．什么是现金流量表？它有何作用？结构如何？

7. 什么是所有者权益变动表？它有何作用？结构如何？

8. 什么是会计报表附注？它一般包含哪些内容？

■■■ 实务题

目的：练习资产负债表和利润表的编制方法。

资料：某企业为增值税一般纳税人，只生产一种产品。2×19 年 1 月 1 日有关账户余额如表 6-9 所示。

表 6-9 某企业 2×19 年 1 月 1 日有关账户余额

单位：万元

账户名称	借方余额	贷方余额
银行存款	6 000	
应收票据	3 000	
应收账款	6 000	
预付账款	5 000	
原材料	12 000	
库存商品	25 000	
固定资产	21 000	
累计折旧		6 000
在建工程	15 000	
应交税费		6 000
长期借款		21 000
实收资本		38 000
资本公积		10 000
盈余公积		12 000

该企业 2×19 年度发生的经济业务如下：

(1)用银行存款支付购入原材料的货款 3 000 万元及增值税 390 万元(增值税税率为 13%)，材料已验收入库。

(2)2×19 年度，企业的长期借款发生利息费用 1 500 万元。按《企业会计准则》的规定，计算出工程应负担的长期借款利息费用为 600 万元，其他利息费用为 900 万元，利息尚未支付。

(3)购入不需安装的设备一台，设备价款及增值税共计 900 万元，全部款项均已用银行存款支付，设备已经交付使用。

(4)本年计提固定资产折旧 1 500 万元，其中厂房及生产设备折旧 1 000 万元，办公用房及设备折旧 500 万元。

(5)计提职工工资 600 万元，并将其分配计入相关成本费用项目。其中生产人员工资 300 万元，管理人员工资 150 万元，在建工程应负担的人员工资 150 万元。

(6)本年产品生产耗用原材料 12 000 万元。计算产品生产成本并将其结转至产成品账户。假设 2×19 年度生产成本账户无年初数及年末数余额。

(7)销售产品一批,销售价款为 30 000 万元,应收取的增值税为 3 900 万元,已收款项为 16 950 万元(其中货款 15 000 万元,增值税 1 950 万元),余款尚未收取。该批产品成本为 18 000万元。

(8)将各收支账户结转至本年利润。

(9)假设本年企业不交所得税,不提取盈余公积,不分配利润。本年利润余额全部转入"利润分配——未分配利润"账户。

要求:

(1)编制上述各项经济业务的会计分录。

(2)编制该企业 2×19 年度的资产负债表和利润表。

参考答案

■■■ 自测题

本章自测

第七章

会计工作组织

■■■ **学习目标**

- ☐ 掌握组织会计工作的意义
- ☐ 掌握会计机构及会计人员岗位的设置
- ☐ 理解会计工作规范的内容
- ☐ 掌握会计档案的管理
- ☐ 熟悉会计工作的组织形式

■■■ **案例导读**

没有规矩不成方圆，会计基础工作薄弱，不仅影响会计职能的有效发挥，一定程度上也会干扰社会经济秩序，所以必须将会计工作置于法律、法规的约束和规范之下。但是会计实务中依然存在弄虚作假、篡改账目等多种违法违规的操作，这跟会计人员法律意识淡薄有密切关系。比如，在财务单据使用方面，有的企业为了节约成本或对会计凭证的重要性认识不足，出现乱用凭证、混用凭证甚至不用凭证的情况；在会计账簿设置方面，有的企业账目不全导致无法账账牵制，有的企业以票代账或不入账，有的企业甚至建两套账；在账务处理方面更是五花八门，比如提前或推迟收入的确认，会计方法选择不当或频繁变更，等等。这些行为是违反《企业会计准则》甚至《中华人民共和国会计法》的，必将被限期整改、罚款、行政处分甚至刑事处罚。

第一节　组织会计工作的意义

从广义上讲，凡是与组织会计工作有关的一切事项，都可以包括在会计工作组织之内。从狭义上讲，会计工作组织仅包括会计人员的配备、会计机构的设置、会计法规的制定与执行以及会计档案的保管。科学地组织会计工作，对全面完成会计工作，充分发挥会计在经济管理中的作用具有重要的意义。

一、有利于保证会计工作质量，提高会计工作效率

会计工作是一项严密细致的工作。会计的对象是各会计主体的资金运动以及相关的财务收支活动。会计要将这些信息反映在会计凭证、会计账簿和财务报表中，必须对会计主体

的资金运动、财务收支活动进行连续的确认、计量、记录、分类、汇总和分析，这都需要一系列专门方法及相应的手续和程序。会计信息的传输、加工在各种手续、各个步骤之间存在着密切的联系。如果没有专职的机构和人员，没有一套完备的工作制度和办事程序，就不能把会计工作科学地组织起来，无法准确、及时地提供会计信息，也就不能很好地实现会计目标。因此，只有建立、健全会计机构，使会计工作按照事先的程序有条不紊地进行，才能防止差错，只有配备合格的会计人员并不断完善会计法规体系，才能保障会计工作的质量，提高会计工作的效率。

二、有利于确保会计工作与其他经济管理工作协调一致

会计工作是一项综合性的管理工作，既有其独立的工作内容和范围，又与其他经济管理工作存在着密切的联系。例如：会计工作与国家财政、税务、金融等工作，与单位内部计划、统计、审计等工作都有着密切的联系。科学合理地组织会计工作，才能使会计工作同其他经济管理工作更好地分工协作，相互协调，密切配合，同时在加强科学管理、提高经济效益等方面相互补充、相互促进，共同完成经济管理的任务。

三、有利于加强单位内部的经济责任制

经济责任制是各单位加强内部经济管理的重要手段。实行内部经济责任制离不开会计。比如，科学的经济预测、正确的经营决策以及业绩评价考核等，都需要会计工作的支持。科学地组织会计工作，建立健全内部会计管理及控制制度，可以促使单位内部有关部门管好用好资金，增收节支，提高管理水平，提高经济效益，加强内部经济责任制。

四、有利于法规制度等的贯彻执行

科学合理地组织会计工作，发挥会计的职能、作用，有利于贯彻执行国家的方针、政策和有关的法律、法规、制度，维护财经纪律，建立良好的社会经济秩序。

总之，正确组织会计工作，不仅有利于企业、事业等单位经济活动的顺利进行，也有利于整个国民经济的正常发展。

第二节　会计人员

会计人员是从事会计工作、处理会计业务、完成会计任务的人员。企业、事业、行政机关等单位，都应根据实际需要配备一定数量的会计人员，这是做好会计工作的决定性因素。

为了充分发挥会计人员的积极性，使全体会计人员更好地完成会计工作任务，《中华人民共和国会计法》（以下简称《会计法》）和有关会计人员管理的法规对会计人员的职责与权限、任职资格、法律责任等都做了明确的规定。

一、会计人员的职责

会计人员的职责概括起来就是，及时提供真实可靠的会计信息，认真贯彻执行和维护国家财经制度和财经纪律，积极参与经营管理，提高经济效益。根据《会计法》的规定，会计人员主要有以下几方面职责。

(一)进行会计核算

会计人员应按照会计制度的规定，切实做好记账、算账、报账工作。各单位必须根据实际发生的经济业务事项进行会计核算，要认真填制和审核原始凭证，编制记账凭证，登记会计账簿，正确计算各项收入、支出、成本、费用、财务成果。按期结算、核对账目，进行财产清查，在保证账证相符、账账相符、账实相符的基础上，按照手续完备、数字真实、内容完整的要求编制和报出财务会计报告。

(二)实行会计监督

实行会计监督，即通过会计工作，对本单位的各项经济业务和会计手续的合法性、合理性进行监督。对不真实、不合法的原始凭证不予受理，对账簿记录与实物、款项不符的问题，应按有关规定进行处理或及时向本单位负责人报告；对违反国家统一的财政制度、财务规定的收支不予受理。此外，各单位必须依照法律和其他有关规定，接受财政、审计、税务机关的监督，如实提供会计凭证、会计账簿、会计报表和其他会计资料以及有关情况的信息。

(三)拟定本单位办理会计事务的具体办法

根据国家的会计法规、制度、财经方针、政策及上级机关的有关规定，结合本单位的具体情况，拟定本单位会计工作必须遵循的要求和办理会计事务的具体办法，如会计人员岗位责任制度、内部稽核制度、财产清查制度和成本会计制度等。

(四)参与拟定经济计划、业务计划，编制预算和财务计划，考核、分析其执行情况

会计人员应积极参与本单位经济计划和业务计划的拟定工作，运用掌握的资料和专业知识，对这些计划提出改进建议和措施，促使有关部门改进经营管理，增收节支，杜绝浪费，充分发挥会计参与管理的职能作用。

会计部门应负责编制财务计划和预算，并考核、分析其执行情况，揭示执行中的问题，查明原因，提出改进的措施和建议。

(五)办理其他会计事项

其他会计事项是指除上述各项外的其他会计业务。比如，协助单位内部其他管理部门做好管理的基础工作，提供关于改制、合并、分立等方面的会计信息，举办单位管理人员财会知识的培训，等等。

二、会计人员的权限

为了保障会计人员更好地履行职责,《会计法》及其他相关法规在明确了会计人员职责的同时,也赋予了会计人员相应的权限。

(1)会计人员有权要求本单位各有关部门及相关人员认真执行国家、上级主管部门等批准的计划和预算,严格遵守国家财经纪律、会计准则和相应会计制度,如果发现有违反上述规定的,会计人员有权拒绝付款、拒绝报销或拒绝执行,对于属于会计人员职权范围内的违规行为,在自己的职权范围内予以纠正,超出其职权范围的应及时向有关部门及领导汇报,请求依法处理。

(2)会计人员有权履行其管理职能,也就是有权参与本单位编制计划、制定定额、签订合同,参加有关的生产、经营管理会议和业务会议,并以会计人员特有的专业知识就有关事项提出自己的建议和意见。

(3)会计人员有权监督检查本单位内部各部门的财务收支、资金使用和财产保管、收发、计量、检验等情况,各部门应该大力支持和协助会计人员工作。

三、会计人员的任职资格

《会计法》第三十八条规定,会计人员应当具备从事会计工作所需要的专业能力。担任单位会计机构负责人(会计主管人员)的,应当具备会计师以上专业技术职务资格或者从事会计工作三年以上经历。《会计基础工作规范》第十四条规定,会计人员应当具备必要的专业知识和专业技能,熟悉国家有关法律、法规、规章和国家统一的会计制度,遵守职业道德。这些都是对会计人员任职资格的具体规定。

四、会计人员的职业道德

会计职业道德是指在会计职业活动中应遵循的、体现会计职业特征的、调整会计职业关系的职业行为准则和规范。换句话说,会计职业道德是从事会计工作的人员在履行职能的活动中应当具备的道德品质。根据我国会计工作、会计人员的实际情况,我国会计人员职业道德主要包括以下内容。

(一)爱岗敬业

爱岗是指会计人员热爱本职工作,安心于本职岗位,并为做好本职工作尽心尽力、尽职尽责。敬业是指会计人员要对其所从事的会计职业有正确认识和恭敬态度,认真地对待本职工作,将身心与本职工作融为一体。

(二)诚实守信

诚实守信要求会计人员执业谨慎,信誉至上,不为利益所诱惑,不伪造,不弄虚作假,如实反映单位经济业务事项。同时,还应当保守本单位的商业秘密,除法律规定和单位负责人同意外,不得私自向外界提供或者泄露本单位的会计信息。

(三)廉洁自律

廉洁自律要求会计人员必须树立正确的人生观和价值观,严格划分公私界限,做到不贪不占、遵纪守法、清正廉洁。要正确处理会计职业权利与职业义务的关系,增强抵制行业不正之风的能力。

(四)客观公正

客观是指会计人员开展会计工作时,要端正态度,依法办事,实事求是,以客观事实为依据,如实地记录和反映实际经济业务事项,会计核算要准确,记录要可靠,凭证要合法。公正是指会计人员在履行会计职能时,要做到公平公正、不偏不倚,保持应有的独立性,以维护会计主体和社会公众的利益。

(五)坚持准则

坚持准则要求会计人员熟悉财经法律、法规和国家统一的会计制度,在处理经济业务的过程中,不为主观或他人意志左右,始终坚持按照财经法律、法规和国家统一的会计制度的要求进行会计核算,实施会计监督,确保所提供的会计信息真实、完整,维护国家利益、社会公众利益和正常的经济秩序。

(六)提高技能

提高技能要求会计人员通过学习、培训和实践等途径,不断提高会计理论水平、会计实务能力、职业判断能力、自动更新知识的能力、提供会计信息的能力、沟通交流能力,丰富职业经验。运用所掌握的知识、技能和经验,开展会计工作,履行会计职责,以适应深化会计改革和会计国际化的需要。

(七)参与管理

参与管理要求会计人员在做好本职工作的同时,树立参与管理的意识,努力钻研相关业务,全面熟悉本单位经营活动和业务流程,主动向领导反映经营管理活动中的情况和存在的问题,主动提出合理化建议,协助领导决策,参与经营管理活动,做好领导的参谋。

(八)强化服务

强化服务要求会计人员具有强烈的服务意识、文明的服务态度和优良的服务质量。会计人员必须端正服务态度,做到讲文明、讲礼貌、讲信誉、讲诚实、坚持准则,真实、客观地核算单位的经济业务,努力维护和提升会计职业的良好社会形象。

五、会计人员的法律责任

《会计法》规定会计人员的法律责任主要包括以下内容。

(一)违反《会计法》的法律责任

会计人员违反《会计法》的行为主要有：

(1)不依法设置会计账簿；

(2)私设会计账簿；

(3)未按照规定填制、取得原始凭证或者填制、取得的原始凭证不符合规定；

(4)以未经审核的会计凭证为依据登记会计账簿或者登记会计账簿不符合规定；

(5)随意变更会计处理方法；

(6)向不同的会计资料使用者提供的财务会计报告的编制依据不一致；

(7)未按照规定使用会计记录文字或者记账本位币；

(8)未按照规定保管会计资料,致使会计资料毁损、灭失；

(9)未按照规定建立并实施单位内部会计监督制度,或者拒绝依法实施监督,或者不如实提供有关会计资料及有关情况；

(10)任用会计人员不符合《会计法》的规定。

会计人员如果有上述行为之一,由县级以上人民政府财政部门责令限期改正,可以对单位并处 3 000 元以上 50 000 元以下的罚款；对其直接负责的主管人员和其他直接责任人员,可以处 2 000 元以上 20 000 元以下的罚款,属于国家工作人员的,还应当由其所在单位或者有关单位依法给予行政处分。

(二)违反《刑法》的法律责任

伪造、变造会计凭证、会计账簿,编制虚假财务会计报告,构成犯罪的,依法追究刑事责任。不构成犯罪的,由县级以上人民政府财政部门予以通报,可以对单位并处 5 000 元以上 100 000 元以下的罚款；对直接负责的主管人员和其他直接责任人员,可以处 3 000 元以上 50 000 元以下的罚款,属于国家工作人员的,还应当由其所在单位或者有关单位依法给予撤职直至开除的行政处分。

隐匿或者故意销毁依法应当保存的会计凭证、会计账簿、财务会计报告,构成犯罪的,依法追究刑事责任。不构成犯罪的,由县级以上人民政府财政部门予以通报,可以对单位并处 5 000 元以上 100 000 元以下的罚款；对直接负责的主管人员和其他直接责任人员,可以处 3 000元以上 50 000 元以下的罚款,属于国家工作人员的,还应当由其所在单位或者有关单位依法给予撤职直至开除的行政处分。

授意、指使、强令会计机构、会计人员及其他人员伪造、变造会计凭证、会计账簿,编制虚假财务会计报告或者隐匿、故意销毁依法应当保存的会计凭证、会计账簿、财务会计报告,构成犯罪的,依法追究刑事责任；尚不构成犯罪的,可以处 5 000 元以上 50 000 元以下的罚款；属于国家工作人员的,还应当由其所在单位或者有关单位依法给予降级、撤职、开除的行政处分。

第三节　会计机构

　　会计机构和会计人员是会计工作的承担者,在会计工作中起着关键作用,对会计机构及岗位的设置是会计组织工作的一项重要内容,建立和健全会计机构是保证会计工作顺利进行的重要条件。

一、会计机构的设置

　　会计机构是指各单位依据会计工作的需要设置的专门负责办理会计业务事项、进行会计核算、实行会计监督的职能部门,如财务部(处、科)、会计部、计财部、财会部等。会计机构是由专职会计人员组成,负责组织领导和从事会计工作的职能部门。

　　《会计法》第七条规定,国务院财政部门主管全国的会计工作。县级以上地方各级人民政府财政部门管理本行政区域内的会计工作。

　　为此,我国财政部设立会计司,主管全国的会计工作。其主要职责是在财政部领导下,拟定全国性的会计法令,研究制定改进会计工作的措施和总体规划,颁布会计工作的各项规章制度,管理报批外国会计公司在我国设立常驻代表机构,会同有关部门制定并实施全国会计人员专业技术职称考评制度,等等。

　　地方财政部门、企业主管部门一般设财务会计局、处等,主管本地区、本系统企业的会计工作。其主要职责是:根据财政部的统一规定,制定适合本地区、本系统的会计规章制度;负责组织、领导和监督所属企业的会计工作;审核、分析、批复企业的财务会计报告,并编制本地区、本系统的汇总会计报表;了解和检查企业的会计工作情况;负责本地区、本系统会计人员的业务培训,以及会同有关部门评聘会计人员技术职称;等等。同时,基层企事业单位的主管部门在会计业务上受同级财政部门的指导和监督。

　　《会计法》第三十六条规定,各单位应该根据会计业务的需要,设置会计机构,或者在有关机构中设置会计人员并指定会计主管人员;不具备设置条件的,应当委托经批准设立的从事会计代理记账业务的中介机构代理记账。基层企事业单位是否设置会计机构,应当根据会计业务的需要来决定,即各单位可以根据本单位规模的大小、经济业务和财务收支的繁简程度以及经营管理的要求决定是否设置会计机构。而对于规模较小的企业、业务和人员都不多的行政单位,可以将会计业务并入其他职能部门,或者实行代理记账。不设置会计机构的单位,应当设置会计人员并且指定会计主管人员。

　　会计机构是一个综合的经济管理部门,它和单位内部其他各职能部门、各生产经营业务单位的工作有着十分密切的联系,会计机构要主动为各职能部门、各生产经营业务单位服务,并依靠各职能部门和生产经营业务单位共同做好会计工作,完成会计任务。

　　会计机构要接受上级管理机构以及国家财政、税务和审计等部门的指导与监督,并按规定向这些部门报送财务报表。

二、会计工作的组织形式

为了科学地组织会计工作,就必须根据企业规模的大小、业务的繁简程度以及企业内部其他各组织机构的设置情况,来确定企业会计工作的组织形式。会计工作的组织形式一般包括集中核算和非集中核算两种。对于一个企业单位而言,采用集中核算组织形式还是非集中核算组织形式并不是绝对的,可以单一地选用集中核算或非集中核算形式,也可以二者兼而有之,即对某些业务采用集中核算,而对某些业务采用非集中核算。但是,无论是采取哪一种组织形式,企业采购材料物资、销售商品、结算债权债务、现金往来等对外业务都应由会计部门办理。

(一)集中核算形式

集中核算就是把整个单位的会计工作主要集中在会计部门进行。单位内部的其他部门和下属单位只对其发生的经济业务填制原始凭证或原始凭证汇总表并送交会计部门。原始凭证或原始凭证汇总表由会计部门审核,然后据以填制记账凭证,登记有关账簿,编制财务报表。采用集中核算形式,核算工作集中在会计部门进行,便于会计人员进行合理的分工,采用科学的凭证整理程序。在核算过程中运用现代化手段,可以简化和加速核算工作,提高核算效率,节约核算费用,各部门领导可根据会计部门的记录,随时了解企业内部各部门的生产经营活动情况。只是各部门领导不能随时利用核算资料检查和控制本部门的工作。

(二)非集中核算形式

非集中核算又称分散核算,是将会计工作分散在各有关部门进行,会计部门负责本单位范围内的会计工作,单位内部会计部门以外的其他部门和下属单位,在会计部门的指导下,对发生在本部门或本单位的经济业务进行核算。采用非集中核算形式,可以使企业内部各部门随时利用有关核算资料检查本部门工作,随时发现问题,解决问题。但这种核算形式对企业会计部门而言,不便于采用最合理的凭证整理办法,会计人员的合理分工会受到一定的限制,就整个企业来看,核算的工作总量有所增加,核算人员增多,因而相应的核算费用也会增多。

在实行内部经济核算制的情况下,企业各部门和车间,特别是业务部门,都由企业拨给一定数量的资金,都有一定的业务经营和管理的权利,负有完成各项任务的责任,并可按照工作成果取得一定的物质利益。这些部门和车间为了反映和考核各自的经营成果,可以进行比较全面的核算,单独计算盈亏,按期编报会计报表。但这些部门和车间不能单独与企业外部其他单位发生经济业务往来,也不能在银行开设结算账户。

第四节　会计规范体系

一、会计规范体系的概念

会计规范体系是指关于经济组织（或单位）会计行为的标准或范式，其作用主要是在会计领域内对会计确认、计量、记录、报告等会计行为进行规范。

会计规范从形成上可以分为两大类：一类是在实践中自发形成的；另一类是人们通过一定的程序制定的。自发形成的规范，是人们在会计活动中逐步形成的习惯、规则和惯例，它是非强制性的；通过一定的程序制定的规范，则是由权威人士或专业机构在自发形成的惯例基础上，经过归纳、提炼、抽象及引申后形成的。建立会计规范的目的，是对经济组织及其会计人员的会计行为进行约束和引导，使之符合社会经济制度合理安排的需要。

二、会计规范体系的意义

会计规范的内容繁杂多样，将所有属于会计规范的内容综合在一起，就构成了一个体系。建立健全会计规范体系，是做好会计工作的前提条件，也是解决目前会计信息失真问题的措施之一，会计规范体系的作用主要体现在以下几个方面。

（一）会计规范体系是会计人员从事会计工作、提供会计信息的基本依据

会计规范体系既包括采用法律形式的具有强制性特征的会计规范，也包括采取自律形式的具有自主性特征的会计规范。会计信息的产生不能是随意的和无规则的，否则，会计信息对于使用者就毫无意义，甚至会由于其误导作用而对社会造成危害。因此，会计规范体系为设计合理有效的会计工作与行为模式、会计人员对外提供会计信息提供了依据。

（二）会计规范体系为评价会计行为确定了客观标准

会计规范是会计信息使用者评价会计工作和会计信息质量的基本依据。会计信息的产生与有关各方的经济利益密切相关，会计信息的使用者分布在社会各方，他们必然关注会计工作的质量，其对特定会计行为及其结果持肯定还是否定态度，判断它们是对还是错，是好还是坏，都需要全社会范围内有一个基本一致的标准，从而对会计工作的质量做出客观的评价。

（三）会计规范体系是维护社会经济秩序的一种重要手段

全社会统一的会计规范体系是市场经济运行规则的一个组成部分，它是社会各方从事与企业有关的经济活动和进行相应经济决策的重要基础，对于国家维护和保障财政利益、进行宏观经济调控、管理国有资产都具有十分重要的作用。

三、我国会计规范体系的内容

从国外来看,企业财务会计规范制定和实施往往与其实行的法律体制有密切关系。以法国、德国为代表的大陆法系(即成文法系)国家,企业财务会计工作主要受政府制定的各种法规的制约。与大陆法系不同的是以英国、美国为代表的英美法系(即习惯法系)国家,财务会计规范一般由民间会计职业团体制定,即实行以民间自律为主的会计准则制定机制,但其实施往往需要得到政府机构的支持或法制的认可。在西方国家,会计准则是会计规范体系的核心。会计准则亦称为"会计标准",最早出现在 20 世纪 30 年代的美国,主要是为解决当时社会上企业会计处理方法不规范和会计程序不统一的现状而产生的,目的是规范企业的会计核算,确保向企业会计信息的使用者提供基本统一、可比的会计信息。

我国的企业财务会计规范主要由《会计法》、会计准则和企业会计制度等组成,并已形成以《会计法》为核心的比较完整的体系。第一层次是会计法律,如《会计法》,它是会计核算工作最高层次的法律规范,是制定其他各层次会计规范的依据,是会计工作的基本法;第二层次是会计准则,又分为基本准则和具体准则两个层次;第三层次是国家制定的企业会计制度和行政、事业单位会计制度等。

(一)《会计法》

《会计法》于 1985 年由全国人民代表大会常务委员会通过,并于同年 5 月 1 日起施行。为适应我国社会主义市场经济发展和深化会计改革的需要,1993 年 12 月全国人民代表大会常务委员会对《会计法》进行了第一次修正;1999 年 10 月全国人民代表大会常务委员会对《会计法》进行了修订;2017 年 11 月全国人民代表大会常务委员会对《会计法》进行了第二次修正。现行《会计法》的内容共七章五十二条。

《会计法》是我国会计工作的根本大法,在我国的会计规范体系中处于最高层次,是其他会计规范制定的基本依据。《会计法》对我国会计工作的主要方面做出规定,涉及我国会计工作的各个领域。它用法律形式确定了会计工作的地位和作用,对我国会计管理的体制、会计核算和会计监督的对象及内容、会计机构、会计人员的职责和权限以及有关的法律责任做出了明确的规定。这些规定是我国进行会计工作的基本依据。

(二)会计准则

会计准则是会计人员从事会计工作必须遵循的基本原则,是会计核算工作的规范,是企业确认和计量经济交易与事项、编报财务报表以提供会计信息所应当遵循的标准和规则。它的目的在于把会计处理建立在公允、合理的基础之上,并使不同时期、不同主体之间会计结果的比较成为可能。

根据《会计法》的规定,我国企业会计准则由财政部制定。多年来,尤其是改革开放以来,我国一直与时俱进,顺时应势,积极推进会计改革和会计制度(会计准则是会计制度的一部分)建设。2006 年 2 月 15 日,财政部在多年会计改革经验积累的基础上,顺应我国社会主义市场经济发展和经济全球化的需要,发布了企业会计准则体系。这套企业会计准则体系包括《企业会计准则——基本准则》和具体准则及有关应用指南,实现了与国际财务报告准则的趋同。这标志着我国的企业会计准则体系正式建立起来,可以说是我国会计发展史上具有里程碑意义的事件。企业会计准则体系自 2007 年 1 月 1 日起首先在上市公司范围内施行,之后逐步扩大到几乎所有大中型企业。2011 年 10 月 18 日,财政部又发布了《小企业会计准则》,自 2013 年 1 月 1 日起在所有适用的小企业范围内施行。《小企业会计准则》的发布与实施,标志着我国涵盖所有企业的会计准则体系的建成。

2014 年和 2017 年财政部新增、修订了企业会计准则的部分项目,这些新准则与国际会计准则相关部分保持了持续趋同。到目前为止,我国的会计准则体系就形成了包括 1 个基本准则、42 个具体准则和应用指南的 3 个层次。基本准则又根据企业性质分为《企业会计准则》《小企业会计准则》和《事业单位会计准则》。这些准则是我国会计人员从事会计工作的规则和指南。

我国目前的 42 个具体准则如表 7-1 所示。其中,前 38 个于 2006 年发布,2007 年实施;第 39 号、40 号、41 号准则于 2014 年发布并实施;第 42 号准则于 2017 年 5 月发布并实施。近几年,一些具体会计准则在具体的会计实践过程中得到了一定的修订与完善。

表 7-1　我国的具体会计准则

编号	名称	编号	名称	编号	名称
1	存货	15	建造合同	29	资产负债表日后事项
2	长期股权投资	16	政府补助	30	财务报表列报
3	投资性房地产	17	借款费用	31	现金流量表
4	固定资产	18	所得税	32	中期财务报告
5	生物资产	19	外币折算	33	合并财务报表
6	无形资产	20	企业合并	34	每股收益
7	非货币性资产交换	21	租赁	35	分部报告
8	资产减值	22	金融工具确认和计量	36	关联方披露
9	职工薪酬	23	金融资产转移	37	金融工具列报
10	企业年金基金	24	套期保值	38	首次执行企业会计准则
11	股份支付	25	原保险合同	39	公允价值计量
12	债务重组	26	在保险合同	40	合营安排
13	或有事项	27	石油天然气开采	41	在其他主体中权益的披露
14	收入	28	会计政策、会计估计变更和差错更正	42	持有待售的非流动资产、处置组和终止经营

(三)会计制度和其他会计法规、制度

1.会计制度

会计制度是指导各单位会计核算工作的具体要求,是使会计工作科学、正常进行的根本会计制度,是根据会计准则制定的,具有很强的实际应用性,是组织和从事会计工作应遵循的具体规范,它使得会计法律和会计准则具备了较好的实务操作性。

会计制度主要包括《企业会计制度》《小企业会计制度》《金融企业会计制度》《行政事业单位会计制度》等,它们具体规定了会计工作的基本规则;会计凭证的填制和审核;会计科目的设置及核算内容;账簿组织和记账方法;会计事务处理方法和程序;会计报表的编制方法。

2.有关会计人员的法规

有关会计人员的法规包括《会计人员管理办法》《总会计师条例》以及有关会计交接工作的规定和会计人员技术职称等规定。

3.有关会计工作的法规、制度

有关会计工作的法规、制度包括《会计基础工作规范》《会计档案管理办法》等。

第五节　会计档案

一、会计档案的内容和作用

(一)会计档案的内容

会计档案是指会计凭证、会计账簿和财务报告等会计核算专业材料,是记录和反映单位经济业务的重要史料和证据。会计档案具体包括如下内容:

第一,会计凭证类,如原始凭证、记账凭证、汇总凭证、其他会计凭证。

第二,会计账簿类,如总账、明细账、日记账、固定资产卡片、辅助账簿、其他会计账簿。

第三,财务报告类,如月度、季度、年度财务报告,包括财务报表、附表、附注及文字说明、其他财务报告。

第四,其他类,如银行存款余额调节表、银行对账单、其他应当保存的会计核算专业资料、会计档案移交清册、会计档案保管清册、会计档案销毁清册。实行会计电算化的单位存储在磁性介质上的会计数据、程序文件及其他会计核算资料均应视同会计档案一并管理。

(二)会计档案的作用

会计档案是会计活动的产物,是记录和反映经济活动的重要史料和证据,其重要作用表现在以下几个方面:

第一,会计档案是总结经验、揭露责任事故、打击经济领域犯罪、分析和判断事故原因的重要依据和证据。

第二,会计档案提供的经济活动的史料,有助于各单位进行经济前景预测与经营决策,编制财务、成本计划。

第三,会计档案资料可以为解决经济纠纷、处理遗留的经济事务提供依据。此外,会计档案在经济科学的研究活动中也具有重要的史料价值。各单位必须加强对会计档案管理工作的领导,建立会计档案的立卷、归档、保管、查阅和销毁等管理制度,保证会计档案妥善保管、有序存放、方便查阅,严防毁损、散失和泄密。

二、会计档案的保管期限

按照《会计档案管理办法》规定，各种会计档案的保管期限，根据其特点，分为永久和定期两类。定期保管期限分为 10 年和 30 年两类。会计档案的保管期限从会计年度终了后的第一天算起。

（1）保管期限为永久的：会计档案保管清册、会计档案销毁清册、会计档案鉴定意见以及年度财务会计报告。

（2）保管期限为 10 年的：银行存款余额调节表、银行对账单、纳税申报表以及月度、季度、半年度财务会计报告。

（3）保管期限为 30 年的：含所有会计凭证、总账、明细账、日记账和其他辅助性账簿、会计档案移交清册；固定资产卡片于固定资产报废清理后保管 5 年。

我国企业和其他组织会计档案保管期限如表 7-2 所示。

表 7-2　企业和其他组织会计档案保管期限

序号	档案名称	保管期限	备注
一	会计凭证		
1	原始凭证	30 年	
2	记账凭证	30 年	
二	会计账簿		
3	总账	30 年	
4	明细账	30 年	
5	日记账	30 年	
6	固定资产卡片		固定资产报废清理后保管 5 年
7	其他辅助性账簿	30 年	
三	财务会计报告		
8	月度、季度、半年度财务会计报告	10 年	
9	年度财务会计报告	永久	
四	其他会计资料		
10	银行存款余额调节表	10 年	
11	银行对账单	10 年	
12	纳税申报表	10 年	
13	会计档案移交清册	30 年	
14	会计档案保管清册	永久	
15	会计档案销毁清册	永久	
16	会计档案鉴定意见书	永久	

三、会计档案的归档和保管

各单位每年形成的会计档案,应当由会计机构按照归档的要求,负责整理立卷,装订成册,编制会计档案保管清册。当年形成的会计档案,在会计年度终了后,可暂由会计机构保管 1 年,期满之后,应当由会计机构编制移交清册,移交本单位档案机构统一保管。未设立档案机构的,应当在会计机构内部指定专人保管。出纳人员不得兼管会计档案。移交本单位档案机构保管的会计档案,原则上应当保持原卷册的封装。个别需要拆封重新整理的,档案机构应当会同会计机构和经办人员共同拆封整理,以分清责任。

会计电算化档案是会计档案的重要组成部分,包括存储在计算机中的会计数据(磁性介质或光盘存储的会计数据)和计算机打印出来的书面形式的会计数据。企业要做好电算化会计档案的防磁、防火、防潮和防尘等安全工作。对重要的会计档案应准备双份,放在两个不同的地点。采用磁性介质保存的会计档案,要定期进行检查、复制,防止会计档案丢失,同时应当保存打印出的纸质会计档案。

四、会计档案的查阅

各单位保存的会计档案不得借出。如有特殊需要,经本单位负责人批准,可以查阅或者复制,并办理登记手续。查阅或者复制会计档案的人员,严禁在会计档案上涂画、抽换。各单位应当建立健全会计档案查阅、复制登记制度。

五、会计档案的销毁

对于保管期满的会计档案,可以按照以下程序销毁:

第一,由本单位档案机构会同会计机构提出销毁意见,编制会计档案销毁清册,列明销毁会计档案的名称、卷号、册数、起止年度和档案编号、应保管期限、已保管期限、销毁时间等内容。

第二,单位负责人在会计档案销毁清册上签署意见。

第三,销毁会计档案时,应当由档案机构和会计机构共同派员监销。国家机关销毁会计档案时,应当由同级财政部门、审计部门派员参加监销。财政部门销毁会计档案时,应当由同级审计部门派员参加监销。

第四,监销人在销毁会计档案前,应当按照会计档案销毁清册所列内容清点核对所要销毁的会计档案;销毁后,应当在会计档案销毁清册上签名盖章,并将监销情况报告给本单位负责人。

需要特别说明的是,保管期满但未结清的债权债务原始凭证和涉及其他未了事项的原始凭证不得销毁,应当单独抽出立卷,保管到未了事项完结时为止。单独抽出立卷的会计档案,应当在会计档案销毁清册和会计档案保管清册中列明。

另外,处于项目建设期间的建设单位,其保管期满的会计档案不得销毁。

六、会计档案的交接

单位之间交接会计档案的,交接双方应当办理会计档案交接手续。移交会计档案的单位,应当编制会计档案移交清册,列明应当移交的会计档案名称、卷号、册数、起止年度和档案编号、应保管期限、已保管期限等内容。交接会计档案时,交接双方应当按照会计档案移交清册所列内容逐项交接,并由交接双方的单位负责人负责监交。交接完毕,交接双方经办人和监交人应当在会计档案移交清册上签名或者盖章。

■■■ 思考题

1.为什么要重视会计工作的组织?组织会计工作应注意哪几点?
2.会计人员的职责和权限有哪些?
3.试述我国的会计规范体系。
4.企事业单位应如何设置会计机构?
5.简述会计法律规范的内容及分类。
6.何为会计档案?如何对会计档案进行管理?

■■■ 实务题

资料:晓东电子公司的会计赵丽因工作努力,钻研业务,积极提出合理化建议,多次被公司评为先进会计工作者。赵丽的丈夫在一家私有电子企业任总经理,在其丈夫的多次请求下,赵丽将在工作中接触到的公司新产品研发计划及相关会计资料复印件提供给其丈夫,给公司带来一定的损失。公司认为赵丽不宜继续担任会计工作。

试回答下列问题:

(1)赵丽违反了哪些会计职业道德要求?

(2)哪些单位或部门可以对赵丽违反会计职业道德的行为进行处理? 请说明理由。

参考答案

■■■ 自测题

本章自测

第八章

++

会计实务操作案例

■■■ **学习目标**

　　本实训按照会计核算的基本步骤,以绍兴迈喀派纺织有限公司 2019 年 1 月的经济业务为例,分环节安排了整个会计循环过程的模拟实验操作,设计了从建账、编制记账凭证、登账到编制会计报表全部过程的会计资料,体现了一个综合完整的会计循环过程。学生通过仿真练习与实际操作,不仅能掌握会计书写基本规范、填制与审核记账凭证、登记账簿和编制会计报表的全部会计工作的基本技能、方法,而且能切身体会出纳员、记账员等不同会计岗位的具体工作,从而对企业会计核算全过程有一个比较系统、完整的认识,达到加强对所学会计理论知识的理解、基本方法的运用和基本技能的训练的目的,培养分析问题、解决问题的能力和动手操作技能。

一、会计主体的基本情况

　　单位名称:绍兴迈喀派纺织有限公司

　　法人代表:高飞鹏

　　注册资本:4 200 000 元

　　开户银行:基本户——中国银行绍兴齐贤支行

　　　　　　　一般户——绍兴银行股份有限公司营业部

　　　　　　　一般户——中国工商银行绍兴齐贤支行

　　经营范围:生产、加工针纺织品、家纺产品;销售针纺织品、家纺产品、窗帘、窗饰;货物进出口。

二、会计主体的主要相关人员

　　单位主管(总经理):高飞鹏

　　财务负责人:王悦儿

　　会计:沈兰

　　出纳:杨菊

　　仓库保管:周末

三、有关会计制度简介

(1)该企业为增值税一般纳税人,适用的增值税税率为 16％,企业所得税税率为 25％,城市维护建设税税率为 7％,教育费附加税率为 3％,地方教育费附加税率为 2％。该企业为生产型出口退税企业,适用的增值税出口退税率为 16％。

(2)所有费用支出、借款支出均需总经理高飞鹏签字。

(3)原材料和库存商品采用全月一次加权平均法计价。

(4)固定资产采用年限平均法计提折旧。

(5)年末按净利润的 10％计提法定盈余公积。

(6)年末按净利润的 30％分配利润,计算依据为投资者的出资比例。

(7)该企业采用科目汇总表账务处理程序,每半个月汇总一次。

四、实训要求

(1)实训要求完全按照会计工作中处理经济业务的程序进行:从建账开始,经过填制部分原始凭证、审核原始凭证、编制记账凭证、登记账簿、成本计算、编制科目汇总表、对账、月结、编制会计报表、编制银行存款余额调节表,最后将凭证、账簿加具封面,装订成册,归档保管。

(2)处理每项经济业务,必须将依据的原始凭证从实训资料中剪下,附于记账凭证之后。

(3)文字和数字书写、会计凭证填制、错账更正、会计报表编制等必须严格按照财政部印发的《会计基础工作规范》进行。

(4)实训完成之后,由指导教师评分,作为实训成绩,成绩分为优、良、中、及格、不及格。

五、实训材料准备

(1)通用记账凭证 50 张,记账凭证封面 2 张,封头 2 个。

(2)总分类账 50 张,现金日记账、银行存款日记账各 3 张。

(3)三栏式明细账 30 张,数量金额式明细账 10 张,多栏式明细账 12 张,明细账封面 1 张。

(4)科目汇总表 2 张。

(5)资产负债表、利润表各 1 张。

六、经济业务核算

(一)企业 2019 年 1 月期初余额资料

企业 2019 年 1 月期初余额明细如表 8-1 所示。

表 8-1　企业 2019 年 1 月期初余额

单位:元

会计科目	借方	贷方
库存现金	8 500.41	
银行存款		
中国银行账户	3 600 000	
中国工商银行账户	100 000	
绍兴银行账户	769 499	
应收账款		
昆山维信家庭日用品有限公司	50 000	
预付账款		
绍兴柯桥丰邦化纤有限公司	181 792.03	
绍兴市南洋染织有限公司	61 749.66	
绍兴越城区国根制线厂	1 570.80	
宁波名路国际货运代理有限公司	3 590	
应收票据	50 000	
其他应收款	100 000	
原材料	310 847.73	
库存商品	296 200	
生产成本	402 685	
长期股权投资		
绍兴金海曼针织服饰有限公司	1 000 000	
固定资产	4 256 000	
累计折旧		2 904 960
短期借款		2 500 000
其他应付款		
残疾人就业保障金		1 814.78
绍兴金海曼针织服饰有限公司		1 150 000
长期借款		
预收账款		
上海景志国际贸易有限公司		50 096
应付账款		
慕佰仕物流(上海)有限公司宁波分公司		5 652
绍兴柯桥和兴印染有限公司		31 019

会计科目	借方	贷方
绍兴市柯桥祺雅纺织有限公司		39 166
绍兴质凡包装材料有限公司		71 400
应交税费		
应交增值税——留抵税金	10 027.45	
印花税		677.60
企业所得税		14 258.94
实收资本		4 200 000
资本公积		
利润分配		233 417.76
合计	11 202 462.08	11 202 462.08

"原材料"明细账户期初余额如表 8-2 所示。

表 8-2 "原材料"明细账户期初余额

类别	品名	规格型号	计量单位	数量	单价/元	金额/元
主料	涤丝	100D	千克	2 560	10.46	26 777.60
	涤丝	200D	千克	5 412	9.60	51 955.20
	阳离子坯布		米	40 000	5.60	224 000.00
辅料	涤线	40S/2	颗	2 650	2.93	7 764.50
	铁环	不锈铁	套	2 221	0.09	199.89
	铁环	金色	套	1158	0.13	150.54
合计						310 847.73

"生产成本"明细账户期初余额如表 8-3 所示。

表 8-3 "生产成本"明细账户期初余额

单位:元

品名	直接材料	直接人工	制造费用	合计
提花布(W3359)	70 600	33 010	22 850	126 460
提花布(W3113)	68 700	49 890	36 150	154 740
窗帘	51 562	41 362	28 561	121 485
合计				402 685

"库存商品"明细账户期初余额如表 8-4 所示。

表 8-4 "库存商品"明细账户期初余额

单位:元

品名	计量单位	数量	单价/元	金额/元
提花布(W3359)	米	10 000	16.0	160 000
提花布(W3113)	米	2 000	6.5	13 000

续 表

品名	计量单位	数量	单价/元	金额/元
提花布(样布)	米	100	17.0	1 700
窗帘	千克	3 000	40.5	121 500
合计				296 200

(二)企业2019年1月发生的经济业务

(1)1月2日,昆山维信家庭日用品有限公司向企业采购全涤提花布一批,其中"W3359" 4 148米,金额80 456.90元,税额12 873.10元,"W3113"175米,金额1 765.09元,税额 282.41元,上述款项尚未收到。相关增值税专用发票如图8-1所示,出库单如表8-5所示。

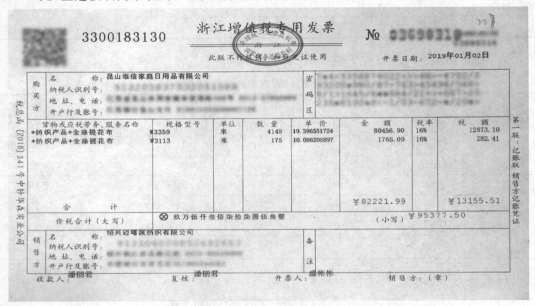

图 8-1 增值税专用发票(1)

表 8-5 出库单(1)

购货单位:昆山维信家庭日用品有限公司　　2019年1月2日　　仓库:二号成品仓库

品名	单价/元	数量/米	金额/元	备注
提花布(W3359)	19.396 551 724	4 148	80 456.90	
提花布(W3113)	10.086 206 897	175	1 765.09	
合计		4 323	82 221.99	

仓库负责人:　　　　　　　仓库保管人:周末　　　　　　　经手人:吴

(2)1月3日,为更好地向客户展示产品,故给昆山维信家庭日用品有限公司销售一批最 新研发的涤纶提花布(样布),金额为538.28元,税额为86.12元,价税合计624.40元,上述 款项尚未收取。相关增值税专用发票如图8-2所示,出库单如表8-6所示。

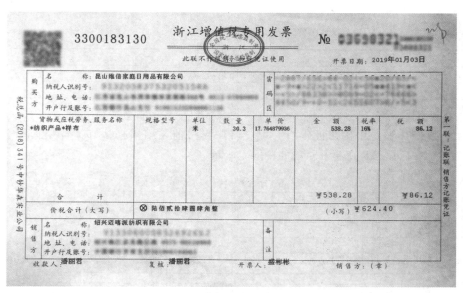

图 8-2 增值税专用发票(2)

表 8-6 出库单(2)

购货单位:昆山维信家庭
日用品有限公司

2019 年 1 月 3 日

仓库:二号成品仓库

品名	单价/元	数量/米	金额/元	备注
提花布(样布)	17.764 879 936	30.3	538.28	
合计		30.3	538.28	

仓库负责人: 仓库保管人:周末 经手人:吴

(3)1 月 4 日,从经销商绍兴越城区国根制线厂购入原材料(辅料涤线 40S/2)一批,数量为 462 颗,金额为 1 354.14 元,进项税额为 216.66 元,价税合计 1 570.80 元,上述款项已于上月预付。相关增值税专用发票如图 8-3 所示,入库单如表 8-7 所示。

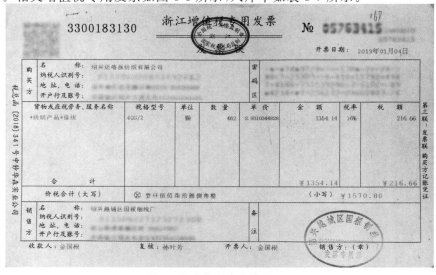

图 8-3 增值税专用发票(3)

表 8-7 入库单(1)

进货商名称:绍兴越城区国根制线厂　　2019 年 1 月 4 日

品名	单价/元	数量/颗	金额/元	备注
辅料涤线 40S/2	2.931 034 482 8	462	1 354.14	
合计		462	1 354.14	

仓库负责人:　　　　　　　　仓库保管人:周末　　　　　　　经手人:吴

　　(4)1 月 7 日,通过中国工商银行一般户转账支付前欠绍兴柯桥和兴印染有限公司的染色加工费 31 019 元。相关电子回单如图 8-4 所示。

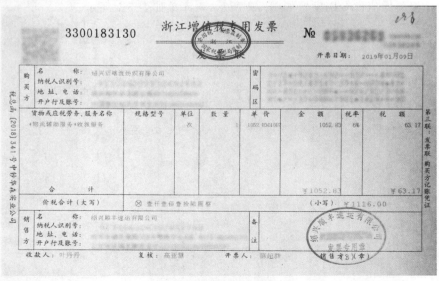

图 8-4　电子回单(1)

　　(5)1 月 9 日,企业以现金的形式支付绍兴顺丰速运有限公司的月度快递费 1 052.83 元,并收到顺丰公司开具的增值税专用发票,金额为 1 052.83 元,税额为 63.17 元,价税合计 1 116.00 元。相关增值税专用发票如图 8-5 所示。

图 8-5　增值税专用发票(4)

（6）1月10日，中国银行基本户代扣代缴2018年12月残疾人就业保障金1 814.78元、2018年12月企业所得税14 258.94元、2018年12月印花税额677.70元。相关付款回单如图8-6、图8-7、图8-8所示。

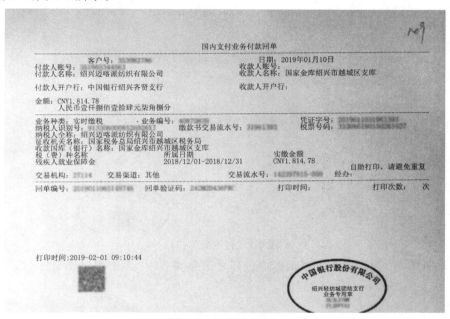

图8-6 付款回单（1）

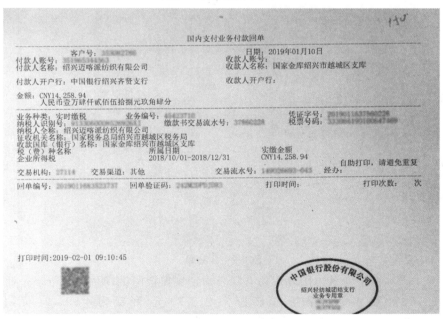

图8-7 付款回单（2）

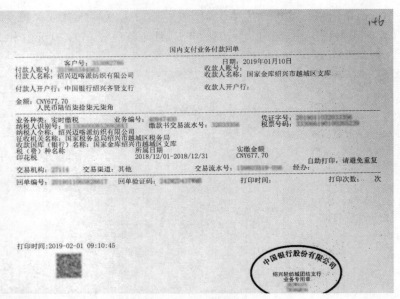

图 8-8　付款回单(3)

(7)1月10日,报销职工李东给客户送样来回路费310元,费用以现金支付。报销单如图8-9所示。

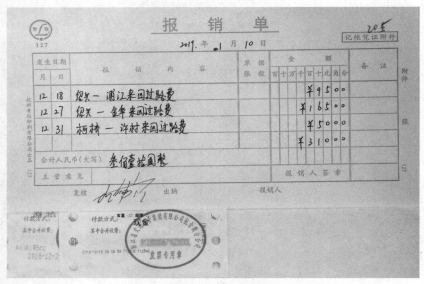

图 8-9　报销单

(8)1月16日,向上海景志国际贸易有限公司销售窗帘两批,明细如下:第一批次合同号为JZ181091,数量为598.60千克,金额为31 213.79元,税额为4 994.21元,价税合计36 208.00元。第二批次合同号为JZ181093,数量为229.60千克,金额为11 972.41元,税额为1 915.59元,价税合计13 888.00元,上述款项已于上月预收。相关增值税专用发票如图8-10、图8-11所示,出库单如表8-8、表8-9所示。

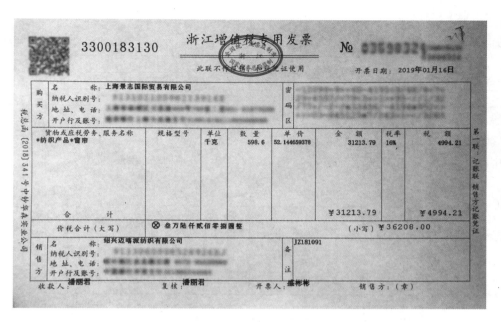

图 8-10 增值税专用发票(5)

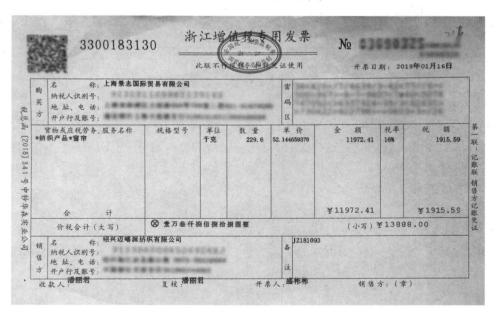

图 8-11 增值税专用发票(6)

表 8-8 出库单(3)

购货单位:上海景志国际贸易有限公司　　　2019 年 1 月 16 日　　　　　　　　仓库:二号成品仓库

品名	单价/元	数量/千克	金额/元	备注
窗帘	52.144 659 378	598.60	31 231.79	
合计		598.60	31 231.79	

仓库负责人:　　　　　　　　仓库保管人:周末　　　　　　　　经手人:吴

表 8-9 出库单(4)

购货单位:上海景志国际贸易有限公司　　　　　2019 年 1 月 16 日　　　　　仓库:二号成品仓库

品名	单价/元	数量/千克	金额/元	备注
窗帘	52.144 659 378	229.60	11 972.41	
合计		229.60	11 972.41	

仓库负责人:　　　　　仓库保管人:周末　　　　　经手人:吴

(9)1 月 17 日,因中国工商银行一般户账户余额不足,故从中国银行基本户转账 1 500 000 元至中国工商银行一般户,以备用于支付供货商货款。相关电子回单如图 8-12 所示。

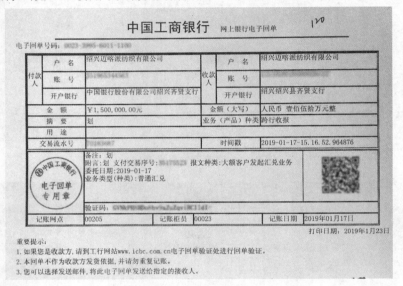

图 8-12 电子回单(2)

(10)1 月 17 日,从经销商长兴浦纺织有限公司购入原材料(主料阳离子坯布)一批,数量为 8 642 米,金额为 48 424.14 元,税额为 7 747.86 元,价税合计 56 172.00 元,上述款项尚未支付。相关增值税专用发票如图 8-13 所示,入库单如表 8-10 所示。

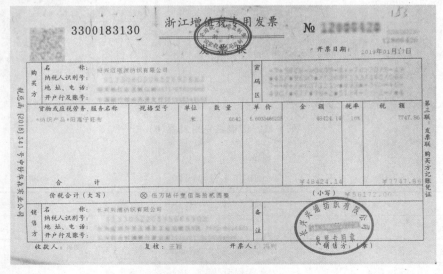

图 8-13 增值税专用发票(7)

212

表 8-10　入库单（2）

经销商名称：长兴浦纺织有限公司　　　　　　　　2019 年 1 月 17 日

品名	单价/元	数量/米	金额/元	备注
主料阳离子坯布	5.603 348 522 5	8 642	48 424.14	
合计		8 642	48 424.14	

仓库负责人：　　　　　　　　仓库保管人：周末　　　　　　　　经手人：吴

　　（11）1 月 19 日，通过中国工商银行一般户转账支付慕佰仕物流（上海）有限公司宁波分公司前欠运费 5 652 元。相关电子回单如图 8-14 所示。

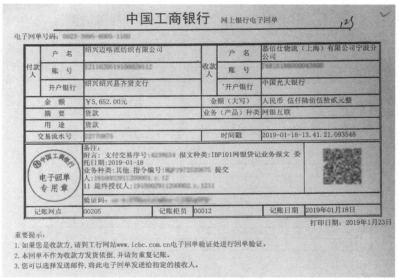

图 8-14　电子回单（3）

　　（12）1 月 18 日，从经销商永康百川不锈钢制品有限公司购入原材料（辅料铁环）一批，其中"不锈铁"260 000 套，金额 24 655.17 元，税额 3 944.83 元，"金色"12 000 套，金额 1 551.72 元，税额 248.28 元，上述款项尚未支付。相关增值税专用发票如图 8-15 所示，收料单如表 8-11 所示。

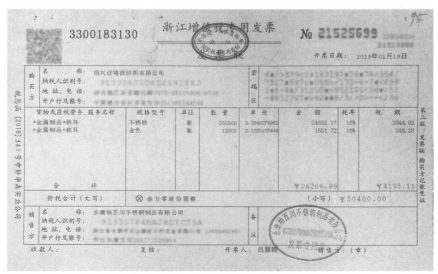

图 8-15　增值税专用发票（8）

表 8-11　收料单

经销商名称：

2019 年 1 月 18 日

永康百川不锈钢制品有限公司

品名	单价/元	数量/套	金额/元	备注
辅料铁环(不锈铁)	0.094 827 586 2	260 000	24 655.17	
辅料铁环(金色)	0.129 310 344 8	12 000	1 551.72	
合计		272 000	262 06.89	

仓库负责人：　　　　　　　　仓库保管人:周末　　　　　　　　经手人:吴

(13)1 月 21 日,中国工商银行一般户支付原拆借于绍兴金海曼针织服饰有限公司的往来资金 1 150 000 元,该资金用于生产经营周转。相关电子回单如图 8-16 所示。

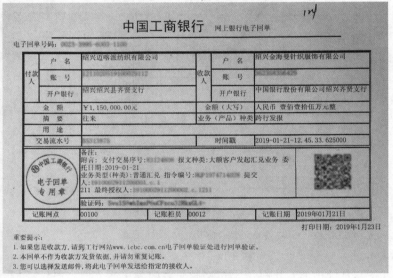

图 8-16　电子回单(4)

(14)1 月 22 日,通过资产抵押,企业绍兴银行一般户收到绍兴银行一笔 2 500 000 元的抵押贷款,贷款期限为 2019 年 1 月 22 日至 2019 年 12 月 5 日。相关回单如图 8-17、图 8-18 所示。

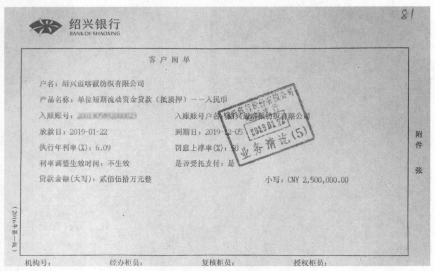

图 8-17　客户回单(1)

214

图 8-18 借款借据(回单)

(15)1 月 22 日,绍兴银行一般户提前偿还上一年度绍兴银行贷款(按月付息,到期还本),贷款期限为 2018 年 5 月 14 日至 2019 年 1 月 31 日,其中本金为 2 500 000 元,贷款利息为 392.71 元。相关回单如图 8-19 所示。

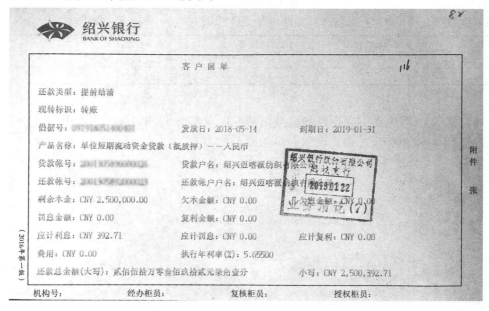

图 8-19 客户回单(2)

(16)1 月 22 日,收到昆山维信家庭日用品有限公司开具的电子银行承兑汇票一张,票面金额为 50 000 元,偿付前欠货款(见图 8-20)。

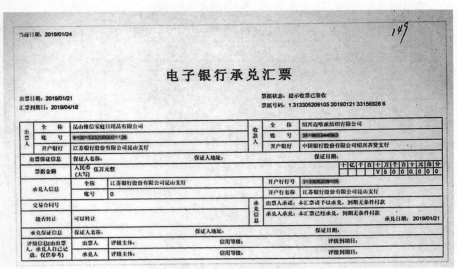

图 8-20 电子银行承兑汇票

(17)1 月 22 日,委托外加工发出原材料(主料)阳离子坯布 40 000 米用于染色加工,库存原材料的单价为 5.60 元。相关出库单如表 8-12 所示。会计科目采用委托加工物资进行计算。

表 8-12 出库单(5)

供货商名称:绍兴迈喀派纺织有限公司　　2019 年 1 月 22 日

品名	单价/元	数量/米	金额/元	备注
阳离子坯布	5.60	40 000	224 000	
合计		40 000	224 000	

仓库负责人:　　　　　　仓库保管人:周末　　　　　　经手人:吴

(18)1 月 24 日,收到绍兴市越城区马山镇人民政府 2017 年上海广交会参展商务经济奖励兑现,金额为 63 600 元。相关收款回单如图 8-21 所示。

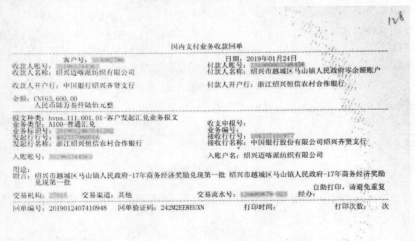

图 8-21 收款回单

(19)1月25日,从经销商绍兴柯桥丰邦化纤有限公司购入原材料两批,明细如下:涤丝100D,数量为7 001.65千克,金额为73 275.89元,进项税额为11 724.14元;涤丝200D,数量为8 688.69千克,金额为83 441.38元,进项税额为13 350.62元。上述款项已预付。相关增值税专用发票如图8-22、图8-23所示。

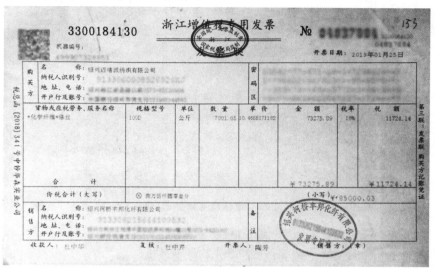

图8-22　增值税专用发票(9)

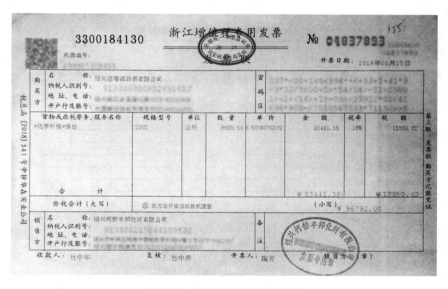

图8-23　增值税专用发票(10)

(20)1月25日,企业收到委托外加工完成的阳离子染色布一批,数量为35 540.50米。同日,收到绍兴市南洋染织有限公司开具的增值税专用发票一张,发票金额为53 232.47元,税额为8 517.19元,价税合计61 749.66元,上述款项已于上月预付[生产车间将委托外加工收回的阳离子坯布作为原材料(主料)阳离子染色布进行核算]。相关增值税专用发票如图8-24所示,入库单如表8-13所示。

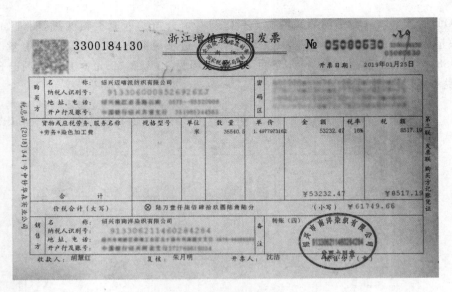

图 8-24　增值税专用发票(11)

表 8-13　入库单(3)

经销商单位:绍兴市南洋染织有限公司　　　2019 年 1 月 25 日

品名	单价/元	数量/米	金额/元	备注
阳离子染色布	1.497 797 316 2	35 540.50	53 232.47	
合计		35 540.50	53 232.47	

仓库负责人:　　　　　　　　仓库保管人:周末　　　　　　　经手人:吴

(21)1 月 29 日,从中国银行基本户提取备用金 49 000 元,用于日常开支使用。相关付款回单如图 8-25 所示。

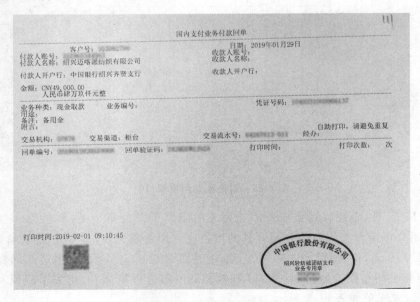

图 8-25　付款回单(4)

(22)1月10日,委托宁波名路国际货运代理有限公司运送一批货物至客户公司,运费合计1 564元,当月收到代运公司开具的增值税普通发票(见图8-26),上述款项从上月预付款中抵付。

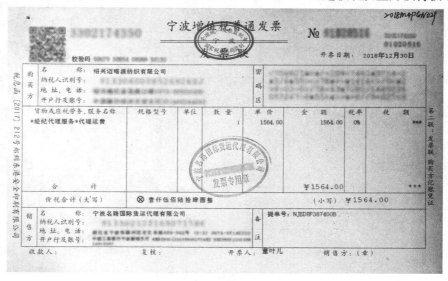

图 8-26　增值税普通发票(1)

(23)1月30日,企业中国银行基本户扣款15元银行手续费,相关付费回单如图8-27所示。

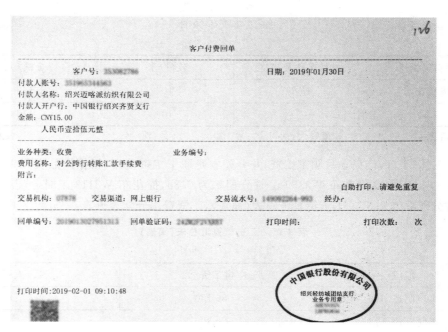

图 8-27　付费回单

(24)企业参加迪拜纺织面料展,收到绍兴市外经贸服务中心开具的参展费增值税普通发票一张,金额为89 500元(见图8-28),款项尚未支付。

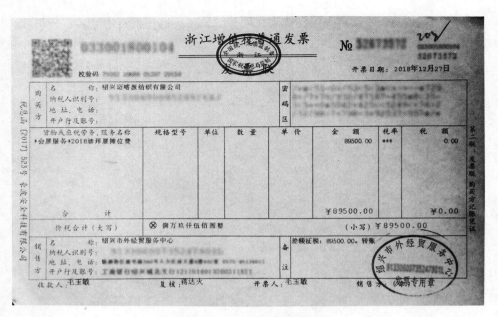

图 8-28　增值税普通发票(2)

(25)1 月 30 日,企业销售部门从仓库领取全涤提花布(样布)10 米,金额为 170 元,用于向客户展示,本笔业务视同销售。相关领料单如表 8-14 所示。

表 8-14　领料单

领料单位:销售部　　　　　　2019 年 1 月 30 日　　　　　　　　　编号:02678
用途:展示　　　　　　　　　　　　　　　　　　　　　　　仓库:一号材料仓库

材料类别	材料名称及规格	数量/米	金额/元
全涤提花布	样布	10	170
合计		10	170

领料部门负责人:　　　　　领料人:胡可　　　　　会计:沈兰　　　　　发料人:周末

(26)1 月 31 日,计提本月职工工资,并分配本月职工工资费用,根据产品实际工时分配率分配产品的人工成本,提花布 W3359 工时分配率为 0.36,提花布 W3113 工时分配率为 0.34,窗帘工时分配率为 0.30。工资结算汇总表(简表)、工资费用分配表见表 8-15、表 8-16。

表 8-15　工资结算汇总表(简表)

2019 年 1 月 31 日

部门	应付工资/元	人数/人
生产制造车间	86 150	7
车间管理部门	22 800	5
企业管理部门	34 000	5
合计	142 950	17

表 8-16　工资费用分配表

2019 年 1 月 31 日

单位:元

应借账户		分配金额
生产制造车间	提花布(W3359)	31 014
	提花布(W3113)	29 291
	窗帘	25 845
	小计	86 150
车间管理部门		22 800
企业管理部门		34 000
合计		142 950

财务主管:王悦儿　　　　　　　审核:　　　　　　　　　　　　制单:沈兰

(27)1 月 31 日,按工资总额的 14%计提职工福利费(见表 8-17)。

表 8-17　职工福利费计提表

2019 年 1 月 31 日

单位:元

应借账户		应付工资	计提福利费(14%)
生产制造车间	提花布(W3359)	31 014	4 341.96
	提花布(W3113)	29 291	4 100.74
	窗帘	25 845	3 618.30
	小计	86 150	12 061
基本生产车间		22 800	3 192
企业管理部门		34 000	4 760
合计		142 950	20 013

财务主管:王悦儿　　　　　　　审核:　　　　　　　　　　　　制单:沈兰

(28)1 月 31 日,库存盘点中,发现全涤提花布(样布)比账面库存少 9.7 米,原因系仓库管理员保管不善造成,但管理部门尚未出具处理意见。材料盘亏报告单如表 8-18 所示。

表 8-18　材料盘亏报告单

部门:一号材料仓库　　　　　　　2019 年 1 月 31 日

编号	品名及规格	账面数量/米	实存数量/米	盘盈		盘亏		原因
				数量/米	金额/元	数量/米	金额/元	
	全涤提花布(样布)	59.7	50			9.7	164.9	保管不善
处理意见		保管部门		清查小组			审批部门	

供应部负责人:张洪　　　　　　保管人:周末　　　　　　　　　清查人:张天利

(29)1月31日,经管理部门同意,将上述盘亏计入当期损益(见表8-19)。

表8-19 存货盘点盈(亏)及报废审批表

表单号:MKP-154　　2019年1月31日

编制单位:绍兴迈喀派纺织有限公司

序号	品名及规格	盘点盈(亏)及报废数量/米			单价/元	盘点盈(亏)及报废金额/元			备注
		盘盈	盘亏	报废		盘盈	盘亏	报废	
1	全涤提花布(样布)		9.7		17		164.9		样布
2									
3									
	合计		9.7		17		164.9		

盘盈(亏)及报废原因：保管不善

公司主管领导:	财务部门审核意见:	业务主管部门审核意见:	实物保管部门审核意见:
计入当期损益	同意	同意	同意

(30)1月31日,计提本月固定资产折旧(见表8-20、表8-21)。

表8-20 固定资产账面原值

2019年1月31日　　　　单位:元

部门	房屋	机器设备	其他	合计
基本生产车间	1 060 000	1 450 000		2 510 000
企业管理部门	1 300 000		400 000	1 700 000
合计	2 360 000	1 450 000	400 000	4 210 000

财务主管:王悦儿　　　　审核:　　　　制单:沈兰

表8-21 固定资产折旧计算表

2019年1月31日　　　　单位:元

部门	房屋(月折旧率0.4%)	机器设备(月折旧率0.8%)	办公设备(月折旧率0.7%)	合计
基本生产车间	4 240	11 600		15 840
企业管理部门	5 200		2 800	8 000
合计	9 440	11 600	2 800	23 840

财务主管:王悦儿　　　　审核:　　　　制单:沈兰

(31)1月31日,结转本月生产车间发出材料的实际成本(见表8-22、表8-23)。

表 8-22　材料费用分配表(1)

2019 年 1 月 31 日

部门	涤丝 100D		涤丝 200D		阳离子染色布		金额
	数量/千克	金额/元	数量/千克	金额/元	数量/米	金额/元	合计/元
提花布(W3359)	1 526	15 961.96	2 412	23 155.20	2 446	19 078.80	58 195.96
提花布(W3113)	2 562	26 798.52	2 551	24 489.60	2 145	16 731.00	68 019.12
窗帘	1 456	15 229.76	1 563	15 004.80	1 116	8 704.80	38 939.36
车间							
管理部门							
合计	5 544	57 990.24	6 526	62 649.60	5 707	44 514.60	165 154.44

财务主管:王悦儿　　　　　　　　　审核:　　　　　　　　　制单:沈兰

表 8-23　材料费用分配表(2)

2019 年 1 月 31 日

部门	涤线 40S/2		铁环(不锈铁)		铁环(金色)		金额
	数量/颗	金额/元	数量/套	金额/元	数量/套	金额/元	合计/元
提花布(W3359)	562	1 646.66					1 646.66
提花布(W3113)	158	462.94					462.94
窗帘	141	413.13	1 514	143.57	12 589	1 627.88	2 184.58
车间	30	87.90					87.90
管理部门							
合计	891	2 610.63	1 514	143.57	12 589	1 627.88	4 382.08

财务主管:王悦儿　　　　　　　　　审核:　　　　　　　　　制单:沈兰

(32)1 月 31 日,计提 1 月份职工工会经费(见表 8-24)。

表 8-24　工会经费计算单

2019 年 1 月 31 日

单位:元

项目	应付工资	计算金额
工会经费(2%)	142 950	2 859
合计	142 950	2 859

财务主管:王悦儿　　　　　　　　　审核:　　　　　　　　　制单:沈兰

(33)1 月 31 日,根据工时分配率分摊产品的制造费用,提花布 W3359 工时分配率为 0.36,提花布 W3113 工时分配率为 0.34,窗帘工时分配率为 0.30,如表 8-25、表 8-26 所示。

表 8-25　制造费用汇总表

2019 年 1 月 31 日

单位:元

制造费用明细项目	金额
直接材料	87.90
职工工资	22 800
职工福利	3 192
折旧费	15 840
其他	
合计	41 919.90

表 8-26　制造费用分配表
2019 年 1 月 31 日

应借账户	分配率	分配金额/元
提花布(W3359)	0.36	15 091.16
提花布(W3113)	0.34	14 252.77
窗帘	0.30	12 575.97
合计	1.00	41 919.90

(34)1 月 31 日,结转完工产品成本,完工产品按费用总额的 60% 分摊,未完工产品按费用总额的 40% 分摊(见表 8-27、表 8-28、表 8-29)。

表 8-27　基本生产明细账(1)
2019 年 1 月 31 日

产品名称:提花布(W3359)　　　完工产品:9 000 米　　　在产品:6 000 米　　　单位:元

摘要	直接材料	直接人工	制造费用	合计
期初在产品成本	70 600.00	33 010.00	22 850.00	126 460.00
本月发生费用	59 842.62	35 355.96	15 091.16	110 289.74
费用合计	130 442.62	68 365.96	37 941.16	236 749.74
单位成本	8.70	4.56	2.52	15.78
完工产品成本	78 265.57	41 019.58	22 764.70	142 049.85
月末在产品成本	52 177.05	27 346.38	15 176.46	94 699.89

财务主管:王悦儿　　　　　　　　审核:　　　　　　　　制单:沈兰

表 8-28　基本生产明细账(2)
2019 年 1 月 31 日

产品名称:提花布(W3113)　　　完工产品:25 800 米　　　在产品:17 200 米　　　单位:元

摘要	直接材料	直接人工	制造费用	合计
期初在产品成本	68 700.00	49 890.00	36 150.00	154 740.00
本月发生费用	68 482.06	33 391.74	14 252.77	116 126.57
费用合计	137 182.06	83 281.74	50 402.77	270 866.57
单位成本	3.19	1.94	1.17	6.30
完工产品成本	82 309.24	49 969.04	30 241.66	162 519.94
月末在产品成本	54 872.82	33 312.70	20 161.11	108 346.63

财务主管:王悦儿　　　　　　　　审核:　　　　　　　　制单:沈兰

表 8-29　基本生产明细账(3)

2019 年 1 月 31 日

产品名称:窗帘　　　完工产品:3 050 千克　　　在产品:2 033 千克　　　单位:元

摘要	直接材料	直接人工	制造费用	合计
期初在产品成本	51 562.00	41 362.00	28 561.00	121 485.00
本月发生费用	41 123.94	29 463.30	12 575.97	83 163.21
费用合计	92 685.94	70 825.30	41 136.97	204 648.21
单位成本	18.23	13.93	8.10	40.26
完工产品成本	55 611.56	42 495.18	24 682.18	122 788.92
月末在产品成本	37 074.38	28 330.12	16 454.79	81 859.29

财务主管:王悦儿　　　　　　　　审核:　　　　　　　　　　　　　制单:沈兰

(35)被投资的绍兴金海曼针织服饰有限公司 2018 年实现盈利,1 月 31 日,企业决定分配股利 400 000 元,根据投资协议按参股比例进行分配,企业持股比例 25%,股利于 2 月 15 日支付(见表 8-30)。

表 8-30　投资收益计提表

2019 年 1 月 31 日

被投资公司	被投资公司决定分配股利总额/元	持股比例/%	分得金额/元
绍兴金海曼针织服饰有限公司	400 000	25%	100 000

财务主管:王悦儿　　　　　　　　审核:　　　　　　　　　　　　　制单:沈兰

(36)1 月 31 日,结转本月销售商品的成本(见表 8-31)。

表 8-31　本月商品销售汇总表

2019 年 1 月 31 日

产品名称	计量单位	销售数量	总成本/元
提花布(W3359)	米	4148.00	65 942.28
提花布(W3113)	米	175.00	1 104.89
提花布(样布)	米	30.30	515.10
窗帘	千克	828.20	33 441.30
合计			101 003.57

财务主管:王悦儿　　　　　　　　审核:　　　　　　　　　　　　　制单:沈兰

(37)1 月 31 日,计算本月应交的城市维护建设税和教育费附加,本月销项税额为 20 178.63 元,本月经税务部门认证可抵扣的进项税额为 14 053.87 元,其余进项税额留待以后抵扣,如表 8-32 所示。

表 8-32　城市维护建设税、教育费附加计算表

2019 年 1 月 31 日　　　　　　　　　　　　　　　　单位:元

计税额	城市维护建设税(7%)	教育费附加(3%)	地方教育费附加(2%)
6 124.76	428.73	183.74	122.50

财务主管:王悦儿　　　　　　　　审核:　　　　　　　　　　　制单:沈兰

（38）1 月 31 日,结转损益类账户(见表 8-33)。

表 8-33　损益类账户本月发生额

2019 年 1 月 31 日　　　　　　　　　　　　　　　　单位:元

账户名称	借方发生额合计	贷方发生额合计
主营业务收入		126 116.47
主营业务成本	101 003.57	
税金及附加	734.97	
营业外收入		63 600.00
投资收益		100 000.00
管理费用	51 146.73	
财务费用	407.71	
销售费用	91 261.20	

财务主管:王悦儿　　　　　　　　审核:　　　　　　　　　　　制单:沈兰

（39）1 月 31 日,计算并结转本月应交的所得税(所得税税率为 25%),如表 8-34 所示。

表 8-34　应纳税所得额计算表

2019 年 1 月 31 日　　　　　　　　　　　　　　　　单位:元

项目	
一、会计利润总额	45 162.29
加:调增项目	
1.税收滞纳金罚款	
2.其他	
小计	
减:调减项目	
1.国库券利息收入	
2.	
小计	45 162.29
二、应纳税所得额	45 162.29
三、适用税率	25%
四、本期应纳所得税税额	11 290.57

财务主管:王悦儿　　　　　　　　审核:　　　　　　　　　　　制单:沈兰

(40)1月31日,结转本年利润(本业务无原始凭证)。

(41)1月31日,利润分配(见表8-35)。

表 8-35 利润分配计算表

2019 年 1 月 31 日   单位:元

项目	金额
利润总额	45 162.29
应交所得税	11 290.57
税后利润	33 871.72
提取盈余公积(税后利润的 10%)	3 387.17
向投资者分配股利(税后利润的 30%)	10 161.52
未分配利润	20 323.03

财务主管:王悦儿   审核: 制单:沈兰

(42)1月31日,结转利润分配各明细账户(见表8-36)。

表 8-36 结转利润分配各明细账户

单位:元

应借科目	应贷科目	金额
利润分配——未分配利润	利润分配——法定盈余公积	3 387.17
利润分配——未分配利润	利润分配——应付现金股利	10 161.52
合计		13 548.69

参考文献

[1] 张秀兰.基础会计[M].长沙:湖南大学出版社,2018.

[2] 李爱红.会计学基础[M].北京:机械工业出版社,2018.

[3] 高峰.基础会计[M].北京:企业管理出版社,2016.

[4] 徐泓.基础会计学[M].北京:中国人民大学出版社,2014.

[5] 梁毅刚.基础会计学[M].北京:中国铁道出版社,2010.

[6] 陈国辉,迟旭升.基础会计[M].大连:东北财经大学出版社,2009.

[7] 中华人民共和国财政部.企业会计准则[M].北京:经济科学出版社,2006.

[8] 中华人民共和国财政部.企业会计准则应用指南[M].北京:中国财政经济出版社,2009.

[9] 中华人民共和国财政部.最新《企业会计准则》及其应用指南[M].北京:法律出版社,2007.